Sol Stein
Aufzucht und Pflege eines Romans

SOL STEIN
Aufzucht und Pflege eines Romans

Aus dem Amerikanischen
von Sebastian Gavajda und Waltraud Götting

Zweitausendeins

Deutsche Erstausgabe.
1. Auflage, Februar 2001.
2. Auflage, Februar 2003.

Die amerikanische Originalausgabe ist 1999 unter dem Titel
»How to grow a Novel. The Most Common Mistakes Writers Make
and how to Overcome Them« bei St. Martin's Press, New York, erschienen.
Copyright © 1999 by Sol Stein.

Alle Rechte für die deutsche Ausgabe und Übersetzung
Copyright © 2001 by Zweitausendeins, Postfach, D-60381 Frankfurt am Main.
www.Zweitausendeins.de

Alle Rechte vorbehalten, insbesondere das Recht der mechanischen,
elektronischen oder fotografischen Vervielfältigung,
der Einspeicherung und Verarbeitung in elektronischen Systemen
und Kommunikationsmitteln, des Nachdrucks in Zeitschriften oder Zeitungen,
des öffentlichen Vortrags, der Verfilmung oder Dramatisierung,
der Übertragung durch Rundfunk, Fernsehen oder Video, auch einzelner
Text- und Bildteile. Der gewerbliche Weiterverkauf und
der gewerbliche Verleih von Büchern, CDs, CD-ROMs, DVDs, Videos,
Downloads oder anderen Sachen aus der Zweitausendeins-Produktion
bedürfen in jedem Fall der schriftlichen Genehmigung durch die
Geschäftsleitung vom Zweitausendeins Versand in Frankfurt am Main.

Lektorat und »Orientierungshilfen für den deutschen Autor«:
Klaus Gabbert (Büro W, Wiesbaden).
Register der deutschen Ausgabe: Ursula Maria Ott.
Umschlaggestaltung: Sabine Kauf, Plön.
Satz und Herstellung: Dieter Kohler GmbH, Nördlingen.
Druck: Gutmann + Co GmbH, Talheim.
Einband: G. Lachenmaier, Reutlingen.
Printed in Germany.

Dieses Buch wurde auf Recyclingpapier gedruckt.
Das Kapitalband wurde aus ungefärbter und
ungebleichter Baumwolle gefertigt.

Dieses Buch gibt es nur bei Zweitausendeins im Versand,
Postfach, D-60381 Frankfurt am Main, Telefon 069-4208000, Fax 069-415003.
Internet www.Zweitausendeins.de, E-Mail info@Zweitausendeins.de.
Oder in den Zweitausendeins-Läden in Berlin, Düsseldorf, Essen,
Frankfurt am Main, Freiburg, 2× in Hamburg, in Hannover,
Köln, Mannheim, München, Nürnberg, Stuttgart.

In der Schweiz über buch 2000, Postfach 89, CH-8910 Affoltern a. A.

ISBN 3-86150-364-6

Für Edith

Inhalt

Inhalt

Vorwort
Für den Autor, der auch Leser ist

Setzen Sie sich doch. Wir müssen uns unterhalten. Ich arbeite seit über vierzig Jahren intensiv mit Autoren zusammen, immer mit dem Ziel, ein Buch reif zu machen für die erfolgreiche Veröffentlichung. Die meisten dieser Autoren waren an vertraglich vereinbarte Termine gebunden. Einige waren berühmt oder wurden es durch ihre Bücher. Manche von ihnen haben Werke geschaffen, die auch im neuen Jahrtausend noch von Bedeutung sein werden.

Nachdem ich als Cheflektor eines Verlages ein gutes Vierteljahrhundert lang bekannte und erfolgreiche Autoren betreut hatte, begann ich 1990 auch mit motivierten Anfängern zu arbeiten, die noch keine literarischen Texte veröffentlicht hatten. Ich leitete Seminare an der University of California und andernorts und hielt Vorträge auf Schriftstellertagungen und vor Autorengruppen. In meinen »Kapitel-Eins-Seminaren«, die hauptsächlich für die Teilnehmer meiner Universitätsveranstaltungen gedacht waren, versammelten sich allwöchentlich etwa zwei Dutzend Autoren am runden Tisch, um die Kunst des Redigierens zu erlernen. Die meisten dieser Neulinge waren in anderen Berufszweigen erfolgreich (es waren Juristen, Ärzte, Lehrer und Geschäftsleute darunter) und begannen nun in fortgeschrittenem Alter, Romane zu schreiben. Sie waren überrascht über die Vielschichtigkeit dieser Kunst und stellten erfreut fest, dass andere Autoren vor ihnen schon so viele Problemlösungen ausgearbeitet hatten. Einige Teilnehmer hatten schon Sachtexte veröffentlicht, sich aber noch nie an einen Roman herangewagt. Sie können sich vorstellen, wie stolz ich war, als einer von ihnen, der vierunddreißig Sachbücher geschrieben hatte, mit seinem ersten Erzählwerk auf Anhieb den Preis der Santa Barbara Writers Conference für die beste Kurzgeschichte gewann.

Wir nannten diese Workshops »Kapitel-Eins-Seminare«, weil sich die Teilnehmer intensiv mit dem jeweils ersten Romankapitel aller anderen Autoren beschäftigten. Nach drei Monaten hatte jeder Seminarteilnehmer unter meiner Anleitung an vierundzwanzig ersten Kapiteln herumgefeilt. Auf diese Weise lernten sie über die Kunst des Romanschreibens alles, was sie wissen mussten, um ihre eigenen Texte vom zweiten Kapitel an selbstständig zu redigieren.

In vielen Seminaren lesen die Autoren ihre Texte laut vor, was Nachteile hat. Der eine liest spannend und ausdrucksvoll, der andere eher monoton. Schlecht vorgetragen, klingt selbst eine gute Geschichte langweilig. Und ein schlechter Text kann sich wunderbar anhören, wenn er mit viel Ausdruck vorgelesen wird. Dass wir in unserem Workshop auf das Vorlesen verzichteten, hatte noch einen zweiten Grund. *Der Leser sieht das Werk eines Schriftstellers als Worte auf einem Blatt Papier, und genau so sollte es auch bewertet werden.* Deshalb brachten jeweils drei Seminarteilnehmer zwei Dutzend Kopien ihres ersten Romankapitels zu den Sitzungen mit. Nach der obligatorischen Einweisung, die allen Arbeitssitzungen voraus ging, las und redigierte jeder für sich das gleiche erste Kapitel. Die Autoren lernten das Redigieren, indem sie die Texte ihrer Kollegen auf der Basis der in der Einweisung vermittelten Prinzipien überarbeiteten. Danach sprachen wir über die Stärken und Schwächen des Kapitels. Ich machte Vorschläge, wie die Schwächen zu beseitigen und die Stärken hervorzuheben seien. Die Gruppenmitglieder machten dann ihrerseits Verbesserungsvorschläge, während wir uns Seite für Seite, Zeile für Zeile durch den Text arbeiteten. Ich bin auf dem linken Ohr vollkommen taub, und wenn mir der Vorschlag eines Teilnehmers untauglich schien, tippte ich mit dem Finger gegen dieses Ohr und machte einen Gegenvorschlag. Ich wollte mich nicht als Erzieher aufspielen, sondern übernahm die mir vertraute Rolle des Cheflektors, der die Aufgabe hat, die Arbeit seiner weniger erfahrenen Kollegen zu überprüfen und gegebenenfalls zu korrigieren. Am Ende eines Semesters hatte jeder Teilnehmer dazu beigetragen, etwa zwei Dutzend erste Kapitel zu redigieren, und alle diese ersten Kapitel waren nun so perfekt, wie es Talent und Erfahrung ihres jeweiligen Autors zuließen. Das Beste aber war, dass die Teilnehmer dabei Wissen und Erfahrung gesammelt hatten, die sie in alle anderen Kapitel ihres Manuskripts sowie in die Texte, die sie in der Zukunft noch schreiben würden, einfließen lassen konnten.

Normalerweise wenden sich solche Autoren-Workshops entweder an Anfänger oder an Fortgeschrittene. Die Autoren werden, ihrem Talent und ihrer Erfahrung entsprechend, in Gruppen eingeteilt. Ich ziehe es vor, erfolgreiche Autoren mit talentierten Nachwuchsschriftstellern zusammenzubringen. Der Wissensdurst der Neulinge wirkt inspirierend auf die schon Erfolgreichen und ruft ihnen Fertigkeiten ihres Handwerks ins Gedächtnis, die sie längst vergessen oder nicht mehr wahrgenommen hatten. Wie ein Arzt lernt auch ein Schriftsteller nie aus.

Frustriert darüber, dass ich nicht an mehreren Orten zugleich Seminare abhalten konnte, entwarf ich Computerprogramme, mit deren Hilfe Autoren mich quasi an ihren Schreibtisch rufen und »gemeinsam« mit mir ihre Texte bearbeiten können. Die Ergebnisse waren beachtlich und in einigen Fällen spektakulär. Auch mit meinem Buch *Über das Schreiben*, das die Grundlagen des Schreibens sowohl von Sachliteratur als auch von Belletristik vermittelt, erreichte ich zudem eine sehr breite Leserschaft. Warum also nun dieses Buch?

In *Über das Schreiben* habe ich mich mit den fundamentalen Techniken des Schreibens befasst, jedoch nicht so eingehend, wie es in persönlichen Gesprächen möglich ist. Man drängte mich, ein Buch zu schreiben und darin anhand von Beispielen aus meiner langjährigen Praxis die immer wiederkehrenden

Probleme so intensiv zu behandeln, wie ich es als Lektor in einer ausgedehnten Arbeitssitzung mit einem meiner Autoren tun würde.

Mein Vorhaben war zum Teil ein Wagnis, aber gleicht es nicht auch einem Glücksspiel, wenn ein Schriftsteller ein leeres Blatt Papier vor sich hinlegt und versucht, erdachten Figuren Leben einzuhauchen?

Ich habe nie intensiver gearbeitet als mit Elia Kazan, der fünf mit dem Pulitzerpreis ausgezeichnete Theaterstücke verfilmt hat, darunter Arthur Millers *Tod eines Handlungsreisenden* und Tennessee Williams' *Endstation Sehnsucht*. Diese beiden Bühnenstücke, die zum Besten gehören, was Dramatiker in der zweiten Hälfte des 20. Jahrhunderts hervorgebracht haben, unterscheiden sich stark voneinander. Sie haben aber gemein, dass sie von Kazan filmisch umgesetzt wurden, der zwei Oscars für die beste Regie erhielt – für *Gentlemen's Agreement* und *Die Faust im Nacken* – und 1999 auf einstimmigen Beschluss der Jury mit dem selten vergebenen Ehren-Oscar für sein filmisches Lebenswerk ausgezeichnet wurde.

Fünf Monate lang habe ich fast täglich an einem Roman von Kazan gearbeitet, der von einem anderen Verlag als unredigierbar abgelehnt worden war. Diese langwierige Lektoratsarbeit war sowohl für den Autor als auch für mich mit einem hohen Risiko befrachtet. Als Regisseur war Kazan der unumschränkte Boss, und es forderte ihm einigen Mut ab, bei seinem eigenen Roman einem anderen die Regie zu überlassen. Dass sich das Wagnis gelohnt hat, beweist die Tatsache, dass *Das Arrangement* die Bestsellerlisten stürmte und sich dort für siebenunddreißig Wochen in Folge auf Platz eins halten konnte. Ich werde später noch auf Beispiele aus der Arbeit an diesem angeblich unredigierbaren Manuskript zurückkommen, aus dem ein rekordverdächtiger Bestseller wurde.

Ein Lektor hat die Aufgabe, einem Autor bei der Verwirklichung seiner Intentionen zu helfen. Wenn ich Beispiele aus den Werken anderer Autoren heranziehe, muss ich deren Intentionen bis zu einem gewissen Grad erraten. Der einzige Schriftsteller, dessen Intentionen ich genau kenne, bin ich selbst. Deshalb werde ich auch Beispiele aus meinen eigenen Romanen verwenden, an denen, in vertauschten Rollen, Leute saßen, die ihrerseits den Mut hatten, einen Lektor zu lektorieren. Ich bin sicher, dass sich daraus eine ähnlich fruchtbare Zusammenarbeit ergibt wie aus der engen persönlichen Kooperation zwischen dem Autor und seinem Lektor.

Der erste Teil des Buchs trägt den Titel »Wofür der Autor verantwortlich ist«. Der zweite heißt »Wofür der Verleger verantwortlich ist«. Als einer der wenigen, die mit beiden Seiten aus eigener Praxis vertraut sind, hoffe ich deutlich machen zu können, was Autoren und Verleger auf dem steinigen Weg zur Veröffentlichung beachten müssen.

Bevor wir ans Werk gehen, möchte ich einen Begriff definieren – nämlich den des Schriftstellers. Ein Schriftsteller ist einer, dem es unmöglich ist, nicht zu schreiben. Mit »schreiben« meine ich kreatives Schreiben, keine Notizen an einen Freund. Es ist vielleicht hilfreich, sich das Schreiben eines Romans so vorzustellen, als würde man ein Geschenk für einen Fremden, den unbekannten Leser, vorbereiten, dem man eine Freude machen möchte. Die oben angebotene Definition – »Ein Schriftsteller ist einer, dem es unmöglich ist, nicht zu schreiben« – mag auf den ersten Blick unbeholfen erscheinen, aber je genauer man sie betrachtet, umso deutlicher wird der Wahrheitsgehalt dieses Satzes. Stellen Sie sich einfach das Gegenteil vor: Ein Nichtschriftsteller ist einer, der schreiben kann oder auch nicht, der jedenfalls nicht den Drang oder die Notwendigkeit verspürt, Dinge zu Papier zu bringen.

Ein Schriftsteller ist einer, der sich auf sein Tagespensum freut, selbst wenn es sich auf nur zwei Stunden beschränkt, weil er danach an seinen Arbeitsplatz hetzen muss, um sich und seine Familie zu ernähren, bis der glückliche Tag gekommen ist, an dem sein Schreiben sich endlich auch wirtschaftlich bezahlt macht. In Zeiten, in denen er durch äußere Umstände am

Schreiben gehindert wird, fehlt ihm etwas, er spürt eine Leere, eine Sehnsucht in sich. Ein Schriftsteller ist einer, der weiß, dass der erste Entwurf bloß ein Versuch ist, ein Palimpsest, das darauf wartet, am nächsten Tag und am Tag darauf geändert zu werden, so lange, bis es nichts mehr zu verbessern gibt. Es gibt Schriftsteller, die beim Schreiben leiden, das ist sicher wahr. Ich bedauere sie für ihre Qual, habe aber eine frohe Botschaft für sie: Mit zunehmendem Können lässt der Schmerz nach, und die Fähigkeit, die gesetzten Intentionen beim Schreiben gezielt und bewusst zu verwirklichen, kann uns die zweitgrößte Freude bescheren, die das Leben zu bieten hat – die schöpferische Gestaltung von Texten, die an die Gefühle unbekannter Leser rühren.

Ich habe Schriftsteller kennen gelernt, denen vor allem das Ziel vorschwebte, reich und berühmt zu werden. Wer nur aus diesem Antrieb heraus schreibt, hat selten Erfolg, und wenn doch, dann nur als Lieferant eines kurzlebigen Vergnügens und nicht als Schöpfer von Charakteren, die auf eine Weise die Zeiten überdauern können, wie sie uns Sterblichen versagt ist.

Die Freude junger Eltern bei der Geburt eines Kindes, von dem sie hoffen, dass es sie schließlich überleben wird, ähnelt dem Gefühl, das ein Schriftsteller empfindet, wenn er Charaktere schafft, die Gestalt annehmen, wachsen und irgendwann in der Lage sind, auch ohne ihn auf eigenen Füßen zu stehen und ihren Platz in der Welt einzunehmen. Dieser Schöpfungsakt beginnt jeden Tag aufs Neue mit der Notwendigkeit, Worte zu Papier zu bringen.

Wer behauptet, nur für sich selbst zu schreiben, lügt. Wir zeugen keine Kinder nur für uns selbst. Irgendwann lösen sie sich von uns und werden selbstständig, und wir entlassen sie als erwachsene Menschen in die Welt. So ist es auch mit dem Schreiben. Irgendwann will der Autor sein Werk an die Öffentlichkeit bringen, will er es stolz der Welt präsentieren. Und für diesen Autor habe ich mein Buch geschrieben, weshalb ich hoffe, daß dieser Autor jetzt auch mein Leser ist.

Krempeln wir nun im übertragenen Sinn die Ärmel hoch und sehen uns gemeinsam die häufigsten Fehler an, die andere beim Schreiben gemacht haben, damit Sie selbst sie in Zukunft erkennen und vermeiden können.

Sol Stein
Scarborough, April 1999

Wofür der Autor
verantwortlich ist

1
Der Leser will etwas erleben

Was in aller Welt hat das Schreiben eines Romans mit Höflichkeit zu tun?

Der Mangel an Höflichkeit ist möglicherweise das wichtigste Unterscheidungsmerkmal zwischen erfolglosem und erfolgreichem Schreiben. Höflichkeit wird fälschlicherweise oft mit Etikette verwechselt. Etikette ist ein Regelwerk der von einer bestimmten Gesellschaft als korrekt empfundenen Verhaltensweisen. Darunter fallen Dinge wie Tischmanieren, die sich von Kultur zu Kultur unterscheiden. Viele dieser Regeln sind überflüssig oder gar unsinnig und können getrost ignoriert werden. Ich spreche nicht von »schicklichem Benehmen«, wie der Begriff Höflichkeit in manchen Wörterbüchern unzulänglich definiert ist, sondern von einem elementaren Aspekt des Umgangs der Menschen miteinander, der Rücksicht auf die Bedürfnisse und Wünsche anderer.

Wenn ein Mann einer Frau die Tür öffnet, genügt er der Etikette. Wenn eine Frau einem Mann die Tür öffnet, der mit Paketen beladen ist, so verhält sie sich höflich und rücksichtsvoll. Der Unterschied zwischen Etikette und Höflichkeit ist gewaltig. Beim Liebesakt zum Beispiel kann Etikette – also das Befolgen eines bestimmten Verhaltenskodex – nett oder auch irrelevant sein. Höflichkeit gegenüber dem Partner, also Sensibilität und Verständnis für seine Bedürfnisse und Wünsche, ist dagegen unerlässlich. Und ebenso unerlässlich ist diese Höflichkeit beim Schreiben, obwohl das bedauerlicherweise nur allzu oft übersehen wird von Autoren, die sich keine Gedanken darüber machen, was ihre Leser an einem bestimmten Punkt einer

Geschichte oder eines Romans fühlen. Hier und an anderer Stelle in diesem Buch werde ich Techniken erläutern, wie man als Autor seinem Partner, dem Leser, Genuss bereitet, denn ein solcherart befriedigter Leser wird dem Autor treu bleiben und sich schon auf dessen nächstes Buch freuen.

Was also sind die Wünsche und Bedürfnisse des Lesers?

Der Leser belletristischer Literatur mag vielleicht Sachkenntnis und Information schätzen, aber in erster Linie geht es ihm um ein Erlebnis, das sich von seinen alltäglichen Erfahrungen abhebt. Wenn ein Kind vor Freude in die Hände klatscht, weil man verspricht, ihm eine Geschichte vorzulesen, dann empfindet es Vorfreude auf etwas Besonderes, auf ein Erlebnis, das seine Fantasie anspricht. Kinder lieben ihre Bücher. Ihr Anblick erinnert sie an Momente voller Staunen. Auch wenn ein Kind unter den Erschütterungen der Pubertät in die Teenagerjahre eintritt, bleibt die Faszination der Geschichten ungebrochen. In diesem Alter begeistern sie sich für spannende Erlebnisse, Abenteuer, Fantasy und Science fiction, für Geschichten, in denen der Gute siegt, nachdem er die schrecklichen Hindernisse, die ihm der Böse in den Weg legte, überwunden hat. Wenn der Teenager erwachsen wird, steigen auch seine Ansprüche an die Literatur. Der junge Erwachsene zeigt keine Nachsicht mit an den Haaren herbeigezogenen Zufällen, klischeehaften Charakteren, abgedroschenen Plots, zähen Schilderungen, Phrasendrescherei und langweiligen Passagen, die allesamt verhindern, dass der Leser in der Geschichte versinkt, dass er Seite um Seite verschlingt und das Buch erst aus der Hand legt, wenn er das letzte Wort gelesen hat.

In erfundenen Geschichten werden Charaktere erschaffen, die ursprünglich nur in der Fantasie des Autors existierten. Dieser kreiert ein Vehikel, mit dessen Hilfe seine Geschöpfe auch in die Fantasiewelt seiner Leser gelangen, und wendet dazu Techniken an, die das Erfundene für den Leser real erscheinen lassen. In den siebziger Jahren entfloh ich oft dem kalten New Yorker

Winter und fuhr mit meiner Frau für ein paar Wochen nach Jamaika, wo es uns ein kleiner Ferienort namens Round Hill besonders angetan hatte. Der Ort war damals ein Geheimtipp für alle möglichen Größen aus der Verlagswelt, und als relativ jungem Verleger bot sich mir dort die Gelegenheit, einmal zwanglos und nicht unter dem Vorzeichen beruflicher Konkurrenz mit älteren Kollegen zusammenzutreffen. Wichtiger noch war für mich, dass die Gäste nicht nur aus den Vereinigten Staaten, sondern auch aus Europa kamen, und wir lernten interessante Menschen von diesseits und jenseits des Atlantiks kennen, mit denen wir über Jahre hinweg in Kontakt blieben. Besonders gut gefiel mir ein Häuschen, zu dem ein Baumhaus von der Größe eines Wohnzimmers gehörte. Das Baumhaus war von Schlingpflanzen umwuchert, denen man förmlich beim Wachsen zusehen konnte. Glücklicherweise hatte die adlige Engländerin, der das Haus gehörte, meinen Roman *Der junge Zauberer* gelesen, und diesem erfreulichen Zufall hatte ich es zu verdanken, dass ich das Haus mieten konnte. Jeweils zwei Häuser teilten sich einen Swimmingpool. Bei einer unserer Reisen waren wir an einem glühend heißen Nachmittag gelandet und beeilten uns, die Badesachen anzuziehen und zum Pool zu kommen.

Während ich ein paar Bahnen schwamm, bemerkte ich das Paar aus dem Nachbarhaus auf der gegenüberliegenden Seite des Pools. Der Mann verschlang Bücher, womit ich sagen will, dass er sich so gierig auf zuerst ein Buch und dann auf das nächste stürzte, dass er den Eindruck eines Verhungernden erweckte, der nach langer Zeit wieder etwas zu essen bekommt. Ich erkannte einige der Einbände. Es handelte sich um solide Literatur, nicht um leichte Lektüre für einen Sommertag am Strand. Ein Verleger, der einen so besessenen Leser erspäht, fährt sofort seine Antennen aus. Ich schwamm zur Seite unserer Nachbarn hinüber und stellte mich, bis zum Hals im Wasser stehend, vor. Es erwies sich, dass die beiden aus Glasgow kamen. Er war Schotte, sie stammte aus England. Später fand ich heraus, dass er nicht nur den eher ungeliebten Posten eines obersten Verwaltungschefs bei Goldberg's, der größten schottischen Kaufhauskette, inne hatte, sondern auch Vorsitzender des Schottischen Symphonieorchesters und Bühnenautor war. Wir sprachen ein paar Worte miteinander, und ich fragte ihn: »Lesen Sie eigentlich auch Romane?«

»Nein«, sagte er. »Ich interessiere mich nur für das, was real ist.«

Ich hatte in meinem Leben eigentlich schon zu viel Zeit damit verschwendet, meine Mitmenschen bekehren zu wollen, aber in diesem Fall konnte ich der Versuchung nicht widerstehen und stieg aus dem Pool, um kurz darauf mit einer Taschenbuchausgabe von Jerzy Kosinskis Meisterwerk *Der bemalte Vogel* zurückzukehren, das ich zufällig mitgebracht hatte. Ich gab sie ihm ohne viele Worte, worauf er höflich das Buch, in dem er gerade las, beiseite legte und in *Der bemalte Vogel* zu blättern begann. Nach einer Weile kam er zu mir und fragte nachdenklich: »Ist das eine wahre Geschichte?«

»Glauben Sie denn, dass sie wahr ist?«, fragte ich zurück.

Noch vor dem Abendessen hatte er das Buch fertig gelesen. Ich lieh ihm einen weiteren Roman, den er erfreut annahm. Ich hatte einen Menschen bekehrt, der bis dahin nur wahre Geschichten geschätzt hatte.

Das Gegenteil ist eine »erfundene« Geschichte. Wie enttäuschend ist es, wenn ein Schriftsteller einem Freund den Entwurf einer Geschichte präsentiert und dieser ihm sagt: »Das klingt erfunden.« Mit diesem Buch möchte ich Autoren helfen, die Fertigkeiten zu entwickeln, die notwendig sind, um einen Roman zu schreiben, über dem der Leser vergisst, dass er ein Buch liest, weil er eintaucht in die Welt lebendiger Charaktere, die ursprünglich nur in der Phantasie des Autors existierten und nun so real sind, dass sie zu einer bleibenden Erinnerung werden.

Der Ausdruck »bleibende Erinnerung« ist nicht nur so daher gesagt. Unser Gehirn registriert das, was beim Lesen starke

Empfindungen in uns ausgelöst hat, speichert und bewahrt es. Als ich fünf oder sechs Jahre alt war, wurde mir von unserem Hausarzt wegen irgendeiner unbedeutenden Krankheit Bettruhe verordnet. Obwohl ich schon mit vier Jahren lesen gelernt hatte, las mir meine Mutter oder, wenn sie arbeiten musste, ein Babysitter immer noch oft Geschichten vor. Einmal lasen sie mir abwechselnd aus einem Buch vor, in dem ein furchterregender Indianer vorkam, der auf der Stirn ein drittes Auge hatte, mit dem er sogar im Schlaf noch seinen Gefangenen bewachen konnte. Auch lange vor George Orwells *1984* war die Vorstellung, Tag und Nacht überwacht zu werden, beängstigend. Die Geschichte machte mir eine solche Angst, dass ich meine Mutter bat, das Buch wegzuwerfen, was sie mir zu meiner Erleichterung auch versprach.

Monate später entdeckte ich in dem Flur, in dem sich die Bücherregale meiner Eltern befanden, einen vertrauten Buchrücken, der zwischen anderen Büchern hervorlugte. Ich nahm den Band mit spitzen Fingern aus dem Regal. Es war die Geschichte vom dreiäugigen Indianer! Augenblicklich überfiel mich wieder diese Angst, die mich schon beim Vorlesen gepackt hatte. Meine Mutter hatte mich belogen. Als sie meine Reaktion auf diese Entdeckung sah, warf sie das Buch wirklich weg, nicht zuletzt wahrscheinlich deshalb, weil sie das gestörte Vertrauensverhältnis wieder herstellen wollte.

Ein Buch, das wir ins Regal zurückstellen, nachdem wir es gelesen haben, ist wie ein Gegenstand, der zum Leben erwacht, sobald unser Blick auf ihn fällt. Ein Buch, das uns bewegende Momente beschert, wird zu einem magischen Objekt, ähnlich einem Andenken, das uns an außergewöhnliche Erlebnisse in der Vergangenheit erinnert. Einen Roman, der seinen Zweck erfüllt hat, wirft man nicht weg wie ein benutztes Taschentuch. Der Schriftsteller, dieser Zauberkünstler, hat aus Worten Erlebnisse gemacht, die in Erinnerung bleiben.

Selbst Büchern, die wir nie gelesen haben, sprechen wir einen immateriellen Wert zu. In den sechziger und siebziger Jahren war unter jungen Leuten Besitzdenken relativ verpönt. Man besaß keine Dinge von Wert. Entsprechend gab man Taschenbüchern den Vorzug vor einem gebundenen Buch, weil sie nicht nur billiger waren, sondern auch zurückgelassen werden konnten, wenn man den Wohnsitz wechselte. 1974 schickte mich mein Verleger auf eine PR-Tour durch einundzwanzig Städte, um für meinen neuen Roman zu werben. In Los Angeles sollte ich in einem Hörsaal der UCLA vor Literaturstudenten reden. Nachdem der Dozent mich vorgestellt hatte, hielt er eine Ausgabe meines Romans in die Höhe. Ich nahm ihm das Buch aus der Hand, um es im nächsten Augenblick mit einer einstudierten Geste auseinander zu reißen. Einige Studenten schrieen auf. Warum? Es war kein Baby, das ich misshandelte. Es war bloß ein Gegenstand aus Papier, Druckerschwärze und Leim. Keiner der Anwesenden hatte bisher auch nur einen Blick hinein geworfen. Ihre spontane Reaktion zeigte, dass sie das Gefühl hatten, hier würde etwas Besonderes zerstört.

Wenn ein totalitärer Staat die Kultur eines Volkes vernichten möchte, verbrennt er dessen Bücher. Eine quälende Vorstellung, selbst für diejenigen, die nur einen Bruchteil der verbrannten Bücher gelesen haben. Bücher stehen nicht nur für das Vergnügen und die Erkenntnisse, die sie vermitteln, sondern sie sind die Hüter des Wissens, das von einer Generation an die nächste weitergegeben wird. Bücherverbrennungen sind ein Versuch, die Zeit anzuhalten, die Entwicklung zu unterbrechen, die sich von den religiösen Handschriften der Mönche bis heute vollzogen hat, da Bücher für Millionen Menschen zur unentbehrlichen Quelle des Wissens und der Erfahrung geworden sind. Warum sonst sollte man einem Buch viele Stunden seines Lebens opfern, wie wir es ja von unseren Lesern erwarten?

Auf dem Höhepunkt der Football-, Basketball- oder Baseballsaison sitzen zahllose US-Bürger stundenlang vor dem Fernseher, anstatt ihrer Arbeit nachzugehen. Worauf zum Beispiel der Baseballfan hofft, ist der spannungsreiche Moment, in dem der Ball schon geschlagen, aber noch nicht gefangen ist, in dem ein Läufer auf das nächste Mal zuläuft, es aber noch nicht erreicht hat. Genauso ist es mit anderen Sportarten. Der Zuschauer, der seinen Helden anfeuert, erfährt Spannung, Angst und Freude, alles Gefühle, die sich auch der Leser verspricht, wenn er einen Roman aufschlägt. Der Leser genießt die gespannte Erwartung, die im wirklichen Leben oft mit einem Angstgefühl einhergeht, auf dem Spielfeld oder in einem Buch jedoch ein reiner Lustgewinn ist.

Erstaunlich ist die Tatsache, dass sich so viele Schriftsteller in der Entwurfsphase eines Romans gar nicht oder nur am Rande mit den Gefühlen des Lesers auseinandersetzen. Sie brauchen nur einen Blick in die Welt des Sports zu werfen, um zu verstehen, dass die Zuschauer den Kick suchen, der ihnen im täglichen Leben fehlt. Die Freude über einen Sieg ist real, auch wenn er von anderen errungen wurde. Und die Enttäuschung über eine Niederlage dieser anderen ist ebenso real. Die Zuschauer feuern ihre Lieblinge an und buhen deren Gegner aus, genau wie sie es, im übertragenen Sinne, als Leser eines Romans tun würden. Und wenn der Protagonist unterliegt, ist der Leser ebenso niedergeschlagen wie ein Sportbegeisterter, dessen Mannschaft gerade verloren hat. Wenn aber einer Mannschaft der Sieg allzu leicht gemacht wird, ebbt die Begeisterung für das Spiel selbst bei deren begeisterten Anhängern ab. Sowohl der Sportfan als auch der Leser wollen miterleben, wie zwei starke Mannschaften ihre Kräfte in einem Spiel messen, dessen Ausgang so lange wie möglich offen bleibt.

Leser sind »Konsumenten« von Literatur, eine Aussage, die leicht als diskriminierend gelten kann, wenn man sie missinterpretiert. Der Wunsch, den Lesern Freude zu bereiten, gibt keinem Autor einen Freibrief, Schund zu schreiben. Kingsley Amis hat einmal gesagt, er könne sich nicht erinnern, jemals etwas ausschließlich zur Unterhaltung des Lesers geschrieben zu haben. »Aber«, fügte er dann hinzu, »ich denke immer an ihn, versuche ihn mir vorzustellen und achte auf jeden Anflug von

Langeweile oder Ungeduld in den Zügen jener schemenhaften Gestalt, des Lesers.«

Sicher gibt es viele Menschen, die Schund lesen, aber kein Autor ist deshalb gezwungen, Kurzlebiges zu produzieren. Die meisten Schreiber sogenannter »Unterhaltungsliteratur« (ein irreführender Begriff, weil auch große Literatur in der Regel sehr unterhaltsam ist) geben sich zufrieden mit Charakteren von der Stange, Wörtern, die nicht ganz stimmen, Klischees, einem holprigen Erzählfluss, schlechten Plots und melodramatischen Lösungen.

Nur wenige dieser Autoren erreichen eine gewisse literarische Qualität und werden dafür mit höheren Verkaufszahlen belohnt. Jegliche Literatur wird durch präzise Wortwahl und Nuancierung aufgewertet. Leser behalten außergewöhnliche Charaktere auch dann noch in bester Erinnerung, wenn raffinierte Plots längst vergessen sind. Gleichzeitig müssen wir uns klar machen, dass bestimmte Elemente der Unterhaltungsliteratur für jede Art von Fiktion unentbehrlich sind. Die Spannung und der Konflikt zum Beispiel, die der Leser eines spannenden Romans genießt, gehören zum Schauspiel und zur Literatur, seit die ersten Geschichtenerzähler ihr Publikum am Lagerfeuer unterhielten.

Und da liegt der Haken. Die damaligen Geschichtenerzähler konnten sehen, wie ihr Publikum reagierte. Wenn sie ihre Zuhörer mit ihren Geschichten nicht fesseln konnten, schliefen diese vor ihren Augen ein oder, schlimmer noch, wurden rabiat und machten ihnen den Garaus. Der Theaterautor hat auch heute noch die Möglichkeit, die Reaktion seines Publikums zu überprüfen. Ob sein Stück ankommt oder nicht, merkt er daran, ob im Zuschauerraum gebanntes Schweigen herrscht oder die Leute anfangen, unruhig auf den Sitzen herumzurutschen und nervös zu husten und sich zu räuspern. Doch Romanschriftsteller und Drehbuchautoren sehen ihr Publikum nicht. Sie können es sich nur vorstellen. Und diese Vorstellung ist geprägt von dem, was wir über die Menschen wissen: Sie finden in Geschichten Gefallen an Dingen, die sie im wirklichen Leben als belastend empfinden – an Ängsten, Spannungen und Konflikten. Wenn wir diese Bedürfnisse unseres Publikums ignorieren, tun wir es auf eigene Gefahr.

Es hat noch einen weiteren Vorteil, den Wunsch des Lesers nach besonderen Erlebnissen zu verstehen und zu respektieren. Je tiefer der Eindruck ist, den ein solches Erlebnis beim Leser hinterlässt, desto wahrscheinlicher ist es, dass er anderen davon erzählt und so die nützliche Kettenreaktion namens »Mund-zu-Mund-Propaganda« in Gang setzt, die aus vielen Büchern Bestseller gemacht und die erheblich dazu beigetragen hat, dass einige Werke, die wir heute als »Klassiker« bezeichnen, immer wieder neu aufgelegt wurden.

Ich habe zu meinem Erstaunen festgestellt, dass sich selbst erfahrene Autoren kaum Gedanken darum machen, welche Empfindungen einzelne Szenen ihrer Romane bei den Lesern auslösen. Vielleicht liegt es daran, dass die Höflichkeit – also der einfühlsame Umgang mit den Gefühlen des Lesers – im theoretischen Literaturunterricht, in dem es eher um Aufbau und Technik geht als um die Wirkung, im Allgemeinen zu kurz kommt. Man muss auch bedenken, dass viele unerfahrene Autoren das Bedürfnis haben, sich etwas von der Seele zu schreiben, und gerade sie neigen dazu, ihre Leser als passive Empfänger ihrer Botschaft zu betrachten, anstatt sie an einem besonderen Erlebnis teilhaben zu lassen, das sie eigens für sie geschaffen haben.

Wie und wann fasst der Autor die Erlebniswelt seiner Leser ins Auge? Wer damit erst während des Schreibens beginnt, erleidet meist Schiffbruch. Der richtige Zeitpunkt, über die Wirkung einer Szene nachzudenken, ist das Entwurfsstadium. Es liegt auf der Hand, dass es sinnvoller ist, darüber nachzudenken, wie eine Szene auf den Leser wirken soll, bevor man sie schreibt. Hat man das versäumt, so muss man es beim Überarbeiten des ersten oder zweiten Entwurfs nachholen. Woher weiß ein Autor, was der Leser empfindet, wenn er eine bestimmte Passage liest? Wenn einige Zeit vergangen ist, wenn er etwas Distanz zu seinem Werk gewonnen hat, wird das erneute Lesen der betreffenden Szene ein ähnliches emotionales Erlebnis in ihm hervorrufen wie in dem Leser, der sie zum ersten Mal liest. Empfindet er dabei Langeweile oder überhaupt nichts, kann er nicht erwarten, dass es dem Leser anders geht. Sich erst mit den Bedürfnissen des Lesers zu befassen, nachdem er die Szene schon geschrieben hat, ist eine Zeitverschwendung, wenn er dies auch schon vorher tun kann. Lassen Sie uns in diesem Sinne einige Möglichkeiten betrachten.

Oft werden Autoren darin bestärkt, eine Art Inhaltsangabe ihres geplanten Romans vorzulegen, die potentielle Agenten oder Verleger animieren soll, das Manuskript zu lesen. Ein solches Exposé ist normalerweise eine kurze Beschreibung des Plots, in der wenig über die Charaktere gesagt wird, und es offenbart im Allgemeinen wenig über die literarische Qualität des geplanten Buchs. Daher eignet es sich besser für Trivialliteratur, Kriminalromane und dergleichen, Geschichten, in denen es hauptsächlich auf den Plot ankommt und weniger darauf, wie gut sie geschrieben sind.

Ich kenne Autoren und Lehrer, die solche Zusammenfassungen kontraproduktiv finden, weil sie meinen, dass eine im Voraus durchkonzipierte Handlungslinie die Phantasie des Schreibenden hemmt, dass das Unbekannte die Kreativität fördert und dass eine fertig ausgearbeitete Figur dem Autor unter Umständen »vorschreiben« kann, was als nächstes zu passieren hat. Ich stimme dem insofern zu, als ich persönlich eine detaillierte Zusammenfassung meines Plots ebenfalls als Einschränkung empfinden würde. Was also schlage ich vor?

Ich möchte Autoren helfen, ihre Romane effizient zu gestalten, das ist eines meiner wichtigsten Anliegen. Darum empfehle ich, die einzelnen Szenen in Umrissen zu skizzieren. Das ist von praktischem Nutzen für den Autor und ein unschätzbares Instrument, wenn man es richtig anwendet. In meinem Buch *Über das Schreiben* habe ich demonstriert, wie hilfreich die Skizzierung einzelner Szenen sein kann. Um eine detailliertere Anleitung zu bieten, liste ich im Folgenden einige Fragen auf, die man sich zu den einzelnen Szenen stellen sollte.

▶ *Für welche Figur empfinde ich in dieser Szene die größte Sympathie. Wie bringe ich die Leser dazu, diese Sympathie zu teilen?*

Es gibt natürlich viele Möglichkeiten, das zu erreichen. Hier ein einfaches Beispiel: Eine Frau – die Protagonistin – hört ein Kratzen an ihrer Tür. Es ist der Hund, den sie aus dem Zimmer gesperrt hat, weil sein Gebell ihrem ohnehin übel gelaunten Gast auf die Nerven gegangen war. Der Gast könnte eine gewisse Macht über die Protagonistin haben. Der Grund könnte alles Mögliche sein – eine unbezahlte Rechnung, etwas Kompromittierendes, das er über sie in Erfahrung gebracht hat. Die Protagonistin ist einen Moment lang hin- und hergerissen zwischen der Angst, ihren Gast zu verärgern, und dem Mitleid mit dem Hund, der kratzend und jaulend Einlass begehrt. In diesem Augenblick ist der Gast den Lesern unsympathisch. Wenn die Protagonistin zur Tür geht, den Hund hereinlässt und in den Arm nimmt, freut sich der Leser und beglückwünscht die Frau innerlich für ihr Handeln. Ziel ist es, den Leser emotional einzubinden, in diesem Falle durch ein Gefühl der Sympathie für die Hauptfigur. Vorsicht, wenn es um ein Tier geht, in diesem Fall gleitet Mitgefühl leicht in Rührseligkeit ab.

Sehen wir uns nun eine etwas komplexere Situation an: Mit einer fadenscheinigen Ausrede versucht ein junges Mädchen, seine Mutter davon abzuhalten, das Abschlussfest ihrer Schule zu besuchen, weil es sich seiner Mutter schämt. Der Leser fühlt mit der Mutter. Während der Feier wird die Mutter, die einen schrillen Hut trägt und auffallend geschminkt ist, von anderen Eltern angestarrt. Nach der Zeremonie möchte sie die Klassenkameraden ihrer Tochter und deren Eltern kennen lernen, doch die Tochter, der das Aussehen und Benehmen ihrer Mutter peinlich ist, versucht, sie unauffällig aus dem Saal zu ziehen. Während sie einen Blick über ihre Schulter auf die Menschen zurück wirft, die sie nun nie kennen lernen wird, stolpert die Mutter und bricht sich einen Absatz ab. Nun muss sie, mit der einen Hand auf den Arm ihrer Tochter gestützt, den kaputten Schuh in der anderen Hand, zu allem Übel auch noch humpelnd den Raum verlassen. Dem Leser tut die Mutter leid, aber vielleicht kann er auch die Scham der Tochter nachempfinden. Solcherart sind die Gefühle, die der Autor beim Leser zu erzeugen sucht, wenn er Figuren entwirft und Situationen schafft, in denen sich diese zueinander verhalten.

▶ *Gibt es in der Szene eine Figur, von der die Protagonistin – indirekt oder direkt, psychisch oder physisch – bedroht wird?*

Im Interesse der Leser sollte jede wichtige Figur möglichst einen Gegenspieler haben. Die Figuren haben in jeder Situation ihr jeweils eigenes »Drehbuch«. Es ist unwahrscheinlich, dass zwei Charaktere, seien es Mutter und Kind, Frau und Mann, Arbeitgeber und Angestellter oder auch zwei enge Freunde, das gleiche Drehbuch haben. Die Dramatik einer Szene hängt davon ab, inwieweit der Autor sich diese Unterschiede zunutze macht. Beim ersten Beispiel ist das leicht. Der Gast ist von Beginn der Szene an unfreundlich. Der Gast mag keine Hunde. Die Protagonistin beruhigt lieber den Hund, als den Gast zufriedenzustellen. Der Konflikt zwischen der Protagonistin und dem Gast wird durch ihre Parteinahme für den Hund verschärft. Im zweiten Beispiel liegt der angespannten Beziehung zwischen Mutter und Tochter ein Klassenkonflikt zugrunde, ein Thema, um das unzählige Werke der Literatur kreisen. Wenn die Figuren in einer Szene nach unterschiedlichen Drehbüchern agieren, sind ihre Handlungen und Dialoge widersprüchlich, und darauf kommt es an. Dieser Widerspruch ist es, der das Leseerlebnis steigert.

▶ *Ist die Szene aus der Sicht der Person dargestellt, die von den Geschehnissen in dieser Szene am stärksten betroffen ist?*

Wenn sich diese Frage nicht mit der Erzählperspektive ihrer Geschichte vereinbaren lässt, übergehen Sie sie einfach. Sie dient lediglich der Erinnerung daran, dass sich der Leser am leichtesten mit der Person identifiziert, deren Perspektive in einer Szene eingenommen wird.

▶ *Ist der Aufbau der Szene durch deren Handlung definiert?*

Ohne Handlung keine Szene. Die Handlung bezeichnet das, was passiert. Es muss sich dabei nicht um eine physische Aktivität handeln. Ein eskalierender Wortwechsel ist eine Handlung. Ein geübter Autor kann aus der Meinungsverschiedenheit über ein wichtiges Thema mit einigem Geschick eine Handlung machen. Vergessen Sie nie, dass der Leser nicht von der Schilderung der Gefühle bestimmter Figuren durch den Autor angerührt wird. Vielmehr rührt es ihn emotional an, zu erleben, was mit den Figuren in ihrer Interaktion passiert. Wenn die Haupthandlung belanglos ist, wird die ganze Szene belanglos. In diesem Fall lohnt die Überlegung, ob man die Handlung der Szene stärker ausbauen oder sie mit einer anderen, ereignisreicheren Szene zusammenlegen könnte. Der Hund, der an der Tür kratzt, macht noch keine Szene aus. Die eigentliche Handlung der Szene ist die Interaktion zwischen der Protagonistin und dem unliebsamen Besucher. Im zweiten Beispiel kann sich aus den Spannungen zwischen Mutter und Tochter, detailliert ausgearbeitet, eine Szene ergeben.

Man könnte außerdem überlegen, ob jedes substanzielle Element einer Szene auch notwendiger Bestandteil der Haupthandlung ist. Trägt es zur Geschichte bei? Führt es zur Haupthandlung hin? Fördert es ein ungeklärtes Problem zutage und steigert so die Spannung? Ist nichts von alledem der Fall, so wird die Spannung des gesamten Kapitels beeinträchtigt, weil es Dinge enthält, die für die Geschichte nicht relevant sind. Der Leser muss zum Beispiel nicht sehen, wie Mutter und Tochter in der Schule ankommen, und er muss auch nicht die ganze Abschlussfeier miterleben, um sich in die Reibereien zwischen

Mutter und Tochter hineinversetzen zu können, um die es in der Geschichte geht. Die Mutter möchte sich unter die Feiernden mischen und verdirbt dadurch ihrer Tochter die Freude an dem Fest. Unerfahrene Romanautoren machen häufig den Fehler, den roten Faden einer Geschichte zu offenbaren, anstatt ihn wie die Bespannung eines Tennisschlägers straff in ihr zu verweben. Diesen Fehler deckt man am besten durch eine möglichst knappe, aber präzise Szenenzusammenfassung auf. Die meisten Autoren neigen dazu, die Beschreibung des Szeneninhalts auszudehnen, vielleicht weil sie der Lust nicht widerstehen können, an ihrem Roman weiterzuschreiben. Der Wert einer solchen Zusammenfassung hängt weitgehend davon ab, dass die Handlung kurz und bündig wiedergegeben wird, und genau dazu muss sich der Autor notfalls unter Aufbietung seiner ganzen Selbstdisziplin zwingen. »Als Harriet nach Hause kommt, stellt sie fest, dass Chuck und das Baby verschwunden sind, Chucks Kleiderschrank zur Hälfte leer ist und die Sachen des Babys fehlen.« Das ist die Beschreibung der Szene. Sie nimmt keinen Einfluss auf die Gefühle des Lesers. Sie ist eine zusammenfassende Wiedergabe der Handlung.

Beim Schreiben der eigentlichen Szene verfolgt der Autor das Ziel, den Puls des Lesers zu beschleunigen, indem er in allen spannenden Einzelheiten erzählt, wie Harriet durch das Haus läuft und allmählich begreift, dass ihr Mann mit dem Kind verschwunden ist. Das erzeugt im Leser den Wunsch, ihr zu sagen: »Hör auf zu suchen, als würdest du erwarten, sie im nächsten Zimmer zu finden, sie sind fort!« Am Ende der Szene will der Leser unbedingt wissen, was Harriet tun wird. Das ist das entscheidende Stichwort für den Autor. Er muss den Leser auf die Folter spannen. Damit erfüllt er das Gebot der Höflichkeit, denn das ist es, was der Leser will. Lassen Sie das nächste Kapitel an einem anderen Schauplatz oder mit einer anderen Figur beginnen. Wenn Sie im Haus bleiben wollen, könnte jetzt ein Freund oder ein Nachbar auftauchen, ein Bekannter der Familie. Obwohl Harriet im wirklichen Leben dem

Freund wahrscheinlich sofort erzählen würde, was passiert ist, werden Sie den Leser noch im Unklaren lassen wollen. Harriet bemüht sich, ihre persönliche Katastrophe geheim zu halten. Der Freund möchte gern helfen, möchte herausbekommen, was nicht stimmt. Wenn Sie sich bei der Szenenkonzeption nicht in unnötige Details verstricken, sparen Sie Ihrem Lektor eine Menge Arbeit und erhöhen möglicherweise Ihre Chancen auf eine Veröffentlichung.

▶ *Ist die Handlung einer Szene jederzeit präsent, so dass der Leser sieht, was vor seinen Augen geschieht?*

Das ist ein wichtiger Punkt, denn wenn die Handlung nicht ersichtlich ist, kann es passieren, dass man in eine Aufzählung zurückliegender oder nebensächlicher Ereignisse verfällt und damit das Leseerlebnis beeinträchtigt.

▶ *Leitet das Ende der vorangegangenen die nächste Szene ein? Ist der Leser begierig zu erfahren, was als nächstes passiert?*

Konzentrieren Sie sich, wenn Sie die Abfolge geplanter (oder existierender) Szenen überprüfen, darauf, was den Leser von Kapitel zu Kapitel zum Weiterlesen veranlasst. Shelly Lowenkopf, ein ebenso strenger wie erfolgreicher Lehrer, der auch die berühmten »Pirate Workshops« der Santa Barbara Writer's Conference leitet, zitiert gern und oft einen Satz, den er angeblich von mir übernommen hat: *»Führ den Leser niemals dorthin, wohin er will.«* Lassen Sie den Leser hängen. Sie sind kein netter Mensch, Sie sind ein Autor. Sie manipulieren bewusst die Gefühle Ihrer Leser. *Führ den Leser niemals dorthin, wohin er will.* Schüren Sie die Neugier des Lesers besonders gegen Ende eines Kapitels, und enttäuschen Sie seine Erwartung am Anfang des nächsten – so erreichen Sie, dass die Spannung über die gesamte Buchlänge erhalten bleibt. Dieses Thema hat unzählige Variationen. Eine Technik, die ich gern verwende, besteht darin, ein Kapitel mit einem aufregenden und ungelösten Ereignis enden zu lassen und das nächste ganz ruhig zu beginnen. Stellen Sie es sich als die Ruhe vor dem Sturm vor. Diese Ruhe am Anfang eines Kapitels (das erste natürlich ausgenommen) steigert die Spannung des Lesers.

Die folgenden Punkte gilt es zu beachten:

Im Idealfall folgen die Szenen nahtlos aufeinander. Beim Aufbau einer Szene müssen Sie darauf achten, dass die emotionale Beteiligung der Leser nirgendwo abflaut. Spicken Sie die Geschichte mit ominösen Hinweisen. Katapultieren Sie den Leser am Ende eines Kapitels in das nächste hinein und sorgen Sie dann dafür, dass er nicht dahin kommt, wohin er will.

Der Entwurf einer Szene ist nicht in Stein gemeißelt. Sie können ihn jederzeit modifizieren – und das werden Sie auch tun. Sie können die Reihenfolge der Szenen ändern, um die Spannung zu steigern, spannungslose Szenen streichen und neue Szenen einfügen, wenn es die Entwicklung der Geschichte erfordert. Der Entwurf einer Szene ist dazu da, verändert zu werden. Der Autor kann damit jonglieren wie ein Jazzmusiker, der improvisierend mit einem Stück spielt. Wenn Sie viel verändern oder umstellen müssen, empfinden Sie es vielleicht als hilfreich, die Szenenentwürfe auf nummerierte Karteikarten zu schreiben, die Sie untereinander verschieben können, um neue Anordnungen auszuprobieren. Als nützliches Nebenprodukt eines solchen Vorgehens haben Sie am Ende die Gewissheit, dass Sie den bestmöglichen Aufbau für Ihre Geschichte gefunden haben.

Überprüfen Sie beim Entwurf der Szenen, die jeweils mindestens eine spannende Aktion enthalten sollten, anhand Ihrer Liste, ob Ihnen eine wesentlich schwächer erscheint als der Rest. Dabei handelt es sich oft um Szenen, die Sie nur aus praktischen Erwägungen und ohne Rücksicht auf das Lesevergnügen geschrieben haben, um beispielsweise Informationen zu vermitteln. Eine solche Szene sollte gestrichen werden. In den meisten Fällen lassen sich die Informationen, um die es Ihnen geht, in die Handlung oder den Dialog einer anderen Szene einbauen. Es kann vorkommen, dass Sie die Informationen auf mehrere

Stellen verteilen müssen, aber bisher ist mir noch kein Manuskript untergekommen, in dem es nicht möglich gewesen wäre, Informationen, die für das Verständnis der Geschichte notwendig waren, unauffällig in die Handlung zu integrieren.

Die Szenenübersicht dient auch als Vergleich, anhand dessen man feststellen kann, welche Szenen am spannendsten sind. Manchmal bietet es sich an, solche Szenen weiter an den Anfang des Buches zu verlegen, damit die Leser schon zu einem früheren Zeitpunkt in den Bann der Geschichte gezogen werden. Und falls das nicht geht, macht uns diese spannende Szene vielleicht deutlich, wie wir eine schwächere Szene am Anfang des Buches verbessern können.

Eine solche Szenenübersicht bietet auch die Möglichkeit, bereits im Vorfeld die größten Schwächen einer Geschichte aufzuspüren, bevor man Monate mit dem Schreiben schlecht konzipierter Kapitel vergeudet, die man eigentlich hätte ändern oder weglassen müssen. Einen Roman schon während seiner Entstehung Szene für Szene zu prüfen, ist ein wichtiger Schritt in die richtige Richtung. Nachdem Sie den szenischen Entwurf überarbeitet und, falls nötig, neu geordnet haben, stellen Sie sich zu jeder Szene die Frage: »In welcher Weise wirkt diese Szene auf die Gefühle des Lesers ein?« Notieren Sie die Antwort neben der jeweiligen Szenenbeschreibung. Denken Sie daran, bevor Sie mit dem Schreiben der Szene beginnen. Um als Romanautor Erfolg zu haben, müssen Sie zu jedem Zeitpunkt wissen, welches Ziel Sie vor Augen haben, und Sie müssen sich die Techniken aneignen, die notwendig sind, um dieses Ziel zu erreichen.

Während einer Podiumsdiskussion mit Bühnenautoren fiel mir ein Satz besonders auf, der mehrere Male zitiert wurde. *Man muss sein Publikum belohnen.* Wenn Sie Ihre Szenenliste überprüfen, sollten Sie sich fragen, welche dieser Szenen so spannend, so gut und so beeindruckend sind, dass Sie Ihr Publikum damit belohnen. Betrachten Sie Ihren Roman als ein Geschenk an einen Fremden, den unbekannten Leser, dem Sie eine Freude machen möchten. Der Leser wartet darauf, von Ihrer

Geschichte inspiriert zu werden und sich in Ihre Figuren zu verlieben. Wie Sie erreichen, dass Ihre Leser sich verlieben können, steht in einem anderen Kapitel, und das wird, getreu dem, was ich Sie gerade gelehrt habe, nicht das nächste sein. Ich werde Sie nicht dahin führen, wohin Sie wollen ... noch nicht.

2
Ist Konflikt notwendig?

Früher einmal ging es in allen Geschichten um die Jagd. Vielleicht war es das einzige Thema.

Es war die Zeit unserer Ahnen, der Jäger und Sammler. Bevor sie das Feuer entdeckt hatten, gingen sie schlafen, wenn es dunkel wurde. Die Entdeckung des Feuers versetzte sie nicht nur in die Lage, ihr Essen zu kochen, sondern es schenkte ihnen Licht, sodass sie beisammen sitzen konnten, nachdem sie ihr Tagwerk verrichtet hatten. Man kann sich vorstellen, wie die Jäger um das Feuer herum saßen und von ihren Erlebnissen während der Jagd erzählten. Stellen wir uns vor, ein Jäger wurde in der heimischen Höhle oder wo auch immer gefragt: »Wie war die Jagd?« »Hart«, hatte der Heimgekehrte vielleicht geantwortet und mit diesem einen Wort nicht nur die Schwierigkeiten ausgedrückt, die es mit sich bringt, Tiere aufzuspüren und mit der primitivsten aller Waffen zu erlegen, sondern auch gleich noch eine plausible Erklärung für die magere Ausbeute seiner Bemühungen geliefert. Seine hungrige Horde aber gab sich mit dieser einsilbigen Antwort nicht zufrieden, die Daheimgebliebenen wollten es genau wissen. Und so war der erfolglose Jäger, vielleicht um sein Leben zu retten, gezwungen, ins Detail zu gehen – wo er gejagt hatte, was er gesehen und gehört hatte, wie er der Spur eines Tieres gefolgt war oder wie ein plötzlicher Sturm oder ein umstürzender Baum ihn um seine Beute gebracht hatte, sodass er mit leeren Händen nach Hause gekommen war. So kam es, dass er eine Geschichte erzählte. Und wenn seine Geschichte nicht überzeugend war, lief er Gefahr, von seinen enttäuschten Zuhörern umgebracht zu werden.

(Höfliche Ablehnungsschreiben sind eine Erfindung der Neuzeit.)

Vielleicht gab es irgendwann einen ehrgeizigen jungen Mann, der sich den Jägern begeistert anschloss, mit seinem Beutezug Erfolg hatte und auch noch in der Lage war, spannend von seinen Erlebnissen zu berichten. Als Beweis konnte er die erlegte Beute vorlegen. Man feierte ihn, und vielleicht stieg er bald zur Nummer eins unter den Geschichtenerzählern auf und erntete dieselbe Anerkennung wie die erfolgreichen Geschichtenerzähler heutzutage.

Der glückliche Jäger konnte, seiner menschlichen Natur entsprechend, seine Geschichte vielleicht mit allerlei Fantasien ausschmücken und, um seine Zuhörer zu beeindrucken, die realen Gefahren der Jagd noch um ein paar erfundene bereichern. Er konnte wortreich erzählen, wie er den Gefahren begegnet war und sie am Ende überwunden hatte.

Es ist anzunehmen, dass die Jäger aufgrund der lauernden Gefahren in Gruppen unterwegs waren. Jeder konnte sehen, was die anderen taten. Möglicherweise waren die besten Jäger nicht die besten Erzähler. Wie heute auch. Also sprach vielleicht derjenige unter ihnen, der am spannendsten erzählen, am genauesten beobachten oder auch am geschicktesten lügen konnte, für die ganze Gruppe. Und sie akzeptierten seine Übertreibungen, weil sie dadurch alle als noch größere Helden dastanden.

Die Jagd diente vor allem der Nahrungsbeschaffung. Sie sicherte das Überleben der Gemeinschaft und hatte rein gar nichts mit der heutigen Jagd gemein, die nur dem Zeitvertreib der Jagenden dient. Damals war die Jagd voller Gefahren, und ihr Erfolg entschied über Leben und Tod der Daheimgebliebenen.

Der Jäger versorgte seine Familie oder seinen Clan mit etwas, das dringend und unverzüglich benötigt wurde. Und er tat dies unter unabwägbaren Schwierigkeiten. Das erste Beutetier konnte ihm entkommen. Oder es konnte so groß sein, dass der Jäger unversehens zum Gejagten wurde. Aber Nahrung musste her, also folgte er der Fährte eines anderen Tieres, nur um feststellen zu müssen, dass ein Jäger eines anderen Stammes bereits damit beschäftigt war, die Beute zu zerlegen. Teilten sie nun höflich die Beute oder stritten sie darum? Verteidigte der Jäger, der das Tier erlegt hatte, erbittert seine Beute, indem er dem anderen einen Stein über den Schädel zog? Ich war nicht dabei. Ich habe mir das alles ausgedacht. Es sind reine Vermutungen. Aber es zeigt, wie die Ereignisse des täglichen Lebens zu den Geschichten geführt haben mögen, die an den Lagerfeuern unserer Vorfahren die Runde machten. Es gibt Helden und Schurken, und immer werden Konflikte ausgetragen: um Nahrungsmittel, um Territorien, um den Glauben – alles Dinge, mit denen sich die Literatur seither tausendfach beschäftigt hat.

Ein Schriftsteller unserer Zeit ist gut beraten, wenn er beim Entwurf seiner Geschichte an die Jagd unserer Vorfahren denkt. Ist es dem Protagonisten mit dem, was er möchte oder braucht, wirklich ernst? Muss er, um es zu bekommen, Risiken auf sich nehmen? Ist der Erfolg für ihn, wenn schon nicht lebensnotwendig, so doch zumindest von großer Bedeutung?

Der Titel dieses Kapitels wirft die Frage auf, ob »Konflikt notwendig« sei. Lassen Sie uns das ganz direkt beantworten. Ja, Konflikt war und ist notwendig, denn er bildet den Kern jeder dramatischen Handlung. Die Literatur lebt davon, dass jemand etwas will und auszieht, um es zu erreichen. Wenn ihm das ohne Umwege gelingt, ist die Geschichte ruiniert. Etwas muss ihn daran hindern, sein Ziel zu erreichen, ein Berg oder ein anderer Mensch, Naturgewalten und die menschliche Natur als Hindernisse auf dem Weg zum Erfolg. Eine Geschichte ohne Konflikt ist wie ein Auto ohne Motor.

Viele Menschen sträuben sich gegen den Begriff »Konflikt«, weil sie etwas Negatives damit verbinden. Ich schlage daher vor, stattdessen von »Kontroverse« zu sprechen. Dabei möchte ich betonen, dass die kontroverse Natur der Literatur sich nicht erst im Kampf des Protagonisten mit dem Antagonisten offenbart. Große Literatur ist voller Kontroversen, die sich widerspiegeln in Argwohn, Gegensätzen, Konfrontationen und Ablehnung. Oft wird der Konflikt verbal ausgetragen, nicht in dramatischen Handlungen, manchmal ist er regelrecht banal. Ich kann auf der Stelle beweisen, dass eine einfache Unterhaltung über ein alltägliches Thema interessant sein kann, weil sie kontrovers ist. Hierzu möchte ich ein Beispiel von Richard Bausch heranziehen, dessen Kurzgeschichten und Romane so erfolgreich sind, dass in der Reihe Modern Library ein Auswahlband seiner Geschichten erschienen ist. In einer seiner Geschichten kommt es zu der folgenden Unterhaltung zwischen einer Frau und ihrem Mann, nachdem sie ihn geweckt hat, damit er seinerseits die Kinder weckt:

> »Casey«, sagte sie.
> »Ich bin wach«, antwortete er.
> »Sag nicht einfach: ›Ich bin wach‹.«
> »Ich bin wach«, sagte Casey, »ich bin seit viertel vor sechs wach.«
> »Na gut. Dann steh auch auf.«

Das ist es, was ich mit »kontrovers« meine. Wir sind versucht, das zu schreiben, was wir im wirklichen Leben sagen würden. »Komm, steh auf, Casey.« Schauen Sie sich noch einmal an, wie Bausch diese einfache Aufforderung für den Leser interessant macht, indem er ihr geschickt eine feindselige Note gibt.

Ein Konflikt ist nicht die Schlacht an der Marne oder der Zweikampf des Guten gegen den Bösen, weder muss herumgebrüllt noch eine Schlägerei ausgetragen werden. Konflikte sind ein wesentlicher Bestandteil eines Romans, denn ohne sie würde der Leser den gleichen Stoff als langweilig empfinden. Man darf Konflikte, die sich im Leben katastrophal auswirken können, nicht verwechseln mit dem Konflikt, um den sich in der Literatur alles dreht. Der Leser hat Freude am Konflikt, wenn er Teil eines Romans und nicht seines Lebens ist.

Der Ruf nach physischen wie psychischen Auseinandersetzungen kann irreführend sein in einer Zeit, in der uns in den Kinos Filme entgegenflimmern, die unsere Sinne mit schrillem

Geschrei, tobenden Feuersbrünsten und wilden Schießereien gegen jegliche Art von Gewalt abstumpfen. Wenn einer einem anderen in die Augen sieht und dieser andere schaut weg, so ist das eine kontroverse Handlung. Wenn ich jemandem eine Frage stelle und der Angesprochene dreht sich wortlos um und geht, so ist das eine kontroverse Handlung. Wenn der Autor seine Figuren gut charakterisiert, ist die Situation, in der eine Mutter ihrem Sohn verbietet, noch mehr Kekse zu essen, bereits eine Kontroverse, weil der Leser weiß, dass sich der Junge über die Keksdose hermachen wird, sobald sie den Raum verlassen hat. Ich ziehe bewusst scheinbar nebensächliche Dinge als Beispiel heran, um die Tatsache zu unterstreichen, dass der Konflikt in einem guten Roman oft in den Feinheiten des Alltäglichen liegt. Als Kinder lernen wir, dass Worte nicht weh tun. Das ist eine Lüge. Worte können sehr verletzend sein. Manches Gesagte ist unverzeihlich. Es gibt kaum ein geeigneteres Mittel, um Konflikte auszudrücken, als den Dialog. »Er liebte sie und sie liebte ihn, und wenn sie nicht gestorben sind, dann leben sie noch heute!« Diesen Satz führe ich gern an, um meinen Zuhörern zu demonstrieren, wie seicht und langweilig eine Geschichte sein kann, in der es keine Kontroversen gibt.

Die Geschichten, die uns als Leser berühren, können von Enttäuschungen handeln, von Verlusten, kleinen Niederlagen und unbedeutenden Siegen. Sie mögen uns gefühlsmäßig nur am Rande tangieren, aber sie helfen uns, einander zu verstehen. Die Geschichten jedoch, die zu einem Teil unserer Kultur werden und die von Generation zu Generation weitergegeben werden, handeln meist von den dunklen Abgründen des menschlichen Wesens, die sich unserem Fassungsvermögen entziehen. Ödipus erschlägt seinen eigenen Vater und sticht sich die Augen aus, als er erfährt, wen er getötet hat. Hamlet ersticht Polonius in seinem Versteck hinter dem Wandteppich. Shakespeare, der vielen als der größte Schriftsteller aller Zeiten gilt, schrieb Stücke, in denen es von Verrat, Folter, Gift- und Meuchelmorden nur so wimmelt, und er wird heute nicht allein wegen seiner Sprach-

gewalt gerühmt, sondern auch wegen seiner unvergleichlichen
Fähigkeit, das Wesen des Menschen präzise, klug und treffend
zu analysieren und darzustellen.

Die menschliche Natur ist das eigentliche Thema eines jeden
Autors, der seine Arbeit ernst nimmt. Trotz der Aufklärung hat
sich das menschliche Wesen in den Jahrtausenden, die vergangen
sind, seit es Literatur gibt, nicht verändert. Das 20. Jahrhundert
war gezeichnet von Kriegen, die Abermillionen unschuldige
Menschenleben gefordert haben. Heute gibt es nur
noch einige wenige, die als Überlebende des Holocaust aus
eigener Anschauung berichten können, was so genannte zivilisierte
Nationen ganzen Völkern anzutun imstande sind. Die
Massenmorde in Ruanda und Bosnien, im Kosovo und in
Serbien erschüttern uns, weil wir daran glauben wollen, dass
wir bessere Menschen geworden sind, seit Kain Abel erschlug.
Wir haben wehrlose Kriegsgefangene getötet. Folter, die es in
der Tierwelt nicht gibt, ist unter den Menschen an der Tagesordnung.
Angeblich normale Menschen sprengen Gebäude in
die Luft und mit ihnen Menschen, die völlig unschuldig sind
an der Misere des Bombenlegers. Männer, Frauen und Kinder
werden in Flughäfen erschossen oder sterben in Flugzeugen, die
mit Waffengewalt entführt, mit Raketen vom Himmel geholt
oder von Attentätern gesprengt werden, denen ihre Opfer
gleichgültig sind. Die Menschheit als solche ist nicht so nett, wie
einige ihrer Vertreter es durchaus sein mögen. Warum also soll
man nicht wenigstens über die netten und angenehmen Dinge
schreiben, anstatt über Auseinandersetzungen? Warum haben
Schriftsteller stets dazu beigetragen, das Böse in der Welt zu
dokumentieren?

Warum zieht ein Autounfall Schaulustige an?

Vielleicht deshalb, weil andere die Betroffenen sind. Wie im
Roman. Oder auf der Bühne.

Der amerikanische Kulturkritiker Henry Louis Mencken hat
einmal gesagt: »Im Roman geht es vor allem um die Darstellung
des Menschen in seiner ganzen Torheit und Bosheit, und keine

andere Kunstgattung hält so treu an diesem Ziel fest.« Mencken sagt »vor allem«, nicht »ausschließlich«. Ich bin ebenso wenig wie er der Meinung, dass es in einem Roman um nichts anderes als um Konflikte gehen sollte. Liebe, Mitgefühl, kindliche Freude können genauso faszinierend sein wie ihr Gegenteil, wenn auch vielleicht nicht für Mencken, der als notorischer Nörgler bekannt war. Abenteuer, Fantasie, Staunen, die Freude über wissenschaftliche, künstlerische oder wirtschaftliche Errungenschaften und viele andere positive Dinge werden auch weiterhin die Literatur bereichern. Damit das Herz der Leser jedoch höher schlägt, muss eine Geschichte heute wie seit Anbeginn der Zeit um einen zentralen Konflikt kreisen. Der Konflikt dient dazu, den geschriebenen Dialog zum Leben zu erwecken.

Obwohl der Konflikt notwendig ist, brauchen wir ihn nicht ständig. Ein Roman, in dem sich ein Konflikt an den anderen reiht, ist wie die gerade Linie auf dem Monitor eines Elektrokardiographen, eine tödliche Monotonie. Der Leser, ermüdet vom Ansturm der Konflikte, die er mit seinem Helden erlebt, sehnt sich wie ein Soldat in den Gefechtspausen nach einem Moment der Ruhe. Aber der erfahrene Autor weiß, wie er die Neugier seiner Leser wieder anstachelt, wie er sie auf die nächste Schlacht vorzubereiten hat.

Das Problem der Manuskripte, die ich zu lesen bekomme, ist selten ein Übermaß an Konflikten. Ich bin immer wieder überrascht, wie oft Geschichten, die eigentlich spannend sein könnten, durch statische, eintönige Erzählelemente verwässert und zu Langweilern gemacht werden. Man braucht nur einen Blick auf sein eigenes Leben zu werfen, um den Stoff zu finden, aus dem Konflikte entstehen. Gibt es einen einzigen Schriftsteller, der noch nie neidisch war? Der nicht schon einmal, und sei es nur für einen Augenblick, von einem intellektuell oder physisch überlegenen Kontrahenten eingeschüchtert worden ist? Der noch nicht einmal in Gedanken einen Streit mit dem Nachbarn vom Zaun gebrochen hat, der niemals Begierde verspürt hat, sich niemals mit Freunden gestritten, sich selbst belogen oder in seiner Fantasie etwas Verbotenes getan hat? Wurden die Zehn Gebote für Wesen von einem anderen Stern geschrieben oder für uns?

Gibt es in Ihrem Roman wenigstens einen Menschen, der einen anderen beneidet, der Streit mit anderen hat, der lügt oder davon träumt, etwas Ungesetzliches zu tun? Das sind schon vier der unzähligen Möglichkeiten, eine konfliktgeladene Atmosphäre zu erzeugen. Ob die Konflikte, die wir ersinnen, eine therapeutische Wirkung auf den Leser haben oder nicht, sei dahingestellt. Der Punkt ist, dass alle Geschichten, die je erdacht wurden – Bühnenstücke, Mythen, Legenden, Erzählungen und Romane –, das dramaturgische Element des Konflikts, der Auseinandersetzung, des Widerstands beinhalten, wobei der Konflikt normalerweise in den Personen des Protagonisten und Antagonisten, des Helden und des Schurken verkörpert ist. Die feindliche Macht kann eine Gruppe von Menschen umfassen, aber effektiver ist die Geschichte meist, wenn es nur einen Widersacher gibt. Und natürlich kann die feindliche Macht auch eine Naturgewalt sein, aber um den Leser zu fesseln, muss auch in diesem Fall der Konflikt durch einen Protagonisten und einen Antagonisten ein menschliches Gesicht bekommen.

Das gleiche Prinzip gilt auch für Geschichten, die auf realen Ereignissen basieren. Ein wunderbares Beispiel hierfür ist *Rising Tide* von John M. Barry, ein Buch über die größte Naturkatastrophe unserer Zeit in den Vereinigten Staaten. 1927 überschwemmte der Mississippi ein Gebiet von der Größe der Bundesstaaten Connecticut, Massachusetts, New Hampshire und Vermont zusammengenommen. Von Illinois über Missouri bis zum Golf von Mexiko stand das Land zehn Meter tief unter Wasser. Zigtausend Menschen kamen in den Fluten um. Millionen wurden obdachlos. Das Rote Kreuz musste fast 700 000 Menschen monatelang mit Lebensmitteln und Trinkwasser versorgen. Angesichts dieser ungeheuren Katastrophe konzentriert sich der Autor des preisgekrönten Buchs auf den Konflikt zwi-

schen einem Protagonisten und einem Antagonisten, den zwei
Ingenieuren James Eads und Andrew Humphries. Eads, der
von Zeitgenossen manchmal mit Da Vinci oder Thomas Edison
verglichen wurde, galt als einer der größten Ingenieure seiner
Zeit. Er plädierte dafür, das umliegende Land durch Abfluss-
kanäle vor Überschwemmungen zu schützen. Humphries dagegen, der Leiter des technischen Korps der US-Armee, sah
in Uferdämmen das geeignete Mittel, um den gewaltigen Fluss
in seinem Bett zu halten. Humphries, der in dem Buch die
Rolle des Bösen spielt, setzte sich mit seiner Ansicht durch. Als
das Mississippidelta im Jahr 1927 von anhaltenden Regenfällen
heimgesucht wurde, wurden die Deiche durch die reißenden
Fluten beschädigt. Schließlich brachen sie, und das nachfolgende Hochwasser brachte den Menschen Tod und Zerstörung.
Das Buch aber bezieht seine Spannung aus dem Konflikt zwischen zwei willensstarken Personen. Es handelt vom Kampf des
Menschen gegen die Naturgewalten, doch was den Leser an
die Lektüre fesselt, ist nicht das reale Geschehen, von dem berichtet wird, sondern die erbitterte Auseinandersetzung zweier
Fanatiker um die Frage, wie man die Menschen vor dem drohenden Unheil bewahren kann.

Manche Autoren wählen den inneren Konflikt einer Person als
Gerüst, auf dem sie ihre Geschichte aufbauen. Dagegen ist
nichts einzuwenden, wenn sich der innere Konflikt in Handlungen und Dialogen ausdrückt und in einem äußeren Konflikt
spiegelt. Wenn er aber der einzige Konflikt bleibt, ist Vorsicht
geboten, denn es gehört Erfahrung und Können dazu, mit einer
solchen Geschichte die Aufmerksamkeit der Leser dauerhaft zu
fesseln.

Nicht selten vertut ein Autor seine Aussichten auf Veröffentlichung, indem er die dramaturgischen Regeln missachtet, die
seit Jahrtausenden für das Theater und in der Literatur gelten.
Im Zentrum einer dramatischen Handlung steht die Konfrontation zweier Rivalen, die Vereitelung der sehnlichsten Wünsche
des Protagonisten durch einen personifizierten Gegenspieler.

Ein alter Mann, der ständig der guten alten Zeit nachjammert, ist sterbenslangweilig. In Hemingways Geschichte *Der alte Mann und das Meer* will der alte Fischer beweisen, dass er immer noch ein ganzer Kerl ist. Sein Gegner ist ein riesiger Fisch. Der Leser erlebt den Kampf mit, und obwohl der alte Mann den Fisch nur noch als Skelett ans Ufer bringt, geht er als strahlender Sieger aus dem Kampf hervor.

Die gegnerischen Kräfte müssen nicht unbedingt zwei bestimmte Personen (oder ein Mensch und ein Fisch) sein. Einer der großen Romane des 20. Jahrhunderts ist *Der Prozess* von Franz Kafka. Darin wird ein Mann namens Joseph K. eines Morgens verhaftet, und er erfährt nie, was man ihm vorwirft, so sehr er sich auch bemüht. Sein Gegner ist kein Individuum, sondern eine abgründige Bürokratie, und am Ende wird er zum Tode verurteilt. Bürokratische Instanzen gibt es überall. Die Bürokratie ist der nicht greifbare Feind des gesunden Menschenverstandes und der Gerechtigkeit, sie fördert Trägheit und Willkür, und oft haben wir das Gefühl, machtlos zu sein gegen kleinkarierte Beamte, die sich gegen alle Vernunft und manchmal mit tragischen Folgen an ihre Vorschriften klammern. *Der Prozess* ist ein beeindruckender Roman, weil er uns schonungslos vor Augen führt, dass die Bürokratie die Wegbereiterin eines Totalitarismus ist, in dem der Einzelne der geballten Macht der Funktionäre wehrlos ausgeliefert ist. Was diesen Roman für den aufmerksamen Leser von heute so bedrückend macht, ist die Erkenntnis, dass die Bürokratie als solche alle totalitären Systeme überdauert hat. Der Gefangene K. sieht sich einer Verschwörung gegenüber, die ihn letzten Endes das Leben kostet. Auch in diesem Buch, das zu einem Klassiker geworden ist, weil es glänzend geschrieben ist und um ein faszinierendes Thema kreist, geht es um einen zentralen Konflikt, den aussichtslosen Kampf eines Mannes gegen einen übermächtigen Gegner. Der Leser erlebt den verzweifelten Kampf des Protagonisten mit, hofft auf dessen Rehabilitierung und leidet unter seinem tragischen Ende. Ohne diese Identifikation wäre der Roman vielleicht eine soziologisch interessante Lektüre, aber er würde uns nicht so tief berühren.

Mann gegen Mann, Mann gegen Frau, Mensch gegen Fisch, einer allein gegen die Bürokratie – alles Themen, die deutlich machen, dass der Konflikt, so subtil er auch sein mag, der Motor jeder dramatischen Handlung ist. Er ist das Lebenselixier der erzählenden Literatur.

3

Den Leser fesseln

Jeder weiß, was Liebe auf den ersten Blick ist, dieser magische Moment, in dem man einen fremden Menschen sieht und überwältigt ist von seiner Ausstrahlung. Später wird aus dieser anfänglichen Gefühlswallung vielleicht eine tiefer gehende, weniger impulsive und stabilere Beziehung und manchmal sogar eine unerschütterliche Liebe, die ein Leben lang hält. Doch wie vielen anderen Menschen begegnen wir, die uns nicht auf Anhieb den Kopf verdrehen? Vielleicht mögen wir sie, aber wir empfinden keine Liebe für sie. In meinen Augen gibt es bemerkenswerte Parallelen zwischen unserer Reaktion auf ein neues Buch und auf einen Menschen, dessen Bekanntschaft wir machen. Das gilt auch für professionelle Literaturkritiker, die ein Buch »lieben« oder »nicht lieben« und damit ausdrücken wollen, dass es ihnen gefällt oder nicht gefällt.

Der erste, den ein Autor für sein Buch interessieren möchte, ist sein potentieller Agent. Wie oft habe ich einen namhaften Agenten sagen hören: »Ich mag das Buch, aber ich liebe es nicht.« Damit sagt er nichts anderes, als dass er den Autor des Buches nicht unter Vertrag nehmen wird. Um einen Roman auf dem hart umkämpften Markt zu verkaufen, muss der Agent das Gefühl haben, dass jeder, der das Buch ablehnt, eine unverzeihliche Dummheit begeht. Überzeugung hin oder her, aber am Ende muss ein Verkauf winken. Wenn ein Agent nicht sicher ist, dass sich ein Buch relativ schnell verkaufen lässt, wird er zum nächsten Manuskript greifen. Ich kenne einen Agenten, der sich um einen Roman verdient gemacht hat, den er hundert Mal erfolglos angeboten hatte, bevor es endlich zum Verkauf kam. Loyalität und Beharrlichkeit in allen Ehren, aber ein solches Vorgehen ist eine kostspielige Angelegenheit. Der besagte Agent nimmt inzwischen kein Buch mehr an, wenn er nicht überzeugt ist, dass er es innerhalb einer bestimmten Zeitspanne gegen ein mindestens fünfstelliges Voraushonorar bei einem Verlag unterbringen kann. Das mag empörend klingen, aber versetzen Sie sich einmal in die Lage des Agenten. Es kostet ihn Zeit und Geld, mit Verlegern zu sprechen, sich über ihre Wünsche und Vorstellungen zu informieren, Fotokopien anfertigen zu lassen, Manuskripte zu versenden oder persönlich vorzulegen. Wie oft kann er diese Prozedur wiederholen, ohne seine Provision komplett einzubüßen und die Lust an der Arbeit zu verlieren?

Ich halte es für meine Pflicht, angehenden Autoren die Realitäten vor Augen zu führen und sie anhand dieser Realitäten anzuspornen, ihr Manuskripte unwiderstehlich – und verkäuflich – wie möglich zu gestalten.

Der nächste Leser nach dem Agenten ist der Lektor, der stets bereit ist, sich in ein Buch zu verlieben, weil er in jedem Manuskript das eine Buch zu finden hofft, das ihn reizt, sich viele Wochen lang damit zu beschäftigen, und das es wert ist, den Kollegen, den Kritikern und dem Rest der Welt angepriesen zu werden. Während er es liest, wird er denken: »Können wir dieses Buch verkaufen? Passt es in unser Programm? Brauchen wir noch ein solches Buch? Wird der Vertriebsleiter sein Potenzial erkennen? Wird es sich positiv oder negativ auf mein Ansehen im Verlag auswirken?« Das mag berechnend klingen. Aber ein Verlag will, wie jedes andere Wirtschaftsunternehmen, ein Produkt auf einem stark umkämpften Markt verkaufen. Es gibt nur wenige andere Produkte, die sich wie ein Buch gegen tausendfache Konkurrenz durchsetzen müssen. Das trifft in besonderem Maße auf den Roman zu. Ein Ratgeber, in dem erklärt wird, wie man ein Auto repariert, ist vielleicht für einen Hobbybastler interessant und hat nur wenig Konkurrenz auf dem Markt, aber ein Roman muss mit unzähligen anderen um die Gunst der Leser buhlen. Ein Roman wird erst dann zu etwas Besonderem für seinen Leser, wenn sich dieser in ihn verliebt. Sein Nutzen ist rein subjektiv.

Wenn meine Worte Sie entmutigen, weil Sie auf schnellen Ruhm und Erfolg gehofft hatten, sollten Sie Ihre Entscheidung, Schriftsteller zu werden, vielleicht noch einmal überdenken. Wenn Sie ein Schriftsteller sind, nicht ein Mensch, der als Schriftsteller bekannt werden will, wird Sie nichts aufhalten, nicht einmal der lange, steinige Weg zum Erfolg, den ich Ihnen ein Stück weit zu ebnen versuche, indem ich Ihnen Einblicke verschaffe und Informationen und Techniken vermittle, die Sie brauchen werden. Einer meiner Schüler, der sich gewissenhaft bemüht hat, das Handwerk des Schreibens zu lernen, hat kürzlich eine Novelle für eine Drittelmillion Dollar verkauft. Ein anderer hat einen Roman geschrieben, der inzwischen die fünfundachtzigste Auflage erlebt hat, und er arbeitet dennoch sehr hart daran, sein neuestes Werk noch zu verbessern. Wieder andere Autoren, mit denen ich zusammengearbeitet habe, haben sich mit ihren Büchern die Rente gesichert, weil sie ihnen noch Jahrzehnte jährliche Tantiemen einbringen. Das älteste Buch, für das ich selbst noch heute zweimal im Jahr Tantiemen erhalte, stammt aus dem Jahr 1953.

Lassen Sie mich Ihnen nun den letzten Leser vorstellen, denjenigen, der Geld dafür bezahlen soll, dass ihm Ihr Buch Gesellschaft leistet. Er stöbert in einer Buchhandlung, inspiziert das Angebot, lässt sich vielleicht von einem bestimmten Umschlag oder vom Namen des Autors inspirieren, oder er nimmt rein zufällig ein Buch zur Hand, weil es gerade so bequem vor seiner Nase liegt. Vielleicht liest er den Klappentext und blättert dann ein wenig in dem Buch. Ziemlich bald, normalerweise spätestens nach drei Seiten, wird er sich entscheiden, ob er die neue Lektüre mit nach Hause nimmt oder, wenn ihn die erste Kostprobe nicht anspricht, weiter nach dem einen Buch sucht, in das er sich – vielleicht – verlieben kann.

»Verlieben« mag im Zusammenhang mit einem Buch ein wenig

übertrieben klingen, aber wie oft gebrauchen wir das Wort. Wenn ein Freund zu mir sagt: »Ich liebe dieses Buch«, dann ist das die Aufforderung dieses Freundes an mich, an seinem Erlebnis teilzuhaben. Und es gibt nichts Besseres für ein Buch als die Mund-zu-Mund-Propaganda seiner ersten Leser.

Was ist es, das uns schon auf den ersten Seiten in den Bann einer Geschichte zieht? Meistens ist es eine Figur, über die wir mehr erfahren möchten. Vielleicht werden wir durch eine irgendwie vertrackte Situation neugierig gemacht. Oder die Stimme des Autors fasziniert uns, diese Mischung aus vielen Faktoren, die einen Autor von allen anderen unterscheidet und die ähnlich anziehend auf uns wirken kann wie die Stimme eines Menschen, deren Eigenart und Klang wir lieben.

Ein spannender erster Absatz veranlasst den Leser (Agent, Lektor, Buchkäufer), mit der Lektüre fortzufahren. Wenn die erste Seite den Leser fesselt, wird er auch die zweite lesen wollen. Ist seine Neugier erst einmal durch eine Figur, eine Situation oder den besonderen Schreibstil geweckt, so wird er das tun, was auch der Lektor tut: Er wird die Lektüre hoffnungsfroh mit nach Hause nehmen.

Und damit kommen wir auf den Punkt: die Notwendigkeit, den Anfang eines Romans so zu gestalten, dass der Leser ihn mit nach Hause nehmen möchte. Die ersten Augenblicke zählen. Sie bestimmen, ob ein Roman gekauft wird oder nicht. Aus dem Grund werden wir uns in diesem Kapitel ansehen, wie einige erfolgreiche Autoren ihre Romane beginnen lassen. Wir werden dabei feststellen, dass es glücklicherweise sehr unterschiedliche Methoden gibt, das Interesse der Leser zu wecken.

Die erste Hürde, die es in diesem Prozess zu nehmen gilt, ist die Erzeugung des »Spannungsmoments«, das Starten des Motors einer Geschichte. Das ist der Punkt, an dem der Leser nicht mehr aufhören möchte zu lesen. Ich werde Sie mit einigen Romananfängen bekannt machen, die demonstrieren, wie viele Möglichkeiten Ihnen zur Verfügung stehen, Ihre Leser in den Bann zu ziehen.

Man sagt im Allgemeinen, das Spannungsmoment solle so früh wie möglich einsetzen. Ich habe nicht die Absicht, diese Theorie in Frage zu stellen, sondern ich will sie ergänzen. Thriller und Krimis fallen oft mit der Tür ins Haus, sie bringen das Spannungsmoment gleich im ersten Absatz aufs Tapet. In anderen Genres der Belletristik können wir uns mehr Zeit lassen.

In Romanen, die eher auf melodramatische Effekte setzen als auf die dramatische Handlung, und ganz besonders in den so genannten Thrillern, werden die Leser heute mit schöner Regelmäßigkeit im ersten Absatz des ersten Kapitels mit einer Leiche, einer tickenden Bombe oder einem Mord überrumpelt, der gerade begangen werden soll. Da brutale Gewalt und Terrorakte mittlerweile zur täglichen Realität gehören, sind die Thrillerautoren gezwungen, sich immer übertriebenere Plots und schrecklichere Gefahren auszudenken. Wenn es aber wahr ist, dass der Leser die Menschen im Auto kennen lernen muss, bevor der Unfall passiert, so werden wir in vielen Thrillern um diese Möglichkeit der Anteilnahme betrogen. Wir werden durch einen solchen plakativen Romananfang vielleicht neugierig gemacht, aber unsere tieferen Gefühle bleiben unberührt, wenn einem uns fremden Menschen scheinbar aus heiterem Himmel etwas Schreckliches zustößt. Natürlich gibt es Ausnahmen. Die Literaturnobelpreisträgerin Toni Morrison beginnt ihren Roman *Paradies* mit dem Satz: »Das weiße Mädchen erschießen sie zuerst.« Das ist melodramatisch, aber da die Leser von Toni Morrison keinen Thriller erwarten, üben sie sich bereitwillig in Geduld, bis sie erfahren, von wem da die Rede ist.

Sie haben also die Wahl. Sie können mit einer Stichflamme in der Küche beginnen, die das ganze Haus in Brand zu setzen droht (Melodram), oder Sie lassen die Sache langsam angehen, indem Sie die Figuren Ihres Romans in einer Konfliktsituation zeigen, die sich allmählich zuspitzt und zu dem dramatischen Geschehen ausweitet, das der Leser neugierig, voll innerer Unruhe und vielleicht sogar fasziniert bis zum Ende des Buchs verfolgt.

Anna Quindlens Bestsellerromane wurden von Kritikern oft als »einfühlsam und liebevoll geschrieben« bezeichnet. Ihr Roman *Familiensache. Die Seele des Ganzen* zeigt beispielhaft, wie man als Autor den Leser in seine Fantasiewelt entführt. Am Anfang steht ein Vorwort, was heikel sein kann, weil Vorworte von vielen Lesern überblättert werden. Aber schon der erste Satz dieses Vorwortes ist faszinierend: »Der Knast ist nicht so schlimm, wie man sich das vielleicht vorstellt.« Der Leser stellt sich das Gefängnis schrecklich vor, also will er natürlich wissen, warum der Erzähler anders denkt.

> Und wenn ich Knast sage, meine ich damit nicht Gefängnis. Gefängnis ist etwas, was man in alten Spielfilmen oder Fernsehdokumentationen in einem öffentlichen Sender zu sehen bekommt, diese riesigen grauen Gebäude mit Wachtürmen an allen Ecken und Schlangen von Stacheldraht, die sich auf den hohen Mauern entlangkringeln wie eine endlose Loopingbahn. Gefängnis ist das, wo die Insassen mit Blechlöffeln gegen die Gitterstäbe schlagen, im Hof einen Aufstand planen und den kleinsten unter den Jungs – den, der zum allerersten Mal einsitzt – mit in den Duschraum nehmen, während die Wachen so tun, als sähen sie nichts, und es ihm überlassen, wie er da wieder rauskommt, mit dem Blut, das, durch die Vermischung mit etwas Milchig-Weißem blaß geworden, an der Rückseite der noch unbehaarten Schenkel herunterläuft, und den Schatten tief in seinen Augen, deren Blick sich für alle Zeiten verändert hat. Oder wenigstens ist das immer meine Vorstellung von einem Gefängnis gewesen.
> Der Knast war kein bißchen so, oder zumindest nicht der in Montgomery County. Es waren nur zwei Räume, beide zusammengenommen nicht größer als mein altes Schlafzimmer unter dem Dach im Haus meiner Eltern, und es gab zwar Gitter, aber die wurden per Hand geschlossen, nicht mit diesem elektrischen, ferngesteuerten, unerbittlichen Krachen. Ein Andy-Griffith-Knast. Ein Jimmy-Stewart-Knast.

An diesem Punkt ist der Leser bereit zu glauben, dass es in dem Gefängnis, in dem sich der Erzähler befindet, ganz locker zugeht. Die Autorin vermittelt uns von ihrem Beobachtungsposten aus das Gefühl, als sei das Leben in der Gefängniszelle

»nicht wirklich unangenehm«. Zwar fühlt sich der noch namenlose Ich-Erzähler (wir erfahren erst später, dass es sich um eine Frau handelt, die zu der Zeit, in der die Szene spielt, noch jung ist) einsam, aber auch »friedlich, ich konnte mich nicht erinnern, wann ich mich das letzte Mal so friedlich gefühlt hatte. Und auch so frei. Frei im Knast.«

Was spielt sich hier ab? Aus den Gedanken der Erzählerin erfahren wir etwas über ihre Eltern. Ihre Mutter ist an den Rollstuhl gefesselt. Das Wohnzimmer ist so eingerichtet, dass die Mutter dort schlafen kann. Dem Zustand des Schlafsofas sieht man an, dass die Mutter sehr krank sein muss.

Der diensthabende Gefängnisaufseher kommt vorbei.

> Ich hatte ihn zuletzt gesehen, als im Dezember in einem großen Festakt die Gemeindeweihnachtsbäume entzündet wurden und der meiner Mutter der schönste gewesen war mit seinem überbordenden Schmuck und den dicken, roten Girlanden. In der High-School hatte er der Baseballmannschaft angehört und jedes Spiel ausgesessen.

Der Leser gewinnt den Eindruck einer gewissen Normalität, aber er will wissen, warum die Erzählerin im Gefängnis sitzt. Erst ein paar Seiten später erfahren wir, dass die junge Frau, die sich so frei fühlt, beschuldigt wird, ihre Mutter ermordet zu haben. Der Motor der Geschichte gewinnt plötzlich an Schwung.

> Als es zu Ende ging, tat ich immer, was sie verlangte, obwohl ich es haßte. Ich konnte den säuerlichen Geruch ihres Körpers ums Verrecken nicht mehr ertragen, ebenso wenig wie ihre strohigen Haare in der Bürste und die Bettpfanne und die Waschschüssel und die Pillen, die verhinderten, daß sie schrie und sich drehte und wand wie die Forellen am Ufer des Montgomery River, wenn man sie an dem scharfen Haken am Ende der Schnur aus dem Wasser zieht und ihre Kiemen im Todeskampf flattern.
> Ich versuchte, alles zu tun, ohne aufzuschreien und loszubrüllen: »Ich sterbe mit dir!« Aber sie wußte es; sie fühlte es. Das war einer der vielen Gründe, warum sie auf dem Sofa im Wohnzimmer lag und lautlos vor sich hin weinte, während die Tränen

ihrer über den Knochen eingefallenen, gräulich-gelben Haut
den Glanz dieser feinen Baumwolle verliehen, wie sie sie für
Schonbezüge benutzte, oder der alten Lampenschirme, die sie
für mein Zimmer mit Blumen bemalt hatte. Ich versuchte, es
ihr bequem zu machen, zu tun, was sie wollte. Bis auf dieses
eine letzte Mal.

Jetzt sind wir überzeugt, dass sie ihre Mutter gegen deren Willen getötet hat. Wir kommen zum letzten Absatz des Vorwortes:

> Egal, was die Polizei und der Bezirksstaatsanwalt glauben moch-
> ten, egal, was die Zeitungen schrieben, egal, was die Leute
> damals glaubten und all diese Jahre später noch glauben – die
> Wahrheit ist, daß ich meine Mutter nicht getötet habe. Ich
> wünschte nur, ich hätte es getan.

Na sowas! Die Neugier des Lesers ist groß. Hat sie ihre Mutter
ermordet oder nicht? Wir haben einiges über die Stadt und
über die Familie der Gefangenen erfahren, haben das Leben der
Gemeinde kennen gelernt und kommen nun zum ersten Kapitel. Was wir erlebt haben, ist kein Überfall nach der Art literarischer Fließbandprodukte, sondern hier wird langsam und mit
Bedacht ein Netz gesponnen. Anna Quindlen lenkt und stimu-
liert mit vielfältigen Überraschungen die Neugier des Lesers und
bringt ihn so dazu weiterzulesen.

Leser lieben Überraschungen. Überraschungen bestätigen den
Leser in der Annahme, dass es Spaß machen könnte, dieses
Buch zu lesen. Sehen Sie sich an, wie Wally Lamb dies in sei-
nem ersten Roman, *Die Musik der Wale*, erreicht hat:

> Eine meiner frühesten Erinnerungen ist, wie meine Mutter und
> ich auf der vorderen Veranda unseres gemieteten Hauses in der
> Carter Avenue zwei Männern zusehen, die unseren nagelneuen
> Fernseher die Treppe hinauftragen. Ich bin aufgeregt, weil ich
> schon viel vom Fernsehen gehört, aber es noch nie gesehen
> habe. Die Männer tragen Arbeitskleidung in derselben Farbe
> wie der Karton, den sie gemeinsam schleppen. Wie die Krabben
> in Fisherman's Cove steigen sie die Betontreppen seitwärts
> hinauf. Und jetzt kommt der Teil meiner Erinnerung, auf den
> kein Verlass ist: Meine visuelle Erinnerung besteht hartnäckig
> darauf, dass diese Männer Präsident Eisenhower und Vizepräsi-
> dent Nixon sind.

Das Buch war einer der erfolgreichsten Erstlingsromane seiner Zeit. Der Erzähler scheint ein Kind zu sein (wir erfahren bald, dass dieses Kind, ein Mädchen, zu diesem Zeitpunkt vier Jahre alt ist). Der Wortschatz eines vierjährigen Kindes ist beschränkt. Die kindliche Wahrnehmung ist in die Erzählung eingewoben. Hätte sich der Autor auf das beschränkt, was ein vierjähriges Kind begreift, wäre er nicht sehr weit gekommen. Deshalb beschreibt die Ich-Erzählerin als Erwachsene die Erlebnisse so, wie sie es als Kind wahrgenommen hat. Diese doppelte Sicht – mit den Augen der Erwachsenen und des Kindes zugleich – ist das Unterhaltsame. Beachten Sie, wie präzise und detailliert der Autor fortfährt.

Im Inneren des Hauses wird der Würfel mit seiner Glasfassade aus der Kiste genommen und auf seinen Sockel gehoben. »So, jetzt ganz vorsichtig«, sagte meine Mutter entgegen ihrer Gewohnheit; sie ist nicht der Typ, der anderen Leuten sagt, was sie machen sollen, ganz besonders nicht Männern. Wir stehen da und sehen zu, wie die beiden Männer an dem Gerät herumhantieren. Dann sagt Präsident Eisenhower zu mir: »Okay, Mädchen, und jetzt dreh an diesem Knopf.« Meine Mutter nickt, und ich trete näher. »So musst du es machen«, sagt er, und ich spüre zugleich seine schwielige Hand auf meiner und zwischen meinen Fingern den sich drehenden Plastikknopf, der sich anfühlt wie einer der Steine im Mühlespiel meines Vaters. (Manchmal, wenn mein Vater zu laut gegenüber meiner Mutter wird, gehe ich ins Wohnzimmer und stecke mir einen Mühlestein in den Mund – ich lutsche daran und fahre mit der Zunge über die feinen Rinnen am Rand.) Jetzt höre und spüre ich, wie das Gerät mit einem Knacken zum Leben erwacht. Ein Zischen ist zu hören und dann Stimmen in der Box. »Dolores, schau!«, sagt meine Mutter. Mitten auf der grünen Glasvorderseite erscheint ein Stern. Er wächst und wächst und wird zu zwei Frauen an einem Küchentisch, die, zu denen die Stimmen gehören. Ich fange an zu weinen. Wer hat diese Frauen eingeschrumpft? Sind sie lebendig? Echt? Es ist das Jahr 1956; ich bin vier Jahre alt. Das ist nicht das, was ich erwartet habe. Die zwei Männer und meine Mutter lächeln über meine Angst, sie haben Spaß daran. Oder vielleicht empfinden sie auch Mitgefühl und trösten mich. Meine Erinnerung an jenen Tag ist so wie das Fernsehen selbst, scharf und klar, aber nicht verlässlich.

Was für eine verrückte Mischung! Die Mühlefigur im Mund beschreibt eindeutig das Erlebnis eines Kindes. Als die beiden Personen auf dem Bildschirm erscheinen, spricht die Erzählerin von den Personen, »zu denen die Stimmen gehören«, auch das die Wahrnehmung eines Kindes. Aber alles andere ist aus der Sicht der Erwachsenen erzählt, und diese Mischung setzt sich in den folgenden Absätzen fort und zieht sich durch die gesamte Geschichte. Ein strenger Kritiker würde dieses Hin- und Herspringen zwischen den Perspektiven vielleicht als stilistische Schwäche betrachten. Aber wenn wir uns allzu strikt an die Regeln halten, kann das der Fantasie abträglich sein. Wally Lamb hat es mit dem perspektivischen Mischmasch versucht, und Millionen Leser, die fasziniert waren von dieser unorthodoxen Art des Geschichtenerzählens und das Buch verschlangen, haben ihm recht gegeben.

Am Anfang des Romans steht ein Überraschungsmoment (Nixon und Eisenhower als Lieferanten), das zusammen mit der ungewohnten Mischung aus kindlicher und erwachsener Wahrnehmung den Leser neugierig macht. Der Motor der Geschichte springt im dritten Absatz an, als wir erfahren, dass der Fernseher ein Geschenk von Mrs. Masicotte ist, einer reichen Witwe, die in irgendeiner undurchsichtigen Beziehung zum Vater der Erzählerin steht. In drei Absätzen hat der Leser das vierjährige Mädchen, seine Mutter und auch die »andere Frau« kennen gelernt. Der Leser ist nicht nur auf die Person der Erzählerin mit der ständig wechselnden Perspektive neugierig, sondern er will auch Näheres über die Beziehung der Wohltäterin, Mrs. Masicotte, zu deren Vater wissen. Der Motor schnurrt. Die Geschichte ist in Gang gebracht. Der Leser will wissen, wie es weiter geht.

Wir müssen im ersten Satz nicht über eine Leiche stolpern oder erleben, wie ein Stadion in die Luft gejagt wird, um gespannt darauf zu sein, was in der Geschichte passiert. Ein Roman verkauft sich heutzutage möglicherweise leichter, wenn er mit einem Knall beginnt, aber dieser Knall muss glaubwürdig sein und in Zusammenhang mit einer Figur stehen, mit der sich der Leser relativ schnell identifizieren kann.

Es kann eine ganz alltägliche Begebenheit sein, mit der man den Leser am Ärmel zupft, ein Mann beispielsweise, der sich nichts aus Essen macht und der verheiratet ist mit einer Frau, die sich zu viel daraus macht. Folgendermaßen beginnt der Roman *Das Tagebuch der Daisy Goowill* von Carol Shields, der 1995 mit dem Pulitzer-Preis ausgezeichnet und zum Bestseller wurde:

> Der Name meiner Mutter war Mercy Stone Goodwill. Sie war erst dreißig Jahre alt, als sie an einem glühendheißen Tag erkrankte, während sie in ihrer nach hinten gelegenen Küche stand und für ihren Mann einen Malvernpudding zum Abendessen bereitete. Ein Kochbuch lag aufgeschlagen auf dem Tisch: »Man nehme einige Scheiben altbackenes Brot«, lautete das Rezept, »zwei Tassen Johannisbeeren, eine Tasse Himbeeren, 100 g Zucker, etwas Süßrahm, falls vorhanden.« Natürlich hat sie das Rezept halbiert, sind sie doch nur zwei, zumal Johannisbeeren knapp sind und Cuyler (mein Vater) ein schlechter Esser ist. Stocherpicker nennt sie ihn, der Mann, der imstande ist, zu essen oder es bleibenzulassen.
>
> Es beschämt sie, wie wenig der Mann ißt, wie er mit seinem Löffel in dem Gericht herumstochert, vielleicht ein-, zweimal die Augen hebt, um ihr über den Tisch einen scheuen, anerkennenden Blick zuzuwerfen, aber sich nie eine zweite Portion nimmt, es ihr überläßt, alles aufzuessen – er fährt mit der Hand durch die Luft, eine verträumte Gebärde, mit der er sie nötigt. Und die ganze Zeit lächelt er, mit einer einfältigen, zärtlichen Miene. Was bedeutete Essen für einen Arbeiter wie ihn? Eine Last, eine Störung, vielleicht gar eine Art Preis, der zu entrichten war, um sich aufrecht zu halten und weiter zu atmen.
>
> Nun, bei ihr, meiner Mutter, war das eine andere Sache. Essen war dem Himmel so nahe, wie meine Mutter ihm jemals gekommen ist.

Was an diesem eher statischen Romananfang könnte die Neugier eines Lesers wecken, der noch nie etwas von dem Buch gehört hat? Die Erzählerin spricht von ihrer Mutter und ihrem

Vater und charakterisiert die beiden über ihre konträre Einstellung zum Essen. Fast sehen wir sie vor uns, den »spannenlangen Hansel und die nudeldicke Dirn« aus dem Kinderlied. Und die Art, wie der Vater beschrieben wird, »wie er … ein-, zweimal die Augen hebt, um ihr über den Tisch einen scheuen, anerkennenden Blick zuzuwerfen«, oder: »… mit seiner einfältigen, zärtlichen Miene«, macht uns neugierig darauf, was sich zwischen diesen beiden Menschen abspielt. Schon bald erfahren wir, dass die Mutter vom vielen Essen ein wahrer Koloss ist und dass dieser schmächtige Mann durchaus Appetit verspürt, nur nicht auf sein Essen, sondern auf den üppigen Körper seiner Frau. Und so füttert uns die Erzählerin Seite für Seite mit Informationen, die dieses Paar, diese Familie lebendig werden lassen.

Am Anfang eines Romans kann auch die Beschreibung eines Schauplatzes, seiner Atmosphäre und seines historischen Hintergrunds stehen. Es ist viel schwieriger, die Spannung allmählich aufzubauen, als mit der Tür ins Haus zu fallen, wie es die Thriller tun, die im ersten Absatz mit einem unbekannten Toten, einem mordgierigen Attentäter oder einer unmittelbaren Gefahr für einen uns noch völlig fremden Protagonisten aufwarten. In meinem Roman *Der junge Zauberer* herrscht im ersten Kapitel eine trügerische Ruhe.

> Es hatte seit Weihnachten fast ständig geschneit. Seit einem Monat waren Jungen in Zweier- und Dreiergrüppchen mit Schneeschippen unterwegs und schaufelten, während die Männer der Stadt bei der Arbeit waren, die Wege und Zufahrten zu den Häusern der Nachbarschaft frei. Hier und da konnte man einen älteren Mann sehen, verarmt oder stolz, der mit der Schaufel in der Hand dem Tod trotzte und die Stufen freischippte, damit man ungehindert ins Haus und wieder hinaus gelangen konnte, oder der mit einem kleinen Gebläse gegen den Schnee in der Auffahrt ankämpfte, in der Hoffnung, dass es seine Frau noch zum Supermarkt und zurück schaffen würde, bevor der Schnee wieder stärker fiel.
> Vor allem in der Nacht, wenn sich der Verkehr gelichtet hatte, schoben sich die orangefarbenen Schneepflüge der Stadt durch

die Straßen und zeichneten mit ihren Scheinwerfern helle Kegel in den leise fallenden Schnee. An den Straßenrändern türmten sich die Schneeberge, an manchen Stellen fast fünf Meter hoch, die bei Tag in der Sonne antauten und sich dann wieder mit einer Harschschicht überzogen, auf die es erneut herunterschneite. Es schien unvorstellbar, dass es je Frühling werden würde und sie als Wasser im steinharten Boden verschwanden, diese klumpigen Massen von schmutzigem Grau.

Natürlich war es schön, wenn man zu den mächtigen, schneebestäubten Nadelbäumen aufblickte und über ihnen das nackte Geflecht von laublosem Silberahorn in der Sonne glitzern sah. Auf den Wiesen am Stadtrand konnte man nach den neunundzwanzig Tage währenden Schneefällen kilometerweit die unberührte Schönheit dieser Jahreszeit bewundern.

Den Kindern machte es Spaß, in dem herrlichen Pulverschnee herumzustapfen und Schneebälle daraus zu machen, aber die Erwachsenen im kleinen Städtchen Ossining sahen darin eine üble Laune der Natur, die ihrem Salz, ihren Schneepflügen, Frostschutzmitteln und Winterreifen trotzte und ihre hoffnungslosen Bemühungen, ihre Abfälle in den vollgestopften Mülltonnen hinter den Häusern loszuwerden, zunichte machte. Die Essensreste, Dosen und Verpackungen, die sich in großen Plastikbeuteln neben anderem Unrat vor den überquellenden Mülltonnen türmten, legten ein beredtes Zeugnis dafür ab, dass der tägliche Konsum auch in einem Monat hartnäckiger Schneefälle seinen gewohnten Gang nahm.

Im Gegensatz zum Nachbarort Briarcliff Manor, dessen Bewohner fast ausschließlich der Mittelschicht angehörten, und zu dem kleinen Wohngebiet namens Scarborough, in dem die obere Mittelschicht residierte, gab es in Ossining auch ein paar Arbeiterviertel und ein großes, heruntergekommenes Schwarzenghetto.

Ossining lag zwar in einer der wohlhabendsten Gegenden der Vereinigten Staaten, war selbst aber keineswegs eine reiche Kommune. Und obwohl Ossining den höchsten Steuersatz des gesamten Verwaltungsbezirks hatte, standen im Stadtzentrum zahlreiche Läden leer, und viele der verwahrlosten Häuser waren von ihren Bewohnern fluchtartig verlassen worden. Ein wesentlicher Anteil der Steuergelder floss natürlich in die Schulen, in denen Gewalt und Brutalität an der Tagesordnung waren. Die großen Blechkarossen der Arbeiterfamilien prägten das Bild. Die Eltern hatten sich damit abgefunden, dass sich ihre Kinder die Haare lang wachsen ließen. Es war keine ungewöhnliche Stadt in einem Land, das sich nach nur zwei Jahrhunderten auf dem absteigenden Ast befand.

Ursprünglich hatte die Stadt den Namen Sing Sing gehabt, in Anlehnung an die Sinq-Sinq-Indianer, die ursprünglich in dem Gebiet zwischen dem Pocantico und dem Croton beheimatet waren. Aber schon lange, bevor Hollywood das Zuchthaus Sing Sing in aller Welt bekannt gemacht hatte, distanzierte sich die ortsansässige Bevölkerung namensmäßig von den Männern hinter den Mauern und änderte den Namen ihrer Stadt in Ossining. Irgendwann wurde das Gefängnis dann umbenannt und hieß von nun an Strafanstalt Ossining, aber die Einwohner waren nicht bereit, den Namen ihrer Stadt noch einmal zu ändern. Sie fanden sich damit ab wie mit der Abschaffung der Telefonvermittlung, der Schlamperei in der Stadtverwaltung, dem Aussterben der ehrlichen Handwerker und dem Mangel an verlässlichen Autoreparaturwerkstätten. Es war nicht das Ende der Welt.

An diesem Januartag stand in Ossining ein außergewöhnlicher Sechzehnjähriger vor dem Schlafzimmerspiegel seiner Eltern und übte Zaubertricks...

Die ausführliche Schilderung dient dem Zweck, eine beunruhigende Stimmung zu erzeugen, bevor die eigentliche Handlung der Szene beginnt. Winter liegt über der Stadt. Ein alter Mann trotzt mit der Schneeschippe in der Hand dem Tod. Klassen- und Rassenunterschiede werden deutlich. Wir sehen geschlossene Geschäfte und verlassene Häuser. Es gibt Anzeichen für Gewalt an den Schulen. Es ist keine ungewöhnliche Stadt in einem Staat, der sich nur zwei Jahrhunderte nach seiner Gründung auf dem absteigenden Ast befindet. Dann erfährt der Leser den Namen der Stadt, Ossining, Heimat des berüchtigten Zuchthauses Sing Sing. Erst auf der dritten Seite des Romans lernt der Leser den Protagonisten kennen, den sechzehnjährigen Zauberkünstler Ed Japhet. Ich habe mit subtilen Andeutungen und düsteren Vorzeichen den Leser zuerst neugierig auf den Schauplatz gemacht, bevor ich ihm die Hauptfigur vorgestellt habe. Es war ein Risiko, das, wie sich herausstellte, belohnt wurde, obwohl es im Allgemeinen sicherer ist, einen Roman mit einer Figur zu beginnen, die etwas Bemerkenswertes tut.

Wir werden nun tiefer in die Materie eintauchen, indem wir zwei Romananfänge unter die Lupe nehmen, die ich in- und auswendig kenne, weil ich die Bücher als Lektor betreut habe. Sie zeigen auf ihre sehr unterschiedliche Art beispielhaft, wie vielseitig die Möglichkeiten sind, den Leser gefangen zu nehmen und für die Lektüre zu begeistern.

Das Buch, mit dem wir anfangen, markierte für den Autor wie auch für mich einen Wendepunkt in der beruflichen Laufbahn. *Das Arrangement* von Elia Kazan zog viele Leser in seinen Bann. Von der Hardcoverausgabe wurden fast eine Million Exemplare verkauft. Der Titel führte siebenunddreißig Wochen in Folge die Bestsellerliste an. Was war der Grund für diesen Erfolg? Die Geschichte beginnt folgendermaßen:

> Ich habe immer noch nicht herausgefunden, was es mit meinem Unfall auf sich hatte.
>
> Ich habe mir die Ereignisse jenes Tages, des Tages, an dem der Unfall passiert ist, immer wieder aus der Sicht der Erkenntnisse, die ich seither gewonnen habe, durch den Kopf gehen lassen. Habe die Ereignisse der Monate Revue passieren lassen, in denen ich auf den Unfall zugesteuert bin, die Ereignisse, die wahrscheinlich dafür verantwortlich sind. Aber es bleiben immer noch Fragen offen.
>
> Das Rätsel ist nicht, dass ein so erfolgreicher Mann, wie ich einer war, versucht haben soll, sich umzubringen. Es gab Gründe, warum ich das hätte tun können. Ich hatte zwar alles, wie man so schön sagt, aber es gab dennoch Gründe. Die Fragen beziehen sich auf die Art, wie es passiert ist.
>
> Ich glaube nicht an Geister. Aber selbst wenn ich mich heute, als ein völlig anderer Mensch mit völlig anderen Lebensgewohnheiten, frage, was eigentlich genau passiert ist, kommt als nächstes die Frage, was für eine Hand und wessen Hand das war, die aus heiterem Himmel das Lenkrad meines Triumph-Zweisitzers herumgerissen und gegen meinen Willen und gegen meinen erbitterten Widerstand den Kurs gehalten hat, der mich seitlich mit einem vorbeirasenden Sattelschlepper kollidieren ließ. Das Ganze spielte sich in nur ein oder zwei Sekunden ab, aber das ist mir deutlich in Erinnerung geblieben.
>
> Der Erfolg sollte einen gewissen Schutz bieten gegen Geister oder die Kräfte des Unterbewussten oder was immer es war.

Das ist das Mindeste, was man vom Erfolg erwarten könnte. Oder vom Geld. Aber nichts von alledem. Ich war vollkommen wehrlos – ich sage es noch einmal – gegen die Kraft dieser »Hand« oder was immer es war, die mir das Lenkrad meines Triumph TR 4 aus den Händen riss, den Wagen unerbittlich auf Kurs hielt und schließlich gegen die Seite dieses Sattelschleppers setzte.

Die Ereignisse, die zu meinem Unfall hingeführt haben, sagen nichts über die Gründe aus. Klar, elf Monate zuvor hatte ich die Beziehung zu einem Mädchen aufgegeben, an dem ich sehr hing. Aber ich hatte mich in diesen elf Monaten gut wieder gefangen; mir ging es sogar ganz großartig. Meine Frau Florence und ich ließen jedes verheiratete Paar in Beverly Hills und Bradshaw Park vor Neid erblassen. Das goldene Paar! Diesen Spitznamen bekamen wir genau in der Zeit zwischen dem Tag, an dem ich Gwen verlassen hatte, und dem Tag meines Unfalls. Abgesehen davon standen die meisten Männer, die ich kenne, irgendwann in ihrem Leben vor einer ähnlich schmerzlichen Entscheidung – haben sie getroffen und sind letztendlich zwar vielleicht mit dem Gefühl, etwas verloren zu haben, aber doch gefestigt daraus hervorgegangen.

Und mir war klar, dass ich Gwen aufgeben musste. Mir war klar, dass der Moment gekommen war, der Moment, in dem man gerade noch frisch und frei und ohne bleibende Verletzung auf der einen oder der anderen Seite gehen kann, während es im nächsten Moment einem von beiden unweigerlich weh tun würde. Ich hatte eine ziemlich genaue Vorstellung von dem Risiko, das ich eingegangen war; ja, ich hatte mir sogar immer wieder gesagt: »Mach ein Ende, Junge, bevor es zu spät ist!«

Ich hatte mir die entscheidenden Fragen gestellt. Ich meine, wenn man mit einer Frau einundzwanzig Jahre zusammengelebt hat, wie ich mit Florence, dann weiß man gewisse Dinge zu schätzen. Und um es ganz offen zu sagen, Scheidungen sind eine kostspielige Angelegenheit. Ich kannte diese andere Frau nicht einmal richtig, oder, um die Wahrheit zu sagen, ich kannte nur einen Aspekt an ihr in- und auswendig: nämlich jede Rundung und jede Vertiefung ihres Körpers.

Aber was soll's, dachte ich, ich habe zu viel zu verlieren. Ich meine, ich war damals ein gemachter Mann; ich war wohlhabend und hatte es zu etwas gebracht. Mir gehörte dieses prachtvolle Haus im Bradshaw-Distrikt von Los Angeles, und ich nannte (das klingt absurd, ich weiß) den verdammt schönsten Rasen der ganzen Gegend mein eigen und ein paar herrliche Gartenarrangements, die ich eigenhändig angepflanzt hatte, und eine wirklich fantastische Plattensammlung, einschließlich einiger Single-Raritäten; zwei wertvolle Originale von Picasso; eine Gefriertruhe mit einem 100-Liter-Fassungsvermögen; und die drei Autos: Florence Bentley, den Karman Ghia meiner Tochter Ellen und den Triumph TR 4, den ich später zu Schrott fahren sollte. Das alles plus einen Swimmingpool. Das war eine Menge, um es für eine gute Nummer aufzugeben, sogar für eine Klassenummer! Und als ich mir dieses ganze Zeug und meine Familie dazu so ansah, dachte ich, auf was, zum Teufel, lasse ich mich da eigentlich ein? Jeder Mann wird wissen, wovon ich rede, vor allem europäische Männer, die entgegen der landläufigen Meinung viel weniger romantisch sind als wir und an ihrem Besitz hängen.«

Bei seinem Erscheinen wurde der Roman von dem US-amerikanischen Schriftsteller Alex Haley mit dem Satz kommentiert: »Dieses Buch hat einen eingebauten Motor.« Er hatte vollkommen recht mit seiner Bemerkung. Als ich den obigen Auszug abtippte, geschah etwas Interessantes: Ich war versucht, immer weiter zu schreiben, was sich in etwa mit der Erfahrung eines Lesers vergleichen lässt, der die Lektüre nicht aus der Hand legen kann, weil er wissen will, wie es weitergeht.

Heute empfinden wir vielleicht einiges an diesem Roman als altmodisch. Eine hübsche junge Frau ist beispielsweise ein »Mädchen«, wie es eben zu jener Zeit üblich war. Manchmal wiederholt sich der Autor auch. Und es gibt Sätze, die grammatisch nicht ganz richtig sind. Aber das alles spielt kaum eine Rolle. Was zählt, ist das, was uns als Leser neugierig auf den Rest der Geschichte macht.

Wenn der Ich-Erzähler kein »netter Kerl« ist, welche Eigenschaft hat er dann, die ihn für uns interessant macht?

Was steht für den Erzähler auf dem Spiel? Wollen Sie es überhaupt wissen?

Wenn Sie diese Fragen für sich beantwortet haben, vergleichen Sie Ihre Antworten mit meinen. Sie müssen sich nicht unbedingt decken. Was wir zu ergründen versuchen, ist die Frage, warum so viele Leser von diesem Buch fasziniert waren.

Als erstes wollen wir wissen, warum der Unfall passiert ist. War
es ein verkappter Selbstmordversuch? Wenn ja, weshalb?
Etwas später erfahren wir, wie wichtig die Beziehung zu Florence für den Erzähler war, als sie sich kennen gelernt haben.

> Ich habe Florence geliebt ... wir hatten eine sehr enge Bezie-
> hung. Wir hatten uns kennen gelernt, während ich am College
> war, und seitdem war sie immer meine gute Fee. Als wir uns
> begegneten, ging es mir dreckig, ich hockte zusammengekauert
> mit dem Rücken an der Wand in meiner kleinen Höhle, bereit,
> jeden mit gebleckten Zähnen und funkelnden Augen anzufallen,
> der mir zu nah kam. Florence war die Erste, die mir die Hand
> hinhielt. Sie lockte und schmeichelte mir, bis ich aus meinem
> einsamen Versteck hervorgekrochen kam. Es dauerte seine Zeit,
> und ein paarmal – mehr als ein paarmal – habe ich nach ihrer
> sanften, vornehmen Hand gebissen. Aber sie gab nicht auf und
> hatte schließlich Erfolg. Danach machte sie sich daran, mich
> aus der gebeugten, oder soll ich lieber sagen, geduckten Hal-
> tung, in der ich mich bis dahin durchs Leben geschlichen hatte,
> aufzurichten.
> Florence sah etwas in mir, das vor ihr kein Mensch je gesehen
> hatte. Die Art allein, wie sie mich ansah ... ich erinnere mich an
> die Bestätigung in ihren Augen, als sie diese Augen zum ersten
> Mal offen ließ, damit ich in sie hinunter blicken konnte, als ich
> sie zum ersten Mal wirklich unverhüllt, weich und warm in
> einem mädchenhaft rosigen Gesicht sah. Ich erinnere mich
> auch an andere Dinge: ihr Haar, die Art, wie sie es kämmte
> und bürstete. Sie sah mich an in diesen Anfangszeiten, und
> sie brauchte nicht, wie die meisten anderen, zu sagen: »Glaub
> mir...«, oder: »Ich sage dir die Wahrheit...« Sie brauchte mich
> nur anzusehen, und dann wusste ich, dass sie an mich glaubte,
> auch wenn kein anderer es tat, dass sie mich liebte, gleichgültig,
> ob ich ihre Liebe erwiderte oder nicht, und dass sie immer zu
> mir gehören würde, ob ich sie wollte oder nicht.

Florence hat dem Erzähler seinen Stolz und sein Selbstbewusst-
sein wiedergegeben, sie war maßgeblich an seinem beruflichen
und wirtschaftlichen Erfolg beteiligt, und nun denkt er daran,
sie wegen einer jüngeren Frau zu verlassen. Eindeutig ein
Schuft. Was findet der Leser an ihm?
Der Charakterzug, der Eddie sympathisch macht, ist seine Offen-

heit. Er macht aus seinen Fehlern keinen Hehl. Er wirkt verwundbar. Diese beiden Eigenschaften machen die Figur für den Leser real. Übertragen Sie diese Erkenntnis auf Ihr eigenes Manuskript und prüfen Sie, ob Ihr Protagonist oder Ihre Protagonistin offen und verwundbar ist. Wenn Sie an zeitgenössische Romane denken, die Ihnen besonders gefallen haben, werden Sie feststellen, dass deren Protagonisten, besonders wenn es sich um Ich-Erzähler handelt, meist eines gemein haben, nämlich ein von Offenheit und Verletzlichkeit geprägtes Wesen. Wir glauben nicht mehr an unfehlbare Helden und Heldinnen, an Schurken, die absolut böse sind. Wenn Romanfiguren glaubwürdig sein sollen, müssen sie menschliche Züge haben, müssen wir das in ihnen sehen können, was wir in ehrlichen Momenten in uns selbst sehen. Wenn Ihre Figuren von Anfang an lebendig sind, werden sie Ihren Lesern schnell ans Herz wachsen.

Ich habe oft festgestellt, dass ein Schriftsteller das schreibt, was andere nur denken. Elia Kazan, der Autor des Romans, aus dem ich gerade zitiert habe, hatte diesen Mut zur Offenheit. Ein anderer Schriftsteller, der nie ein Blatt vor den Mund genommen hat, Henry Miller nämlich, nannte Kazans Werk »ein großartiges Buch«. Und er fuhr fort: »Wer es berührt, berührt einen Menschen.« Interessanterweise wurde das Buch auch von der weiblichen Leserschaft mit Begeisterung aufgenommen. Eleanor Perry, die das Buch für das *Life Magazine* rezensierte, schrieb: »Am Ende des Buches hat Kazan das geschaffen, was diesem kränkelnden Planeten am meisten fehlt – ein neues Rollenmodell eines Menschen, das Bestand hat ... Dieses Buch hat das Zeug, unser Leben zu verändern.« Das sind Worte, die begreiflich machen, warum das Buch die Spitze der Bestsellerlisten erobert hat. Sein Titel, *Das Arrangement*, hat diesem Begriff eine Bedeutung gegeben, die sich dauerhaft eingeprägt hat.

Lassen Sie uns nun ein anderes Buch desselben Autors untersuchen und sehen, ob wir herausfinden, womit er hier das Interesse seiner Leser geweckt hat. Der Roman *The Assassins* beginnt so:

Sie sollten am nächsten Tag ihren Flug antreten, und Oberstleutnant Cesario Flores hatte die Aufgabe, zum Abschied eine kleine Ansprache zu halten. Er tat dies korrekt, wie er alles zu tun pflegte, sagte weder zu viel noch zu wenig und hob weder durch Lob noch durch Tadel einzelne Rekruten hervor. Er versicherte ihnen, dass sie eine gute Truppe seien und dass er nicht überrascht wäre, eines Tages Positives von ihnen zu hören. Er erinnerte sie zum hundertsten Mal daran, dass die Männer in den Maschinen nur so gut sein konnten wie das Wartungsteam unten am Boden. Dann sagte er: »Leben Sie wohl«, machte eine, wie es aussah, nachdenkliche Pause und schob seine leicht getönte Brille auf dem Nasenrücken hoch in die richtige Position. Sein Nachsatz war ein kleiner Scherz: Er erwarte nicht, dass sich einer von ihnen je wieder bei ihm melden würde, aber wenn doch, dann bitte keine schlüpfrigen Postkarten aus dem Fernen Osten, davon habe er genug von seinen letzten Rekruten bekommen. Als er lächelte, sah man, dass er aus Mexiko kam, de las Flores.
Die Männer lachten und flüsterten miteinander, bis sie merkten, dass er auf Ruhe wartete. Als diese eingetreten war, sagte er: »Sie vertreten eine große Nation, vergessen Sie das nicht!« Ihm schien noch eine bissige Bemerkung auf der Zunge zu liegen, aber er schwieg. Das war's. Er trat vor die siebenundzwanzig Männer, schüttelte jedem die Hand, sprach jeden einzelnen mit seinem Rang und seinem Namen an. Das war Oberstleutnant Flores' Art, ihnen seinen Segen zu geben.
Mit einer korrekt und an der richtigen Stelle ausgeführten Drehbewegung seines massigen Körpers nahm der Leutnant seine Kappe ab und schritt aus dem Hangar hinaus, den schindelverkleideten Korridor entlang zum Ausgang, über dem ein Schild hing mit der Aufschrift: DURCH DIESES TOR GEHEN DIE HÜBSCHESTEN MECHANIKER DER WELT, an einem zweiten vorbei, das er selbst hatte anfertigen lassen: STOLZ, und weiter zu dem ersten Parkplatz an der Schmalseite des Gebäudes, wo auf dem Asphalt zwischen den Begrenzungslinien sein Name aufgemalt war. Sein Wagen war ein Dodge, armeebraun und Eigentum der Air Force. Oberstleutnant Flores warf einen prüfenden Blick in den Rückspiegel, um zu sehen, ob er im richtigen Winkel eingestellt war, und legte den Sicherheitsgurt an, obwohl es nur dreihundert Meter bis zu den

Diensträumen seines befehlshabenden Kommandanten, Colonel Francis Dowd, waren.

Im Gegensatz zum Roman *Das Arrangement*, der mit der Frage des Protagonisten beginnt, warum er sich mit seinem Auto in einen selbstmörderischen Unfall manövriert hat, fängt dieses Buch eher behäbig und weniger direkt an. Ein Offizier verabschiedet eine Gruppe von Soldaten, die er ausgebildet hat. Was könnte daran für einen Leser von Interesse sein?

Etwas zynisch, aber treffend könnte man vielleicht vermuten, dass der Leser das letzte Buch des Autors kennt oder zumindest von dessen Erfolg gehört hat und nun wissen möchte, was er diesmal zu bieten hat. Vielleicht reizt ihn auch der Titel des Buches. Oder der reißerische Klappentext, in dem von Attentaten und Ritualmorden die Rede ist, von brutalen Aktionen der Polizei gegen friedlich demonstrierende Studenten, von Kriminellen, die schnell mit der Waffe zur Hand sind, und von netten jungen Männern, die in fernen Ländern den Tod aus ihren Flugzeugen abwerfen. Aber das würde dem Buch nicht gerecht. Beziehen Sie sich mit Ihrem Urteil nur auf den Text. Das ist alles, was ich hatte, bevor aus dem Manuskript ein Buch wurde.

Der Offizier verabschiedet die Truppe, die er ausgebildet hat, auf die gewohnte Weise. Der erste Absatz endet mit den Worten: »Als er lächelte, sah man, dass er aus Mexiko kam, de las Flores.« Alles in allem ein netter Kerl. Aus ihm spricht der Patriot. Jeder einzelne seiner Rekruten ist ihm wichtig. Er gibt ihnen seinen Segen. Am Ende der zitierten Passage macht er sich auf den Weg zu seinem Kommandanten. Nichts an dieser Passage wirft einen düsteren Schatten voraus. Was haben wir nun also? Wir haben einen netten Kerl. Und um was geht es in diesem Buch? Dieser nette Kerl, Cesario de las Flores, wird einen Mord begehen. Das wissen wir zwar noch nicht, aber der Titel des Buches lässt uns etwas ahnen. Warum heißt es *The Assassins*, also »Die Mörder«? Denken Sie daran, dass der Titel ein wichtiger Bezugspunkt für den Leser ist.

Der Anfang ist subtil. In den folgenden Absätzen erfahren wir mehr über Leutnant de las Flores, über seine Heimat, den Charakter seiner Frau und über die Liebe zu seinen Töchtern, besonders zur ältesten.

> Elsa [Cesarios Frau] warf Cesario oft vor, ihre Älteste hoffnungslos zu verwöhnen. Mit siebzehn pflegte Juana immer noch auf dem Schoß ihres Vaters zu sitzen, wo sie alles von ihm erbetteln konnte, was sie wollte. Eine indianische Prinzessin, gestrandet auf einem Luftwaffenstützpunkt mitten in einer Wüste in einem fremden Land.
> Für Cesario war Juana ein Teil von Mexiko, das letzte, was ihm davon geblieben war. Er konnte nicht anders, als sie zu verwöhnen. Er brachte es fertig, in der Stadt eine ihm völlig fremde Frau anzusprechen und sie zu fragen, wo sie irgendetwas, das sie trug, eine Bluse, einen Rock, ein Schmuckstück, gekauft hatte. Die Frau mochte ihn vielleicht im ersten Moment für einen aufdringlichen Verfolger halten, aber wenn sie dann sein ernsthaftes Gesicht, seine ängstlichen Augen hinter den getönten Brillengläsern, diesen schwergewichtigen Inbegriff der Unschuld sah, ließ sie ihn erklären, warum das, was sie trug, seiner Tochter so gut stehen würde, und, nichts für ungut, wo, bitte, hatte sie es gekauft? Am selben Abend noch stolzierte Juana dann damit herum.

Der Leutnant wird Juanas Geliebten umbringen.

Wir sind es gewohnt, dass der Mörder im Roman von Anfang an der Böse ist. In diesem Fall jedoch lernen wir einen ganz gewöhnlichen Menschen kennen, einen Offizier, der beruflich erfolgreich und von liebenswertem Wesen ist. Als dieser nette Kerl dann plötzlich etwas Schreckliches tut, können wir es nachvollziehen, weil wir seine Wut verstehen. Beim Prozess sind wir auf seiner Seite.

Erinnern wir uns: Der Autor hat die Aufgabe, die Gefühle der Leser zu beeinflussen. Wir lesen den Titel *The Assassins* und erwarten eine Bluttat, aber wir erwarten nicht, dass Cesario der Täter ist. Im Laufe der Geschichte werden wir immer nervöser. Wir wollen nicht, dass Cesario etwas Unüberlegtes tut, aber Cesario ist wild entschlossen, und so begeht er den Mord, der zu weiterer Gewalt und zum Thema des Buches führt.

Die beiden hier genannten Romane bestechen durch die Art, wie gleich zu Anfang die Figuren und ihre Probleme beschrieben werden. Wir können mehr darüber lernen, wie man lebendige Figuren erschafft, wenn wir uns ansehen, wie Kazan in seiner Autobiografie seine eigene Person charakterisierte. Obwohl der folgende Auszug nicht aus einer erfundenen Geschichte stammt, unterscheidet er sich kaum vom möglichen Anfang eines interessanten Romans:

»Warum bist du wütend?«
Meine Frau fragt mich das, wie es scheint, jeden Morgen. Meistens beim Frühstück, wenn mein Gesicht vom Schlaf noch ganz zerknautscht ist.
»Ich bin nicht wütend«, sage ich. »Das ist eben mein Gesicht.«
Ich hab ihr das schon zehn Mal gesagt. Sie ist meine dritte Frau, und ich bin glücklich mit ihr, aber sie muss noch lernen, dass ich morgens nicht zum Reden aufgelegt bin. Was schwierig ist für sie, eine gesellige Person, die immer zu einem Schwätzchen geneigt ist, die gern redet wie ein munter plätschernder Wasserfall.
Meinem Platz an der Schreibmaschine gegenüber steht auf einem hübschen, aber wackeligen, aus Mexiko stammenden Ständer ein kleiner, runder Spiegel. Er umrahmt mein Gesicht wie ein Gemälde, das ich manchmal eingehend betrachte, wenn ich arbeite. Ich sehe in der Tat wütend aus.
Tatsache ist, dass ich fast jeden Morgen wütend bin. Ich wache wütend auf. Aber trotzdem.
»Ist dir nicht aufgefallen, dass alle Angst vor dir haben?«, fährt meine Frau in ruhigem und freundlichem Ton fort. »Du schüchterst sie ein.«
»Blödsinn!«
»Frag deine Kinder. Oder meine.« Sie hat zwei blonde Stiefkinder mit in die Ehe gebracht, nette Kinder. »Sie haben auch Angst vor dir.«
Ich verstehe es ganz gut, meine Wut zu verbergen. Das musste ich in meinem früheren Beruf. Aber seit kurzem beginnt sie sich in meiner Miene bemerkbar zu machen. Worüber ich mich heutzutage ärgere, ist, zum Beispiel, unsere Sterblichkeit. Ich habe die achtundsiebzig überschritten und erst neuerdings gelernt, das Leben zu genießen. Vor allem habe ich aufgehört, mir Sorgen darum zu machen, was andere von mir halten. Ich habe

viel Zeit damit vergeudet, so zu tun, als wäre ich ein netter Kerl, damit mich die Leute mögen. Jetzt bin ich raus aus dem Showgeschäft und stehe zu meinem grantigen Ich.
Ich versteckte es nicht mehr; mein ewiger Groll ist jetzt für jeden ersichtlich. Deshalb ist mein Lächeln, wenn es sich einmal Bahn bricht, auch so atemberaubend. Es verschlägt den Leuten die Sprache! Das soll ein Scherz sein.
Manchmal schockiert mich das, was ich in dem kleinen runden Spiegel sehe. Da ist er – mein Vater. Ich fange an so auszusehen wie der Mann, den ich in meinem Leben am meisten gefürchtet habe, besonders in jungen Jahren. Ich sehe weg. Ich sehe wieder hin. Er ist immer noch da, und sein Gesicht beunruhigt mich immer noch.

Um die Aufmerksamkeit der Leser zu gewinnen, konzentriert sich der Autor auf einen bestimmten Körperteil, sein Gesicht. Er tut dies im Zusammenhang mit einem Konflikt. Seine Frau beklagt sich über seine ständig finstere Miene. Dann erfahren wir, von wem er diese Gewohnheit geerbt zu haben glaubt, nämlich von seinem Vater, und schon sind wir mitten drin in der Geschichte seines Lebens. Genauso hat er denn auch sein Buch genannt: *A Life* (»Ein Leben«). In meinen Augen ist es eine der wenigen großen Autobiografien des Jahrhunderts, eine offene und ehrliche Bilanz, eine schriftstellerische Meisterleistung, von der jeder Autor noch etwas lernen kann.
Es gibt eine interessante Übung, an der Sie sich versuchen können. Konzentrieren Sie sich wie Kazan auf ein bestimmtes Detail. Es muss nicht unbedingt ein Körperteil sein, auch ein Ausschnitt aus Ihrem Leben, eine Angewohnheit, eine besondere Art, sich zu kleiden, eine Geste, eine Eigenart, sogar ein merkwürdiger Gedanke, der Ihnen von Zeit zu Zeit durch den Kopf geht, wäre geeignet. Spielen Sie damit wie auf einem Instrument, arbeiten Sie es aus, wie Kazan es mit seinem Gesicht getan hat. Versuchen Sie eine halbe Seite lang nur über das eine Detail zu schreiben, seien Sie dabei so ehrlich wie möglich, und wählen Sie ein charakteristisches Merkmal, von dem Sie glauben, dass es Sie von allen anderen Menschen unterscheidet. Lassen Sie Ihrer Fantasie freien Lauf. Und wenn Sie fertig sind,

heben Sie das Geschriebene für Ihre Autobiografie auf, oder, besser noch, verwenden Sie es, um eine Figur am Anfang Ihres Romans zu charakterisieren. Sie wird davon profitieren. Und Ihre Leser vielleicht auch.

4

Der Erfolg liegt im Detail

Russell Banks leitet seinen Roman *Das süße Jenseits* mit einem Schulbusunfall ein, der die Geschichte ankurbelt. Der Leser hat schon im Klappentext von dem Unfall erfahren. Damit dieses Ereignis glaubwürdig wird, muss der Leser den Schulbus und dessen Fahrer so lebendig wie möglich vor sich sehen. Auf der sechsten oder siebten Seite des Buchs finden wir die folgende ausführliche Schilderung:

> Mein erster Halt war am Ende der Bartlett Hill Road, wo sie in die Avalanche Road und die McNeil Road mündet. Ich zog den Bus ganz nach rechts und wendete ihn wie üblich, sodass er nach Osten schaute, und dann wartete ich auf die Lamston-Kinder, die über die McNeil den Berg herunter kamen. Seitdem Harold, der älteste, in die Schule gekommen war, kamen die drei immer zu spät, gleichgültig, wie oft ich ihnen schon gedroht hatte, sie einfach stehen zu lassen, wenn sie nicht rechtzeitig da waren. Also hatte ich es mir einfach zur Gewohnheit gemacht, ein bisschen früher zu kommen und mir das Warten mit einem Becher Kaffee zu versüßen. Mit ihnen war es, als wären ihre Uhren bei ihrer Geburt auf Dauer um fünf Minuten hinter die Normalzeit zurückgestellt worden, sodass man ihnen nur auf derselben zeitlichen Ebene begegnen konnte, wenn man seine eigene Uhr um fünf Minuten vorstellte.
>
> Mir machte das nichts aus. Es gab mir Gelegenheit, in der angenehmen Stille meines beheizten Busses meine zweite Tasse zu genießen. Es war friedlich dort oben auf der Anhöhe des Bartlett Hill, von wo aus man im Westen die Gipfel von Giant, Noonmark und Wolfe Jaw sah und zusehen konnte, wie der Himmel über den Bergen heller wurde, deren Silhouetten sich schwarz vor dem breiter werdenden milchigen Lichtstreifen abzeichneten. Unten im Tal konnte man sehen, wie bei Sam Dent

ein Licht nach dem anderen anging, und auf den Straßen 9 und 73 flimmerten die Autoscheinwerfer der wenigen Menschen, die um diese Zeit auf dem Weg zur Arbeit waren.

Ein unerfahrener Autor hätte vielleicht einfach berichtet, dass der Fahrer wie gewöhnlich auf die drei Lamston-Kinder warten musste, die immer fünf Minuten zu spät kamen. Aber das hätte keine literarische Qualität. Russell Banks beschreibt es so:

> Mit ihnen war es, als wären ihre Uhren bei ihrer Geburt auf Dauer um fünf Minuten hinter die Normalzeit zurückgestellt worden, sodass man ihnen nur auf derselben zeitlichen Ebene begegnen konnte, wenn man seine eigene Uhr um fünf Minuten vorstellte.

Desgleichen hätte ein unerfahrener Autor vielleicht geschrieben, dass unten im Tal die Lichter in Sam Dents Haus und ein paar Autoscheinwerfer zu sehen waren. Beachten Sie, wie die Beschreibung im letzten Satz des zweiten Absatzes ins Detail geht:

> Unten im Tal konnte man sehen, wie bei Sam Dent ein Licht nach dem anderen anging, und auf den Straßen 9 und 73 flimmerten die Autoscheinwerfer der wenigen Menschen, die um diese Zeit auf dem Weg zur Arbeit waren.

»Literarische Qualität« ist ein wichtiger Begriff. Sie zeichnet die Art von Texten aus, die wir von einem ernst zu nehmenden Schriftsteller erwarten, Texte, die wir gern lesen, weil sie in der Genauigkeit der Beobachtung wie aus dem Leben gegriffen sind. Von einem Geschäftsschreiben oder einer wissenschaftlichen Abhandlung erwarten wir diese literarische Qualität nicht, obwohl ich sie auch dort schon erlebt habe. Ich bin mit zwei Richtern befreundet, deren Urteilsbegründungen und anderen juristischen Schriftstücken eine gewisse literarische Qualität nicht abzusprechen ist. Es macht ihnen einfach Spaß, so zu schreiben, und ihren Lesern machen sie auch eine Freude damit.

Sehen wir uns noch ein paar Beispiele an. Der Mann auf der Straße würde vielleicht sagen: »Kleider machen keine Leute«, was ein Klischee ist. Ein Schriftsteller würde dasselbe vielleicht folgendermaßen ausdrücken: »Sein höchstes Gut trägt der Mensch im Hirn, nicht in der Hose.«

Ein literarischer Text drückt sich in konkreten Bildern aus. »Es gibt Gedanken, die im Kopf kleben wie ein Kaugummi an der Schuhsohle. Je mehr man sich bemüht, sie loszuwerden, desto schlimmer scheint es zu werden.« Einfach ausgedrückt, würde man sagen: »Von manchen Gedanken kann man sich schwer lösen.« Das ist eine allgemeine Aussage, während die literarische Variante ins Detail geht, indem sie den Vergleich mit einem Kaugummi an der Schuhsohle zieht. Literarisches Schreiben zeichnet sich durch Vergleiche, Metaphern und vor allem durch konkrete Details aus, die originell und bildhaft sind.

Hat es sich ein Schriftsteller erst einmal zur Gewohnheit gemacht, seine Gedanken auf literarische, bildhafte Weise zu formulieren, wird sich dies auch in seiner Alltagssprache spiegeln. Bald merkt er es vielleicht gar nicht mehr, wenn er einen Satz produziert, der literarische Qualität hat. Es fällt ihm erst auf, wenn er diesen Satz zu einem späteren Zeitpunkt noch einmal liest. Ich habe einmal am Telefon zu einem Schriftstellerkollegen gesagt: »Das Licht am Ende des Tunnels ist ein Mann mit einer Taschenlampe, der dir zuruft: ›Kehr um!‹« Der Satz war mir völlig spontan und ohne Nachdenken mitten in einer belanglosen Unterhaltung über die Lippen gekommen.

Als Schriftsteller sind wir es unseren Lesern schuldig, dass wir sie unterhalten, sie zum Lachen bringen und ihr Interesse wecken. Der Unterhaltungswert eines Textes hängt in hohem Maße von seiner literarischen Qualität ab. Ich habe festgestellt, dass selbst ein Roman, dem es an Spannung, Plot und interessante Figuren mangelt, das Interesse des Lesers wecken kann, wenn der Autor nur geschickt mit Worten umzugehen weiß. Und selbst diejenigen Werke der Trivialliteratur, die nur von der Spannung und vom Plot leben, werden von Kritikern und Lesern besser angenommen, wenn sie lebendig, spezifisch, originell und bildhaft geschrieben sind.

In den Jahrzehnten des Kalten Krieges wurde der Markt mit Spionageromanen überschwemmt, von denen man die meisten getrost vergessen kann. David Cornwell hingegen, der unter dem Pseudonym John le Carré schreibt, hat mit seinen Spionagethrillern eine rasante Karriere gemacht, weil seine Romane literarische Qualität haben. Der berühmte Krimiautor Georges Simenon hat in vielen Ländern eine treue Lesergemeinde gewonnen, insbesondere in Frankreich, wo man den eloquenten Umgang mit der Sprache zu schätzen weiß. Dieser Mann hat einmal gesagt: »Ich betrachte mich als Impressionisten, da ich mit kleinen Tupfern arbeite. Ich glaube, dass ein Sonnenstrahl auf einer Nase genauso wichtig ist wie ein tiefgründiger Gedanke.«

Vielleicht hat er Recht damit, vielleicht auch nicht, jedenfalls aber hat Simenon als Autor Karriere gemacht, weil er detailgenau beobachten und schreiben konnte.

John Steinbecks Romane stehen nicht in dem Ruf, literarisch besonders anspruchsvoll zu sein, auch wenn er dafür mit dem Nobelpreis für Literatur geehrt wurde. Aber mit Worten war er sehr wählerisch. »Sie können schlagartig ihre Bedeutungen ändern«, sagte er einmal. »Sie nehmen Geschmack und Geruch an wie Butter in einem Kühlschrank.«

Ich sehe immer wieder Manuskripte und Bücher, die für eine anspruchsvolle Leserschaft uninteressant sind, weil der Autor darin nur endlos aneinander reiht, was ihm in den Kopf kommt, weil er seine Geschichte erzählt, ohne seine Worte präzise und mit Bedacht zu wählen. Manche dieser Romane lesen sich eher wie ein gedankenlos dahingesprochener Text, so sehr wimmelt es darin von abgedroschenen Bildern, die sich dem Autor aufdrängen, weil sie ihm vertraut sind. Aber die Aneinanderreihung solcher Bilder schafft noch keine hochkarätige Prosa. Klischees kommen uns in den Sinn, weil wir sie oft verwenden und ständig hören. Im Gespräch benutzen wir Klischees, um Fakten zu umschreiben (»Draußen regnet es Bindfäden«) oder unser Befinden auszudrücken (»Ich bin heute morgen wohl mit dem falschen Fuß aufgestanden«). Unsere Alltagssprache ist voller Klischees, da bilden auch Schriftsteller – gute wie schlechte – keine Ausnahme. Um sich beim Schreiben von solchen oberflächlichen Sprachgewohnheiten zu lösen, bedarf es der bewussten Bemühung.

Gutes Schreiben lernen wir nicht unbedingt in der Schule. Oft wird in den naturwissenschaftlichen Fächern bei schriftlichen Arbeiten nicht auf den Stil geachtet. Ich bin froh, dass meine beiden jüngsten Kinder das Glück hatten, eine Schule zu besuchen, an der ein Test nur dann als bestanden gewertet wurde, wenn der Schüler oder die Schülerin in der Lage war, sich zu dem gestellten Thema in klarer, zusammenhängender Sprache zu äußern. Selbst bei der Bewertung von Aufsätzen konzentrieren sich manche Lehrer vor allem auf Rechtschreibung und Zeichensetzung und lassen dabei den kreativen Umgang mit der Sprache völlig außer Acht. So entstehen dann Aufsätze, in denen Schüler aufzählen, was sie in den Sommerferien alles gemacht haben, ohne jede erzählerische Ambition, ohne den bewussten Versuch, die beschriebenen Erlebnisse für den Leser lebendig werden zu lassen. Man ermutigt sie nicht, sich Vergleiche zu überlegen oder Metaphern zu schöpfen. Man bringt ihnen nicht bei, Bilder zu vermitteln, beim Schreiben auf literarische Qualität zu achten. Das ist eine schwere Hypothek, die die Leidtragenden einer verfehlten Bildungspolitik später abzuzahlen haben, wenn sie auf die Idee kommen, Geschichten zum Vergnügen ihrer Mitmenschen zu schreiben.

Zum Glück gibt es Kinder, die ein feines Gespür für Sprache haben. Sie lesen viel und entwickeln auf diese Weise ein Gefühl dafür, wie bereichernd das kunstvolle Spiel mit sprachlichen Bildern sein kann. Oft spüren sie dabei von sich aus, dass gute Literatur nicht entsteht, indem man die erstbesten Gedanken unreflektiert niederschreibt und es dabei belässt. Manche Kinder haben von Natur aus eine ausgeprägte Beobachtungsgabe und eine lebendige Fantasie, die sie gern schweifen lassen. Doch nur die wenigsten lernen, dass kreatives Schreiben einen Zweck erfüllen soll, nämlich den, dem Leser eine Freude zu bereiten. Und um diese Freude zu erzeugen, stehen uns Techniken zur Verfügung.

T. S. Eliot benutzte gern den Begriff einer »objektgerichteten Wechselbeziehung«, um das zu beschreiben, was beim Leser eine emotionale Erfahrung hervorruft. Generationen von Studenten haben sich diesen Begriff angehört, meist ohne ihn wirklich zu verstehen. Zum Teil ist Eliot selbst daran schuld, denn seine Definition ist unpräzise. Er sagt: »Man kann in diesem Kunstgenre ein Gefühl nur ausdrücken, indem man eine ›objektgerichtete Wechselbeziehung‹ herstellt, mit anderen Worten, indem man eine Szenerie, eine Situation, eine Kette von Ereignissen als Formel dieses bestimmten Gefühls findet.« Der Haken liegt beim »Ausdrücken von Gefühlen«. Ein Schriftsteller soll keine Gefühle ausdrücken, sondern dieselben beim Leser erzeugen. Und genau das schwebt Eliot meiner Meinung nach mit dem irreführenden Begriff der »objektgerichteten Wechselbeziehung« vor: lebendige Details oder Handlungselemente, die beim Leser Emotionen wecken. Sehen wir uns anhand eines Beispiels aus meiner eigenen schriftstellerischen Praxis an, wie dieses Ziel zu erreichen ist.

Ein Manager ist im Begriff, eine Entscheidung zu treffen, die sein Leben nachhaltig verändern wird. Ich benötigte einen »Beat«, ein verzögerndes Moment, einen Aufschub, bevor der Tag der Entscheidung richtig in Gang kommt. Dieser Beat und seine Bedeutung, das Zögern vor dem Augenblick der Entscheidung, sollte für den Leser spürbar sein.

> Als Amory am nächsten Tag in aller Frühe auf dem Weg zur Garage war, verlor seine Lieblingseiche, der Baum, der das Ende der Rasenfläche anzeigte, ein Blatt. Es schwebte erst in die eine Richtung, dann in die andere, verlor allmählich an Höhe, bewegte sich hin und her wie ein langsam schwingendes Pendel, bis es, braun und unversehrt, im Kies vor seinen Füßen landete. Er bückte sich und hob es am Stiel auf. Im Morgenlicht konnte er jede Ader in diesem erstaunlich symmetrischen Gebilde sehen. Er legte es vorsichtig auf seine Handfläche, und

während er noch überlegte, was er damit tun sollte, zerfiel das dürre Blatt und verlor seine Form. Er ließ die Krümel zu Boden rieseln. Für einen kurzen Augenblick hatte er den Wunsch, ein Stück davon aufzuheben und in seine Brieftasche zu legen. Er hob den Kopf. An der Eiche hingen noch viele Blätter. Er stieg in seinen Wagen, schoss von der Einfahrt auf die Straße, dem großen Restaurator, seinem Job, entgegen.

Wenn zehn Leser diese Passage lesen, werden wir zehn verschiedene Reaktionen darauf erleben, aber das Gefühl, das entsteht, wird bei allen das gleiche sein: Die Spannung lässt für einen Moment nach, wir erleben einen flüchtigen Augenblick des Friedens und der Besinnlichkeit, bevor es weiter geht in das Büro, wo die wichtige Entscheidung getroffen wird und die Ereignisse sich zu überschlagen beginnen.

Mark Twain, der an seine Kollegen gern Schelte austeilte, verdient selbst ein wenig Schelte. Er sagte einmal: »Was ist die eigentliche Funktion, die wesentliche Funktion, die höchste Funktion der Sprache? Dient sie nicht lediglich dazu, Ideen und Gefühle zu vermitteln?«

Er ist auf dem rechten Weg und schert dann aus. Die höchste Funktion der Sachliteratur besteht darin, Fakten und Ideen zu vermitteln. Die höchste Funktion der erzählenden Literatur dagegen besteht nicht darin, Gefühle zu vermitteln, sondern diese beim Leser zu erzeugen. Und der Schlüssel dazu sind bildhafte Beschreibungen, die wir bei Mark Twain im Überfluss finden. Der Schreibende muss die Empfindungen, die er erzeugt, nicht unbedingt teilen. Stephen King muss sich nicht gruseln, um seine Leser das Gruseln zu lehren.

Von Anfängern werde ich manchmal gefragt, wie man einen Blick fürs Detail entwickeln kann. Es ist, wie bei der Arbeit mit der Kamera, eine Frage der Fokussierung. In einem Film von Henri-Georges Clouzot gibt es eine Verhörszene, in der allein durch die Großaufnahme einer Hand, die an einem Ohrläppchen zupft, und eines Fußes, der auf den Boden klopft, eine angespannte Atmosphäre erzeugt wird. Manchen Autoren ist der

Blick fürs Detail von Natur aus gegeben. Andere eignen sich diesen Blick durch aufmerksames Beobachten an. Machen Sie zum Beispiel einen Spaziergang mit einem Freund. Vereinbaren Sie, bevor Sie losgehen, sich möglichst viel von dem, was Sie unterwegs sehen, einzuprägen. Sie sollen sich aber nicht gegenseitig auf Dinge aufmerksam machen. Fragen Sie Ihren Freund nach dem Spaziergang, was er sich alles gemerkt hat. Wenn Ihr Freund kein Schriftsteller ist, werden dies wahrscheinlich vor allem große, ins Auge springende Objekte sein: ein braunes Haus mit weißen Fensterläden, eine Pappelreihe, ein seichter Bach, der über Steine rauscht.

Ein Schriftsteller dagegen, der gelernt hat, genau zu beobachten, wird sich wahrscheinlich an die Details erinnern, die aus dem gewohnten Rahmen fallen, an die umgestürzte Mülltonne vor dem braunen Haus mit den weißen Fensterläden beispielsweise oder an die eine Pappel, die ein paar kahle Äste hatte, einen sterbenden Baum. Oder er würde in der Pappelreihe ein Regiment großer grüner Soldaten sehen, die eine Grundstücksgrenze bewachen. Oder ihm wäre im seichten Bach der große Stein aufgefallen, der wie ein stummer Wächter, als Warnung für menschliche Eindringlinge, drohend aus dem Wasser ragte. Oder der ausgefranste Schnürsenkel im rechten Turnschuh seines Begleiters, der dringend erneuert werden müsste. Solche Details sind das Salz in der Suppe dessen, was das Auge sieht. Fokussieren Sie Ihren Blick und lassen Sie Ihre Fantasie schweifen.

Man muss nicht mit einem Freund spazieren gehen, um sich im genauen Beobachten zu üben. Konzentrieren Sie sich auf einen beliebigen Gegenstand, bis er sich in das verwandelt, was er vielleicht sein könnte: ein einsames Dreirad neben dem Haus, das immer noch hofft, einmal ein Fahrrad zu werden, weil sein Besitzer ihm so schnell entwachsen ist.

Sollten Sie in Ihrer Umgebung keinen Gegenstand entdecken, der Ihre Phantasie anregt (irgendeinen müsste es geben!), so schlagen Sie ein Wörterbuch auf und nehmen Sie das erste

Nomen auf der Seite. Ich habe beim Schreiben die Probe aufs Exempel gemacht. Das erste Substantiv auf der Seite, die ich aufgeschlagen hatte, war »Kropf« – ein harter Brocken. Doch nach einigen Sekunden des Nachdenkens wurde daraus: »Der Kropf hing an seinem Hals wie ein wabbeliger Beutel Fett, den ihm ein persönlicher Feind eigentlich in sein hübsches Gesicht hatte werfen wollen.« Vertrauen Sie auf Ihre Fantasie, denn so erhalten Sie lebendige Charaktere und Erzählelemente.

Ich verhalte mich, selbst wenn ich mit meinen besten Freunden in einem Restaurant beim Essen sitze, oft unhöflich, weil ich mich nicht zurückhalten kann, die Gäste an den Nachbartischen zu beobachten: die junge Frau, die gern elegant wäre, aber in ihrem Bemühen nur steif wirkt, ihren Begleiter, einen schüchternen Jüngling, der sich hinter einer rot gepunkteten Fliege vor der Welt versteckt. Die meisten Menschen mögen es nicht, wenn sie angestarrt werden. Seien Sie wie eine Kamera, die Klick macht und dann abschwenkt. Wenn Ihnen der eine Blick nicht reicht, warten Sie eine Weile, dann sehen Sie den Betreffenden wieder an und machen noch einmal Klick. Manchmal muss ich meine Beobachtung sofort aufschreiben, wofür meine Begleiter aber meist Verständnis haben, weil sie wissen, dass ich Schriftsteller und als solcher unhöflicherweise ständig mit Recherchen beschäftigt bin.

Ich möchte das Thema nicht beenden, ohne daran zu erinnern, warum aufmerksames und detailgenaues Beobachten immer wichtiger wird. Die ersten Geschichtenerzähler kamen mit allgemeinen Beschreibungen aus. Im 18. und 19. Jahrhundert, als Bücher allmählich zum Allgemeingut wurden, bedienten sich Erzählungen und Romane häufig der narrativen Zusammenfassung. Bei der narrativen Zusammenfassung wird dem Leser, wie Sie sich erinnern werden, der Hintergrund der Geschichte nicht gezeigt, sondern erzählt. Ein heutiger Leser, der kein Literaturliebhaber ist, sondern liest, um sich unterhalten zu lassen, wird sich daran stören, wenn ihm in einem Roman ständig Dinge erzählt werden, die sich hinter den Kulissen abspielen und daher seinen Augen und Ohren verborgen sind, die er also nicht hautnah miterleben kann.

Dieses Unbehagen der Leser müssen wir begreifen. Der Erzählstil hat sich im 20. Jahrhundert so drastisch verändert wie nie zuvor, und den Grund dafür erfahren wir normalerweise nicht in der Schule. Wir müssen uns immer wieder in Erinnerung rufen, dass die Menschen seit gut einem Jahrhundert ins Kino strömen und das Fernsehen uns seit einem halben Jahrhundert Filme ins Wohnzimmer bringt. Der Film ist ein visuelles Medium. Wir sind es gewöhnt, dass Geschichten sich vor unseren Augen abspielen. Langatmige Beschreibungen und narrative Zusammenfassungen überblättern wir gern. Sie wollen, dass Ihre Bücher heute veröffentlicht werden, und Sie schreiben für die Menschen von heute, nicht für eine Leserschaft aus vergangenen Jahrhunderten. Als Schriftsteller sollten wir zwar die Literatur der Vergangenheit kennen und schätzen, aber wir sind es uns selbst schuldig, für ein lebendiges Publikum zu schreiben, dessen Geschmack eben von der Zeit geprägt ist, in der wir leben.

Tiere sind vor allem auf ihren Geruchssinn und ihr scharfes Gehör angewiesen. Ihr Sehvermögen ist im Vergleich zu unserem schwach ausgebildet. Für den Menschen ist das Sehen jedoch wichtiger als alle anderen Sinneswahrnehmungen. Deshalb ist auch das genaue Beobachten für den Schriftsteller so wichtig. Wenn wir die Dinge so zeigen, als würden sie sich direkt vor den Augen der Leser abspielen, sprechen wir von »gegenwärtigen Szenen«. Um zu prüfen, ob das, was man beschrieben hat, diesem Prinzip der Unmittelbarkeit entspricht, kann man einen Test machen: Wenn sich aus dem Ereignis, so wie es beschrieben ist, kein Film machen lässt, ist es keine gegenwärtige Szene.

Die Vorliebe für unmittelbare Ereignisse mag ein literarisches Phänomen unserer Zeit sein, für die Erzählkunst ganz allgemein ist sie es nicht. Lange vor dem Roman gab es das Schauspiel, und in diesem sehr alten Genre der dramatischen Kunst werden

Ereignisse fast ausschließlich aus gegenwärtiger Sicht betrachtet. Der Unterschied zwischen einem Theaterstück und einem modernen Roman besteht darin, dass wir die Charaktere auf der Bühne für die ganze Dauer des Stücks innerhalb ihres Umfeldes sehen. Beim experimentellen Theater ist das Bühnenbild jedoch selten realistisch. Ein paar Möbelstücke und ein Bild, das vor schwarzem Hintergrund frei im Raum hängt, symbolisieren ein Wohnzimmer. Der Autor, der Bühnenbildner oder der Regisseur haben entschieden, was wir sehen sollen. Alles andere fügt unsere Fantasie hinzu. Entsprechend werden wir in einem Roman weder eine Aufzählung aller Kleidungsstücke finden, die der Protagonist am Leib hat, noch eine langatmige Beschreibung der Schauplätze. Der Autor entscheidet, welche Details charakteristisch sind für eine Person oder einen Ort, und wählt diejenigen aus, die das deutlichste Bild vermitteln. Wenn sie gut gewählt sind, kann sich der Leser den Rest mühelos dazudenken. Man braucht nur das schlecht sitzende Jackett zu beschreiben, nicht den ganzen Anzug. Anstatt das Gesicht einer Figur zu beschreiben, spricht man über unstete Augen, die dem Blick des Gegenübers ständig ausweichen.

Autoren avantgardistischer Werke setzen sich manchmal bewusst über das Bedürfnis der Leser nach einem unmittelbaren Erlebnis hinweg und bringen sich damit selbst unnötig um ihren Erfolg. In der sogenannten Trivialliteratur wird das unmittelbare Erleben oft dadurch eingeschränkt, dass Vorgänge nachlässig beobachtet sind und ungenau wiedergegeben werden. In beiden Genres verfallen die Autoren – besonders solche, die noch nie ein Drehbuch oder ein Bühnenstück geschrieben haben – oft, ohne es zu merken, in langatmige Schilderungen. Ihnen ist nicht bewusst, dass sie eigentlich das Auge des Lesers ansprechen möchten. Wer eine zahlreiche Leserschaft unter seinen Zeitgenossen – ein anderes Publikum steht uns ja im Augenblick nicht zur Verfügung – und vielleicht sogar noch in zukünftigen Generationen gewinnen möchte, wird es vielleicht als eine Hilfe empfinden, sich die Unterschiede zwischen einer narrativen

Zusammenfassung und einer gegenwärtigen Szene anhand konkreter Beispiele anzusehen. Denken Sie immer daran, dass die narrative Zusammenfassung etwas beschreibt, während die gegenwärtige Szene etwas zeigt. Denken Sie auch daran, dass man fast alles, was sich hinter den Kulissen abspielt, dem Leser auch bildhaft vor Augen führen kann, etwas, was ich in meinem Buch *Über das Schreiben* ausführlich erläutert habe.

Wir neigen dazu, den alten Zeiten nachzutrauern, als das Schreiben noch ein musischer Zeitvertreib war. John Barth und John Fowles haben mit *Der Tabakhändler* beziehungsweise *Die Geliebte des französischen Leutnants* komplexe Romane geschaffen, die mit Ironie und Fantasie die Vergangenheit aus der Perspektive eines modernen Menschen betrachten. Ich bewundere beide Autoren für ihr Können und ihren Mut. Aber für einen Menschen, der noch ganz am Anfang seines schriftstellerischen Schaffens steht, sind weder die narrative Zusammenfassung noch tollkühne Experimente der richtige Weg zum Erfolg. Mit seinem ersten Roman, *The Collector*, der in unserer Zeit spielt, hat Fowles wesentlich konventionellere Pfade beschritten. Die Geschichte handelt von einem jungen Mann, der das Mädchen, in das er sich verliebt hat, entführt und gefangen hält. Es war ein durchschlagender Erfolg und brachte Fowles den Ruf ein, der es ihm letztendlich möglich machte, sich an experimentellere Ansätze heranzuwagen. James Joyce übte sich an Kurzgeschichten, bevor er *Ulysses* schrieb. Ein Kind krabbelt, bevor es läuft. Als ich laufen lernte, bin ich, wie man mir erzählt hat, immer hingefallen, wenn ich die Richtung ändern wollte. Wenn mir eine Wand oder ein Möbelstück im Weg war, habe ich mich einfach hingesetzt und im Sitzen umgedreht, und dann bin ich wieder aufgestanden und weitergelaufen. Eine etwas umständliche Methode und auch nicht gerade tollkühn, aber es hat mich an mein Ziel gebracht. So wie ich irgendwann gelernt habe, mich im Stehen umzudrehen, muss ein Autor seine Fähigkeiten und Talente weiterentwickeln, bevor er sich an abenteuerliche Manöver heranwagen kann. Man geht keine neuen Wege, bevor man sich auf den alten sicher fühlt. Picasso war nicht vom ersten Tage an Picasso.

Vergessen Sie vor allem eines nicht: Verallgemeinerungen sind vage, und nur durch genaue Beobachtung versetzen Sie den Leser in die Lage, das, worüber Sie schreiben, wirklich zu sehen und zu erleben.

5

Charaktere mit Charakter

Wir beide, Sie und ich, sitzen an einem kleinen Tisch in einem Bistro in Paris und beobachten die Passanten. Ich lade Sie ein, ein Spiel mit mir zu spielen. Sie suchen sich irgendeinen Fußgänger aus und zeigen ihn mir. Ich wette, Sie würden jemanden wählen, der seltsam gekleidet ist oder einen ungewöhnlichen Gang hat oder einen bizarren Gegenstand mit sich herumschleppt. Menschen, die sich von der Masse abheben, fallen auf. Das sind die Vorbilder für die Figuren, die Sie für Ihren Roman brauchen.

Die berühmten Romane des 20. Jahrhunderts gleichen sich, so unterschiedlich sie auch sonst sein mögen, in einem wichtigen Punkt. Ihre Protagonisten sind exzentrisch. Denken Sie an Holden Caulfield in *Der Fänger im Roggen*, Henderson in Saul Bellows *Der Regenkönig*, Jay Gatsby in *Der große Gatsby*. In Faulkners Romanen sind sogar die Nebenfiguren noch exzentrisch. Solche Charaktere haben etwas Faszinierendes für den Leser. Es ist interessant zu beobachten, dass manche Schriftsteller, die in ihren Romanen exzentrische Figuren schaffen, auch in ihrem Privatleben eine gewisse Exzentrik an den Tag legen. Tom Wolfe beispielsweise, dessen letzter Roman, *Ein ganzer Kerl*, nach seinem Erscheinen 1998 sofort an die Spitze der Bestsellerlisten stürmte, machte zuerst von sich reden, indem er stets in einem makellos weißen dreiteiligen Anzug und weißem Hut auftrat. Erst dadurch wurde die Kritik auf seine journalistische Arbeit und auch auf seine Romane aufmerksam gemacht. Ganz anders dagegen der als scheu geltende Autor J. D. Salinger, der stets auffällig darum bemüht war, unauffällig zu erscheinen. Auch das könnte durchaus seiner Publicity gedient haben.

Am Ende trägt die Exzentrik seiner Charaktere dazu bei, dass ein Roman die Zeit überdauert. Wenn wir an die Romane des 19. Jahrhunderts zurückdenken, fallen uns Figuren ein wie Kapitän Ahab, Huckleberry Finn und Dostojewskis Raskolnikow. Dickens' Hauptfiguren waren fast immer exzentrische Personen. Warum müssen die Menschen im Roman so sein, außergewöhnlich, von wildem Verlangen getrieben, verschroben, unnachgiebig? Weil niemand Geld dafür bezahlen würde, seine kostbaren Mußestunden in der Gesellschaft von Menschen zu verbringen, die genauso sind wie der Nachbar, dem er täglich begegnet. Wir fühlen uns von Figuren angezogen, die sich vom Gewohnten abheben, aber es ist nicht deren Exzentrik an sich, die uns fasziniert, sondern die Tatsache, dass wir uns bei aller Exzentrik mit den menschlichen Zügen eines Protagonisten, seinen Hoffnungen, Versuchungen, Freuden, Triumphen, seiner Verletzlichkeit und seiner Traurigkeit identifizieren können.

Wir sitzen immer noch in unserem Straßencafé. Sie haben sich ein paar Notizen über die Person gemacht, die Sie aus der Menge der Passanten ausgewählt haben, und ich stelle Ihnen nun die Frage: »Was will diese Person?« Wie auch immer Ihre Antwort ausfiele, ich würde Ihnen antworten: »Das ist nicht genug!« Ich würde Sie auffordern, an etwas Größeres zu denken, das von unmittelbarer Bedeutung ist, sich zu öffnen für die Möglichkeiten, aus Ihrer Fantasie zu schöpfen. Ich würde Sie darauf hinweisen, wieviel interessanter es wäre, wenn dieser Mensch etwas unbedingt und auf der Stelle haben wollte. Während Sie noch über meine Worte nachdenken, würde ich Sie unvermittelt fragen: »Was willst du, das wichtiger ist als das, was diese Person will?«

Wenn Sie rot würden, wäre ich froh. Wenn Sie sich Zeit ließen, würde ich auf eine Antwort drängen. Wenn Sie mir mit einer dieser oberflächlichen Antworten kämen, die Autoren manchmal von sich geben – Ruhm, einen Spitzenplatz in den Bestsellerlisten, die Verfilmung eines Ihrer Romane –, so würde ich diese Antwort nicht gelten lassen, weil es Wünsche sind, die Sie mit der Mehrzahl aller Autoren teilen. Ich würde Ihnen die ganz besonderen Wünsche entlocken, die Sie vielleicht nur insgeheim hegen oder die Sie, kaum Ihren flüchtigen Gedanken entsprungen, gleich wieder verdrängt haben. Mit etwas Glück hätten wir damit schon etwas, das sich wunderbar als Wunschziel einer Romanfigur eignen würde. Wenn Ihr Held dieselben Wünsche hätte wie Sie, aber es würden ständig neue Hindernisse auftauchen, die sich der Erfüllung dieser Wünsche in den Weg stellten, und Sie müssten nun überlegen, wie die Hindernisse zu überwinden wären, so würden Sie beim Schreiben zumindest teilweise aus dem Vorrat Ihrer eigenen Gefühle schöpfen, aus einer Sehnsucht, die zur Grundlage für eine mit Anteilnahme und Leidenschaft geschriebene Geschichte werden könnte. In Ihrem eigenen geheimen Garten liegt der Samen verborgen, aus dem einmal Ihre schönsten Geschichten keimen könnten.

Ich möchte Ihnen zwei Begebenheiten aus meinem eigenen Erfahrungsbereich erzählen. Ich kannte einmal einen erfolgreichen Schriftsteller, der seine Frau mit Aufmerksamkeiten überschüttete. Er bemühte sich, ihr jeden Wunsch von den Augen abzulesen. Eines Tages war seine Frau verschwunden. Wochenlang ließ er nichts unversucht, um sie aufzuspüren. Er fand sie schließlich Tausende von Kilometern von ihrem Wohnort entfernt bei einem alternden Hippie, der in einfachsten Verhältnissen lebte und aussah, als ob er seit Jahren kein Bad mehr gesehen hätte. Nach allem, was ich über dieses Paar wusste, war mir klar, dass dies eine – wie sich herausstellte, endgültige – Botschaft der Frau an ihren Mann war. Sein ständiges Bemühen, der aufmerksamste, zuvorkommendste, diensteifrigste und netteste Mensch der Welt zu sein, hatte ihn so berechenbar und langweilig für sie gemacht, dass sie die Flucht ergreifen musste und sich in ein Abenteuer stürzte, das im denkbar krassesten Gegensatz zu ihrem bisherigen Leben stand.

Klischees, diese farblosen Bilder, die ein Autor stets zu meiden
sucht, basieren auf der Wahrheit. Der Gute ist immer der
Dumme. Ob das stimmt oder nicht, der nette Junge, das nette
Mädchen von nebenan ist als Protagonist eines Romans völlig
ungeeignet. Ich weiß das spätestens, seitdem ich mein bekann-
testes Buch, *Der junge Zauberer*, geschrieben habe. Nachdem
Patricia Day, meine Frau und außerdem professionelle Lektorin,
das Manuskript gelesen hatte, gab sie es mir mit der Bemerkung
zurück, der Protagonist, ein sechzehnjähriger Junge namens
Ed Japhet, sei ein viel zu netter Mensch, ein farbloser Charakter, der die ansonsten lebendige Geschichte verderbe. Im ersten
Moment wusste ich nicht, ob ich mir selbst die Kugel geben oder
meiner Frau an die Gurgel springen sollte. Ich schlich wie ein
geprügelter Hund davon, aber als ich mich einigermaßen beruhigt hatte, nahm ich mir das Manuskript noch einmal vor.
Und meine Frau hatte recht. Warum machte ich aus dem jungen
Zauberer einen netten Kerl von der Art, wie ich selbst keiner
war und nicht sein wollte? Ich schrieb eine Szene am Anfang der
Geschichte um, in der Ed Japhet sich innerlich auf eine Zauber-
vorführung beim Abschlussball seiner Highschool vorbereitet.
Die Tatsache, dass Eds Vater an derselben Schule unterrichtet,
ist beiden unangenehm. Ich fügte den folgenden Dialog hinzu:

> Da kein Lichtschein unter der Tür hervordrang, schlich er sich
> auf Zehenspitzen ins Zimmer. Um ihn nicht zu erschrecken,
> schaltete er nicht die Deckenlampe, sondern lediglich die kleine
> Arbeitsleuchte auf dem Schreibtisch ein.
> »Ich dachte, du wärest vielleicht eingeschlafen.«
> »Nein«, sagte Ed. »Ich versuche nur, mich zu entspannen.«
> »Ich finde das komisch.«
> »Was?«, fragte Ed, indem er sich auf dem Bett aufrichtete.
> »Naja«, entgegnete Mr. Japhet. »Ich würde mir die Vorführung
> gern ansehen.«
> »Du kennst die Tricks doch alle schon.«
> »Aber es ist etwas anderes, wenn du sie vor einem Publikum
> vorführst.« Mr. Japhet betrachtete angelegentlich seine Finger-
> nägel. »Wenn du Football spielen würdest, hättest du doch auch
> nichts dagegen, wenn ich zu den Spielen kommen würde.«

»Das ist etwas anderes.«

»Inwiefern?«

»Ein Footballspieler sieht nur eine Zuschauermenge. Wenn ich Zaubertricks vorführe, sehe ich die Gesichter der Leute. Ich konzentriere mich auf einen Zuschauer und spreche ihn direkt an. Wenn du da wärest, würde ich dich sehen, und das würde mich nervös machen.«

»Macht es dich nicht nervös, wenn Lila da ist?«

»Sie setzt sich ganz weit nach hinten.«

»Ich könnte mich auch nach hinten setzen.«

»Ach, Dad, es kommen keine Eltern zum Abschlussball.«

Der Leser spürt, wie sehr die Ablehnung den Vater kränkt, und er möchte, dass Ed ihm erlaubt, sich die Vorstellung anzusehen. Als Ed vom Anführer einer Schülergang zusammengeschlagen wird und dieser verhaftet und vor Gericht gestellt wird, weigert sich Ed, als Zeuge auszusagen, weil er nicht an das Rechtssystem glaubt. Schon ist Ed kein so »netter Kerl« mehr. Solche Veränderungen sind es, die den Unterschied machen. Das Buch wurde ein voller Erfolg: Mehr als eine Million Exemplare wurden verkauft, es wurde zum Buch des Monats gewählt, an vielen Schulen wurde es im Unterricht besprochen, es wurde in viele Sprachen übersetzt und erlebte zahlreiche Auflagen. Das alles führe ich unter anderem darauf zurück, dass ich einem allzu »netten« Jungen ein paar Schwächen zugestanden habe.

Ein Protagonist wird von den Lesern nur dann akzeptiert, wenn er lebendig ist, und lebendig wird er durch die Unbeirrbarkeit, mit der er seine Wünsche verfolgt, und durch die Fähigkeit, bestimmte Dinge besonders gut zu machen. Er muss aber auch seine wunden Punkte haben. Die meisten Romanautoren wissen das. Dennoch fällt es ihnen manchmal schwer, ihren Protagonisten Eigenschaften zuzuschreiben, die sie als negativ ansehen, wie beispielsweise Aggressivität, Ungeduld, Egoismus, Unhöflichkeit, Herrschsucht oder Unbescheidenheit. Solche Eigenschaften finden wir in Menschen wieder, die wir lieben, verweigern sie aber den Figuren, die unsere Leser lieben sollen. Was das betrifft, habe ich meine Lektion von einer Figur aus demselben Roman gelernt, nämlich von George Thomassy, der auch in anderen meiner Geschichten eine zentrale Rolle spielt und der alles andere als ein netter Kerl ist. Thomassy ist ein Anwalt, der um jeden Preis gewinnen will. Er ist ausgesprochen grob im Umgang mit Staatsanwälten, schüchtert eine Zeugin ein, damit sie nicht vor Gericht erscheint, spannt anderen Männern gern die Frau aus. Nach dem Erscheinen von *Tür an Tür* wurde der Verlag mit Briefen von Leserinnen überschüttet, die Thomassy einen Heiratsantrag machen wollten!

In *Tür an Tür* habe ich auch dadurch ein lebendiges Bild von Thomassy gezeichnet, dass ich den Leser Szenen aus der Vergangenheit miterleben lasse. Wir erfahren, wie Thomassy als Junge von seinem Vater, einem aus Armenien eingewanderten Pferdetrainer, aufgeklärt wird. Wir werden Zeugen, wie es zu einem Streit zwischen Vater und Sohn kommt, weil Thomassy lieber Anwalt werden möchte als Zureiter wie sein Vater. Sehr erbost ist der Vater darüber, dass sein Sohn den ursprünglichen Familiennamen Thomassian in Thomassy geändert hat.

Ich habe den Leser sogar noch weiter zurückversetzt in die Vergangenheit der Familie, in das Jahr 1915, die Zeit, in der das türkische Heer grausame Massaker am armenischen Volk verübte. Mit anderen Worten, ich habe Thomassys Persönlichkeit Tiefe gegeben, indem ich ihn in einem Roman, der in der Gegenwart spielt, in den Kontext einer Familie mit einer Geschichte gestellt habe. So kann der Leser nachvollziehen, wie Thomassy zu dem Menschen wurde, der er ist, herausragend auf seinem Gebiet, charmant, wenn er es möchte, aber auch ein Mann, der keine moralischen Bedenken kennt, wenn er als typischer Anwalt mit harten Bandagen kämpft. Das meine ich, wenn ich vom Entwickeln einer Figur spreche: Man muss ihr eine Vergangenheit geben, die sich nahtlos in die Gegenwartsgeschichte einfügt. Die Leser akzeptieren diesen nicht besonders angenehmen Kerl als einen Kämpfer, der sich zum Ziel gesetzt hat, aus jeder Schlacht als Sieger hervorzugehen, und wollen, dass er dieses Ziel erreicht. Wichtig ist, dass die Figur lebendig wird. Jahre nach dem Erscheinen dieses Romans habe ich einmal erlebt, dass ein Grüppchen von Anwälten und Richtern während einer Party darüber diskutierte, wie Thomassys Verteidigung in einem bestimmten Fall ausgesehen hätte – als gäbe es den Menschen Thomassy wirklich.

Vor Jahren schickte mir ein Agent ein Manuskript des berühmtberüchtigten Gewerkschaftsführers Jimmy Hoffa. Verfasst hatte es ein Ghostwriter anhand von Tonbandinterviews mit Hoffa. Hoffa hat ein bewegtes Leben geführt, aber das Manuskript war ein ziemliches Geschwafel. Ich lieh mir die Bänder aus, um die Authentizität des Materials zu prüfen. Die Bänder waren spannend, Originalton Hoffa, rauh und ungehobelt, eben aus dem Leben gegriffen. Der Schreiber hatte ihn »gesellschaftsfähig«, hatte einen netten Kerl aus ihm gemacht. Ich schlug ein Treffen vor. Zum vereinbarten Termin erschien Hoffa mit seinem Agenten, dem Agenten des Ghostwriters und einem Gefolge von Leibwächtern. Meine Lektoren brannten darauf, den Mann mit dem schlechten Ruf kennenzulernen.

Lassen Sie mich Hoffa charakterisieren, als wäre er eine Romanfigur. Als er in unserem Verlagshaus, einem dreistöckigen Villengebäude am Rand von New York namens Scarborough House eintraf, ging ich ihm entgegen, um ihn und seine Begleiter zu begrüßen. Hoffa wirkte etwas nervös. Wahrscheinlich hatte er noch nie einen Verleger persönlich kennen gelernt. Ich hatte es mir zur Gewohnheit gemacht, Besucher, die zum ersten Mal kamen, durch das Gebäude zu führen. Als wir, seine Begleiter im Gefolge, die Treppe hinaufgingen, stieß Hoffa mich plötzlich mit dem Ellbogen in die Seite. Ohne nachzudenken, stieß ich ihn ebenfalls an. Im zweiten Stock machte ich Hoffa mit den Lektoren bekannt, die uns später zum Essen begleiten sollten. Danach gingen wir weiter in den dritten Stock, in dem sich die Geschäftsbüros befanden. Dort oben gab es ein riesiges dreieckförmiges Panoramafenster, von dem aus man einen herrlichen Blick auf den Hudson River und eine ausgedehnte Grünfläche hatte.

Auf dem Weg dorthin stieß mich Hoffa wieder mit dem Ellbogen in die Seite, und als ich seine kumpelhafte Geste auch diesmal erwiderte, drehte er sich lachend zu seinen Begleitern um und sagte: »He, dieser Verleger ist in Ordnung.« Seine Einschätzung gründete sich einzig und allein auf die Tatsache, dass ich sein Knuffen erwidert hatte. Damit war das Eis für ihn gebrochen, und er begann sich in dieser Umgebung, die fremd für ihn war, wohler zu fühlen. Das Knuffen war eine Eigenheit, die ihn charakterisierte, und diese Art von Eigenheiten ist es, die Sie zur Charakterisierung einer Figur heranziehen können.

Viele Autoren machen den Fehler, ihren Figuren eine Unzahl charakteristischer Merkmale zu geben, obwohl eine genau beobachtete Eigenart viel effizienter wäre. In Hoffas Fall war diese Eigenart eine kumpelhafte Geste, oberflächlich betrachtet belanglos, aber als charakterisierendes Merkmal dieses Menschen wichtig, weil er damit sein Gegenüber auslotete, in diesem Fall den Vertreter einer fremden Spezies, einen Verleger! So haben auch Sie, der Leser, etwas Wichtiges über diesen Menschen erfahren. Beachten Sie, dass ich die Geschichte – die Führung durch den Verlag – nicht unterbrochen habe, um Hoffa zu charakterisieren.

Zum Mittagessen gingen wir zu Dudleys, einem beliebten Lokal in der Nähe des Verlagshauses. Am Tisch saßen Hoffa, seine Berater und einige unserer Lektoren, die, wie ich aus früheren Bemerkungen wusste, keine besonders hohe Meinung von Hoffa hatten, weil er in dem Ruf stand, ein ungehobelter ehemaliger Straßengangster mit einem ansehnlichen Vorstrafenregister zu sein. Beim Essen überraschte Hoffa alle Anwesenden – mich eingeschlossen. Er war charmant, kein Cary Grant, aber ein Jimmy Hoffa, wie er von Millionen von Fernfahrern bewundert wurde, für die er der Größte war.

In der entspannten Atmosphäre dieses Essens rückte ich dann mit meinem Vorschlag heraus. Ich erklärte Hoffa und den Agenten, dass ich das Manuskript unter der Voraussetzung verlegen würde, dass die Originalinterviews mit ihrer anstößigen

Sprache, den rüden Kommentaren und sogar den grammatikalischen Fehlern darin verwertet wurden. Die weichgespülte Version, so sagte ich, würde die Leser nicht interessieren und mich infolgedessen auch nicht. Es folgte ein großes Händeschütteln, alle waren offensichtlich hoch zufrieden, mit Ausnahme des Ghostwriters vermutlich, der aber glücklicherweise nicht anwesend war. Dreißig Tage später verschwand Hoffa spurlos, ein für allemal, woraufhin 50 000 Hardcover-Kopien des Buchs in der Rekordzeit von vier Tagen gedruckt und an die Buchläden ausgeliefert wurden. Was mir von dem Treffen am deutlichsten in Erinnerung geblieben ist, war die ungewöhnliche, für Hoffa charakteristische Geste und die charmante, ungezwungene Art, mit der er unsere Lektoren für sich gewann. Hoffa war eine Charakterfigur, wie man sie sich in einem Roman wünschen würde.

Was mir an vielen Thrillern, die ich zu begutachten habe, nicht gefällt, ist die Tatsache, dass der Leser weder mit den Helden noch mit den Bösewichtern wirklich mitfühlen kann. Es genügt nicht, wenn uns der Autor erzählt, dass er mit einer Figur mitfühlt, sie muss vielmehr etwas tun, das wir nachempfinden können, das uns hilft, uns in die Figur hineinzudenken, sie vor uns zu sehen. Was war dieses Etwas in Hoffas Manuskript?

In der Welt, in der Hoffa lebte, galt das Gesetz der Straße, und Gewalt war an der Tagesordnung. Als junger Fernfahrer und Gewerkschaftsfunktionär führte er zu seinem Schutz stets eine Eisenstange in seinem Lkw mit. Was mich für ihn einnahm, war eine Begebenheit aus der Zeit, als er frisch verliebt war in Josephine, seine spätere Frau. Als sie sich noch nicht lange kannten, fuhr der junge Hoffa einmal vor ihrem Haus vor und hupte zum Zeichen, dass er da war und sie abholen wollte. Ihre Eltern waren schockiert und verboten ihr, zu ihm hinauszugehen. Was für ihn völlig normal war, nämlich vor dem Haus zu hupen, wenn man jemanden abholen wollte, galt in Josephines Kreisen offensichtlich als unschicklich. Er wusste das nicht. Ich konnte mit ihm fühlen, weil er nur durch sein Unwissen eine Verabredung zunichte machte, die ihm ungeheuer wichtig war. Auf solche scheinbar nebensächlichen Kleinigkeiten können wir zurückgreifen, um das Mitgefühl der Leser für die Figuren unseres Romans zu wecken.

Sherlock Holmes ist eine beliebte Romanfigur. Sein Drogenkonsum macht seinem Freund Dr. Watson Sorgen. Watson missbilligt Holmes' Verhalten, aber er verurteilt ihn deswegen nicht. Der Leser wünscht sich, dass Holmes auf die Drogen verzichtet, weiß aber, dass er dies nicht kann. Ein Autor kann bei den Lesern Mitgefühl für seinen Protagonisten wecken, indem er ihn Dinge tun lässt, von denen sich die Leser wünschen, er würde sie nicht tun.

Die gleiche Art von Mitgefühl stellt sich beim Leser aus einer gewissen Spannung heraus ein, wenn er sieht, dass eine Figur in ernste, vielleicht sogar ausweglose Schwierigkeiten gerät. Mit einigem Geschick kann man einen Leser sogar dazu bringen, mit einer Figur mitzufühlen, die er kaum kennt. Die ersten beiden Romane von John le Carré waren nicht besonders erfolgreich. Dann schrieb er *Der Spion, der aus der Kälte kam.* Im ersten Kapitel des Buches wartet der Ich-Erzähler auf einen Kollegen, der über eine Brücke aus Ostdeutschland fliehen soll. Der Leser sieht, wie der Mann auf einem Fahrrad über die Brücke kommt. Er wird von den ostdeutschen Grenzposten bemerkt. Der Leser kann nicht umhin, sich zu wünschen, dass der Mann entkommt. Die Spannung ist hoch, und als der Mann erschossen wird, ist der Leser bestürzt über den Tod des Unbekannten, dem die Flucht in die Freiheit nicht gelungen ist.

Es ist nicht der Tod an sich, der diese Gefühle beim Leser hervorruft. In den meisten Kriminalromanen und Thrillern werden die Leser schon auf den ersten Seiten mit einer Leiche konfrontiert, aber nur ein Autor, der seine Geschichte mit Umsicht und Können aufbaut, schafft eine Atmosphäre, in der die Leser den Tod nachempfinden können. Kinofilme strotzen so von Gewalt und Brutalität, dass der Tod eines Einzelnen die Zuschauer kaum berührt. Diesem Mangel an Mitgefühl haftet etwas Unmoralisches an. Darum sollte der Romanautor seine Charaktere so umsichtig gestalten, dass der Leser mitleidet, wenn sie in Not oder Bedrängnis geraten. Darin vor allem unterscheidet sich eine Figur, die künstlich wirkt, weil sie nur dazu dient, den Plot voranzutreiben, von einer, die vor unseren Augen lebendig wird, die uns etwas bedeutet und mit der wir mitempfinden können.

Um den Leser zu ködern, überfallen Autoren ihre Leser manchmal mit einer Leiche, bevor diese Gelegenheit haben, emotional Anteil zu nehmen. In diesem Fall haben sie keinen Bezug zu dem Tod. In *Der Spion, der aus der Kälte kam* gelingt es le Carré, dem Leser ein Gefühl dafür zu vermitteln, dass die Person, die getötet wird, in einer wichtigen Mission unterwegs ist. Der Leser fiebert mit. Es ist fast geschafft. Doch dann wird die Hoffnung des Lesers, dass alles gut wird, durch den Tod des Mannes, der auf der Flucht erschossen wird, mit einem Schlag zunichte gemacht.

Gibt es eine Möglichkeit, Ihrer Fantasie auf die Sprünge zu helfen, wenn Sie das Gefühl haben, einer Ihrer Charaktere sei flach, leblos oder zu alltäglich? Wir haben am Beispiel von Ed Japhet und seinem Vater gesehen, wie eine unbedeutende Auseinandersetzung eine zuvor farblose Figur beleben kann. Wenn Sie es schwierig finden, einem ihrer Protagonisten Farbe zu verleihen, gehen Sie in die Bibliothek und nehmen Sie ein Kinderbuch zur Hand, vorzugsweise eines, das ihnen aus Kindertagen noch in Erinnerung geblieben ist, und vertiefen Sie sich noch einmal hinein. Sie werden feststellen, dass die Figuren darin viel greller gezeichnet sind, als es in der Erwachsenenliteratur üblich ist. Dieses Beispiel im Kopf, wenden Sie sich wieder Ihrer eigenen Figur zu und überlegen Sie, was Sie tun können, um sie interessanter zu machen und mit Zügen auszustatten, die so lebendig und originell sind wie die, denen wir in Kinderbüchern immer wieder begegnen.

Wenn Ihnen das nicht gelingt, versuchen Sie folgenden kleinen Trick: Nehmen Sie Ihre allzu »normale« Figur, die Sie beleben möchten, schauen Sie in ihre Tasche und finden Sie etwas darin, das diese Person in hohem Maße überraschen würde. Was könnte das sein? Wie ist es dorthin gekommen? Ist es dem Betreffenden peinlich? Hätte er es vielleicht lieber nicht in seiner Tasche gefunden? Wie kann er es loswerden? Wenn er es irgendwo ablegt, wird ihn jemand dabei beobachten und es ihm in der Annahme, dass er es vergessen hat, hinterhertragen? Die erste Figur, die in meinem Roman *Tür an Tür* auftaucht, ist der Vater der Protagonistin, ein erfolgreicher Wall-Street-Anwalt namens Archibald Widmer. Er sagt, dass er »widerstrebend erkennen musste, dass es gebildete Bürger heutzutage hinnehmen, wenn jemand gegen einen ihm fremden Menschen sinnlose Gewalt ausübt«. Er ist der Inbegriff eines altmodischen Menschen, der leicht klischeehaft und flach wirken könnte, käme da nicht im ersten Absatz seine Furcht vor einer ständig wachsenden Bedrohung in der anonymen Welt der Großstädte zum Ausdruck. Seine siebenundzwanzigjährige Tochter wurde von einem Mann vergewaltigt, der im selben Haus lebt wie sie. Der Vater trägt, wie wir etwas später erfahren, in seiner Brieftasche ein Nacktfoto seiner Tochter mit sich herum. Auf diese Weise wird der erste Eindruck des Lesers, einen konservativen und sehr korrekten Anwalt vor sich zu haben, überlagert vom Bild eines Mannes, der ein Geheimnis und damit eine verwundbare Stelle hat. Jede Figur mit einem Geheimnis, das glaubwürdig und interessant ist, kann viel dazu beitragen, eine Figur zum Leben zu erwecken.

Hängen Sie die Überschrift dieses Kapitels doch einfach in Sichtweite Ihres Schreibtischs auf: Charaktere mit Charakter.

6

Hinter den Kulissen:
Woher nimmt ein Autor
seine Plots?

Ich möchte keinen Streit vom Zaun brechen mit denjenigen meiner Schriftstellerkollegen, die zwischen Geschichte und Plot einen großen Unterschied machen. Für mich ist die Geschichte eine Idee oder ein Konzept, also das, was ich meine, wenn ich sage: »Diese Geschichte handelt von...« Der Plot ist die Umsetzung dieser Idee in Szenen, die man nach Belieben verändern, verschieben, einfügen oder streichen kann. In der gehobenen Literatur entwickelt sich die Geschichte aus einer Figur, oder aus der Idee für eine Geschichte entwickelt sich deren Hauptfigur. Aus der Idee wird eine »Geschichte über einen Menschen, der...« In der Trivialliteratur werden Figuren oft so geformt, dass sie zu der Geschichte passen. Eine Ausnahme bilden die Serienromane, in denen es immer um dieselbe zentrale Person geht. Ein erfahrener Autor, ganz gleich, ob er anspruchsvolle Romane oder Unterhaltungsliteratur produziert, sollte sich, sobald er ein Konzept entwickelt hat, überlegen, wie er seine Geschichte in bildhaften Szenen sichtbar machen will.

Als erstes fasst man die Quintessenz der Geschichte so knapp wie nur möglich schriftlich zusammen. Ein Satz ist besser als zwei, zwei sind besser als drei. Eine solche Zusammenfassung des inhaltlichen Kerns benutzen später auch Verlagsvertreter und Kritiker, um ein Buch zu beschreiben, das sie an den Mann bringen beziehungsweise rezensieren wollen. Eine knappe Inhaltsangabe für meinen Roman *Um Leib und Leben* könnte folgendermaßen lauten: »Ein erfolgreicher Broadway-Produzent steckt in der Klemme, weil ihm seine bisherigen Geldgeber die Mittel für ein laufendes Projekt entzogen haben, und darum muss er sich jetzt an einen Geldverleiher – ein ziemliches Schlitzohr – wenden. Produzent und Geldverleiher sind anfangs die erbittertsten Feinde und werden im Laufe der Produktion zu den besten Freunden.« Der letzte Satz könnte, etwas ausführlicher formuliert, auch für sich alleine stehen, wenn die Inhaltsangabe noch kürzer sein soll. Die Kurzzusammenfassung wird natürlich nicht dem komplexen Stoff eines ganzen Buchs gerecht, aber sie ist für den Produktionsprozess wichtig. Wenn der Autor sie nicht anbietet, wird sich im Verlag jemand etwas aus den Fingern saugen. Schreibt er sie dagegen selbst schon zu einem frühen Zeitpunkt, so kann ihm das beim Ausarbeiten des Plots sehr nützlich sein.

Hollywood bringt die Idee seiner Filme auf einen noch kürzeren Nenner. Über die Kurzbeschreibungen von Filminhalten hat Skip Press, Autor des *Writer's Guide to Hollywood Producers, Directors, and Screenwriters' Agents*, einmal gesagt, sie seien »auf fünfundzwanzig oder weniger Worte reduzierte Kunst«. Häufig werden als Anreißer einfach zwei schlagkräftige Titel aneinandergereiht, etwa in der Art von: »Spiel mir das Lied vom Krieg der Sterne.« Glücklicherweise liegt einer Romanidee oft etwas zugrunde, das der Autor persönlich erlebt hat oder das ihn zumindest interessiert und bewegt. Daraus beginnt ein Thema zu keimen. Im Rahmen dieses Themas kristallisiert sich eine Figur heraus. Die Figur will etwas, es tun sich aber Hindernisse auf, und schon nimmt die Geschichte ihren Lauf. Wie löst man diese Kette von Ereignissen aus? Wie schöpft man aus dem Reichtum der eigenen Erfahrung die Idee, für die man bereit ist, jahrelanges Schreiben auf sich zu nehmen? Und wieso kann es den Erfolg eines Romans fördern, wenn sein Plot einfach ist?

Ich kann für mich selbst und für einige Autorenkollegen sprechen, mit denen ich zusammengearbeitet habe. Der Autor forscht in seinem Gedächtnis nach Menschen und Erlebnissen, die ihn besonders tief beeindruckt haben und die er gerade jetzt noch einmal genauer betrachten möchte. Elia Kazans Roman *Amerika, Amerika!*, mittlerweile ein Klassiker, ist ein gutes Beispiel. Kazan war vier Jahre alt, als seine griechischen Eltern 1913 nach Amerika emigrierten. Die Familie hieß ursprünglich Kazanjoglou, der Versuch, einem griechischen Namen einen türkischen Klang zu geben, weil griechische Christen in der islamisch regierten Türkei gefährlich lebten. In den Vereinigten Staaten, die als eine Nation von Einwanderern galten, begann sich das Bild der Immigration im Laufe der Jahrzehnte in den Köpfen der Leute nostalgisch und sentimental zu verklären. Die Wirklichkeit sah anders aus. Der Weg nach Amerika war mit Ängsten, Gefahren und Schwierigkeiten aller Art gepflastert. Bis die Auswanderungswilligen genügend Geld für die Überfahrt zusammengekratzt und den Abfahrtshafen erreicht hatten, mussten sie oft eine lange Folge von Rückschlägen und Niederlagen einstecken. Und die Überfahrt im Rumpf eines Schiffes war wahrhaftig keine Vergnügungsreise. So mancher im Grunde rechtschaffene Mensch war bereit, ein Verbrechen zu begehen, um in das gelobte Land zu gelangen.

Als Kazan, der sich 1962 bereits einen Namen als Film- und Theaterregisseur gemacht hatte, das Thema der Immigration aufgriff, konnte er sich vor allem auf die Erfahrungen eines Onkels stützen. Er verarbeitete das Thema zuerst in einem Drehbuch (das er später selbst verfilmt hat). Drehbücher werden von Normallesern nicht gern gelesen und verkaufen sich, als Bücher veröffentlicht, nicht besonders gut. Ich hatte nun die Aufgabe, aus Kazans Drehbuch einen Roman zu machen, der bei Normallesern ankam, gleichzeitig aber Kazans charakteristischen Stil und seine eigenwillige, spröde Sprache zu bewahren. Vier Anläufe waren notwendig, aber am Ende war das Ergebnis so gelungen, dass es anderen für die Romanfassung von Drehbüchern als Modell diente.

Als Kazan an seiner Geschichte zu arbeiten begann, suchte er zunächst eine Figur, die die Geschichte der Immigration personifizieren und zum Protagonisten werden sollte. Er erfand Stavros, einen Zwanzigjährigen, der um jeden Preis nach Amerika auswandern will. Stavros arbeitet buchstäblich wie ein Tier, um als Kuli das Geld für die Reise zu verdienen. Kazan erfand eine Reihe von Gegenspielern für seinen Protagonisten, der schlimmste davon ein übler Gesell namens Abdul, der sich in Stavros' Vertrauen schleicht, um ihm dann seine Ersparnisse zu stehlen. Aber Stavros hält verbissen an seinem Entschluss fest. Nicht einmal die überraschende Aussicht, die Tochter eines reichen Mannes zu heiraten, kann ihn von seinen Auswanderungsplänen abbringen. Um sein Ziel zu erreichen, wird Stavros sogar einen Mord begehen. Die Geschichte hat die mythische Kraft eines Kreuzzugs. Der angesehene Drehbuchautor und Essayist S. N. Behrman schreibt in seinem Vorwort zu *Amerika, Amerika!*: »Kazans Stil ist biblisch in seiner Einfachheit und seiner emotionalen Intensität.«

Lassen Sie mich kurz rekapitulieren, wie sich ein Plot entwickelt. Die Idee zu *Amerika, Amerika!* entsprang dem familiären Hintergrund Kazans. Die Geschichte entspinnt sich um einen fiktiven jungen Mann, der von einer tiefen Sehnsucht getrieben und fest entschlossen ist, seinen Traum zu verwirklichen. Dem Protagonisten Stavros stellen sich viele Hindernisse in den Weg, die er überwinden muss, bevor er in einem bittersüßen Ende ans Ziel seiner Träume gelangt. Der kurze Roman strotzt vor starken Szenen und denkwürdigen Einfällen. Die Quintessenz der Geschichte ist klar und überzeugend.

Die Leserschaft dankte es dem Autor. Das Buch wurde mehr als drei Millionen Mal verkauft und in die Sprachen der meisten Länder übersetzt, aus denen die heutige Bevölkerung der Vereinigten Staaten zu einem großen Teil stammt. Als Kazan das Buch schrieb, hatte er bereits eine Reihe von Filmen gedreht, sicherlich auch eine Erklärung dafür, dass viele Szenen des Buchs eine große visuelle Kraft besitzen. Es wurde zu seiner Zeit als das beste Erzählwerk zu einem Thema angesehen, das in der

Geschichte der Vereinigten Staaten eine herausragende Rolle spielt. In einer Zeit, in der das Gedächtnis der Menschen kurz ist und Geschichte schnell zum Ramsch gehört, wäre ein Autor nicht schlecht beraten, wenn er sich gelegentlich einmal ein paar Stunden in die Lektüre von *Amerika, Amerika!* vertieft. In kaum einem Buch sind die Grundsätze der Plotentwicklung besser nachzuvollziehen.

Auch Barnaby Conrad hat in den Plot seines Romans *Matador* seine eigenen Erfahrungen einfließen lassen. Er erzählt die Geschichte von Pacote, einem berühmten Stierkämpfer, der seine besten Jahre hinter sich hat und nun noch ein letztes Mal in die Arena treten will. Pacote fürchtet, dass er sich blamiert, vor dem arroganten Jungtorero, mit dem er den Kampf bestreiten wird, und vor dem Publikum, für das er ein Gott ist. Der Plot ist einfach. Der Leser fleht den Protagonisten an, auf den Kampf zu verzichten und auf der Höhe seines Ruhms ehrenvoll abzutreten, aber Pacote geht in die Arena, der Leser wird Zeuge eines spektakulären Stierkampfs, und am Ende liegen beide, Pacote und der Stier, tot am Boden. Die Geschichte ist einfach und bewegend, sie basiert auf dem Leben von Manolete, einem der größten Stierkämpfer aller Zeiten. Und der Autor hat sie aus seiner eigenen Erfahrung heraus geschrieben. Der in San Francisco geborene Yale-Absolvent Barnaby Conrad bekleidete in Spanien den Posten eines Vizekonsuls der Vereinigten Staaten. Dort entdeckte er seine Liebe zum Stierkampf und trat schließlich unter dem Namen »California Kid« in die Arena. Aus dieser Erfahrung heraus schrieb er seinen eindrucksvollen Roman, der sich durch die Einfachheit seines Plots und seine emotionale Wirkung auf den Leser auszeichnet. Dem Roman *Matador* war 1952 ein überwältigender Erfolg beschieden; er wurde zum Buch des Monats gewählt, in der Literaturbeilage der *New York Times* auf der Titelseite rezensiert, hielt sich fünfzig Wochen lang in den amerikanischen Bestsellerlisten, verkaufte sich drei Millionen Mal und wurde in achtundzwanzig Sprachen übersetzt. In der neuesten Ausgabe (erschienen bei Capra Press) erzählt der Autor einiges über die Entstehung und die Hintergründe des Romans und bietet wertvolle Einblicke für Leser, die selbst schreiben.

Über den Ursprung eines Plots kommt der Autor manchmal zu einer bestimmten Figur oder, genauer gesagt, zu ihren Charaktereigenschaften und Verhaltensweisen. Als Zwölfjähriger hatte ich, wie viele Kinder in diesem Alter, ein Faible für Zauberkunststücke. Ich trat oft bei Schulfesten auf und gab bezahlte Vorstellungen. Schon als Teenager habe ich zwei Bücher über das Zaubern geschrieben, und während meines Militärdienstes tingelte ich als Zauberkünstler in einem Showprogramm namens »Chez Fatigue« durch die Lande, bevor ich nach Europa an die Front geschickt wurde. Dort hatte ich anderes im Kopf als Zauberkunststücke, aber die Welt der Zauberei entließ mich nicht so einfach aus ihrem Bann. Als ich, in die Heimat zurückgekehrt, meinen Austritt aus der New Yorker Gilde der Zauberkünstler erklären wollte, verlieh man mir stattdessen die Ehrenmitgliedschaft auf Lebenszeit, und so bin ich eben bis heute dabei. Als ich anfing, Romane zu schreiben, war es fast selbstverständlich, dass mein erster Protagonist ein junger Zauberkünstler war. So wurde Ed Japhet geboren, die Hauptfigur in *Der junge Zauberer*.

Ed möchte nichts mit der Gang zu tun haben, die ihre Mitschüler mit Erpressungen terrorisiert. Als seinen persönlichen Gegenspieler erfand ich Urek, den Anführer der Gang, die von jedem Schüler mit der Drohung, ansonsten seinen Spind zu verwüsten, fünfundzwanzig Cents pro Woche kassiert. Ed weigert sich, das Erpressungsgeld zu bezahlen. Zusammen mit seiner Gang schlägt Urek Ed und seine Freundin nach einem Schulball zusammen. Urek wird verhaftet und wegen schwerer Körperverletzung angeklagt. Der Anwalt, den ich als Verteidiger für Urek erfand, erwies sich als Glücksgriff, denn er brachte mich darauf, nicht nur den Plot, sondern die ganze ursprüngliche Idee zu ändern. So entstand eine Geschichte über zwei Magier, den Teenager Ed Japhet und den Anwalt George Thomassy, der seine Zauberkünste im Gerichtssaal spielen lässt. Thomassy verteidigt Urek mit Erfolg. Mit der Veränderung des ursprünglichen Konzepts wurde das Buch zu dem, wofür es später bekannt wurde, eine Geschichte über den Unterschied von Recht und Gerechtigkeit, über den Widerspruch, dass ein offensichtlich schuldiger Täter als Unschuldiger den Gerichtssaal verlassen kann. Am Ende der Geschichte tötet Ed Urek in Notwehr. Ein Mensch, der einen anderen in Notwehr tötet, muss sich dennoch vor Gericht verantworten. Und so bittet Ed, der junge Zauber, George Thomassy, den Magier der Gerichtssäle, seine Verteidigung zu übernehmen.

Der junge Zauberer ist eine geradlinige, elementare Geschichte, die ich unmittelbar aus einer Erfahrung meiner eigenen Kindheit geschöpft habe. Es wurde mein erfolgreichster Roman. *Der junge Zauberer* und *Amerika, Amerika!* zeigen beispielhaft, dass es sich lohnt, wenn Sie bei der Entwicklung einer Geschichte in einem frühen Stadium auf eine Erfahrung zurückgreifen, die einen nachhaltigen Eindruck auf Sie gemacht hat. Um dabei aber den Vorteil eines objektiven Blicks zu gewinnen, müssen Sie eine gewisse Distanz zu Ihren eigenen Erfahrungen schaffen. Kazan tat dies, indem er die Geschichte seines Onkels zwar zur Grundlage seines Romans machte, sie aber dann gründlich umformte. In meinem Roman steht am Anfang ein Junge, der Zauberkunststücke liebt, und am Ende ein Anwalt, der im Gerichtssaal wahre Kunststücke vollbringt. Den Lesern gefiel die Figur des Anwalts so gut, dass ich sie in vier weiteren Romanen auftreten ließ.

Die Bücher, die ich bisher in diesem Kapitel genannt habe, leben von ihren Charakteren und haben ein wirklichkeitsnahes Thema. Sehen wir uns nun den Roman eines meiner Schüler an, eine märchenhafte Erzählung mit übersinnlichen Elementen und einer Moral, die ihren Ursprung im starken Interesse des Autors für spirituelle Themen hat. Jerry B. Jenkins hat als Koautor an zahlreichen Sachbüchern namhafter Autoren mitgearbeitet, bevor er seine Liebe zur fiktionalen Literatur entdeckte. Das Thema seines Romans *'Twas the Night Before* passt gut in eine Zeit, in der Engelsglaube und Esoterik Hochkonjunktur haben. Ein großer Verlag zahlte ihm einen sechsstelligen Vorschuss für das Manuskript.

Die Geschichte des Romanes ist elementar. Noella, die an der Northwestern University Journalistik unterrichtet, und Tom, Reporter der *Chicago Tribune*, sind verlobt und wollen heiraten. Als Tom sich weigert, Noella zu glauben, dass ein Medaillon, das sie als Kind geschenkt bekommen hat, vom Christkind persönlich stammt, wendet sie sich enttäuscht von ihm ab. In seiner Verzweiflung über die Trennung reist Tom nach Deutschland, um eine Reportage über die dortige Weihnachtstradition zu schreiben. Ein Kleinflugzeug, in dem er sich mit fünf anderen Personen befindet, stürzt ab. Alle Insassen außer ihm kommen ums Leben. Tom hat schwere Verletzungen erlitten und verliert immer wieder das Bewusstsein. In diesem Dämmerzustand kommt es zu einer mystischen Erfahrung: Elfen bringen ihn zur Werkstatt des Christkinds. Er erwacht in einem Schweizer Krankenhaus, kann sich aber nicht erinnern, wie er dorthin gelangt ist. Der Unfall führt die beiden Liebenden wieder zusammen, doch Tom, der nun an das Christkind glaubt und auch ein Medaillon besitzt, das dessen Existenz beweist, muss feststellen, dass Noella ihren Glauben verloren hat. Am Ende findet Noella ihren Glauben wieder, und die beiden heiraten.

Der Plot ist ein Märchen für Erwachsene, in dem sich der Glaube an das Unbeweisbare spiegelt. Das genau ist der Grund, warum ich das Buch an dieser Stelle erwähne. Jenkins ist ein gläubiger Christ, und sein Märchen basiert auf seinem persönlichen Glauben an das Unbeweisbare. Sein Roman *'Twas the Night Before*, der den Untertitel »Eine Liebesgeschichte« trägt, wurde von einem Kritiker mit O. Henrys *Das Geschenk der Weisen* und Charles Dickens' *Eine Weihnachtsgeschichte* verglichen.

Wenden wir uns nun einem Autor zu, dessen viel gekaufte Romane vor allem vom Plot leben. Die moralische Botschaft, die er darin verkündet, ist der siegreiche Kampf der Guten gegen die Bösen, das altbewährte Muster, nach dem unzählige Filme und Bücher gestrickt sind. Jack Higgins veröffentlicht, seit ich ihn kenne, jährlich ein Buch. Er schreibt Thriller, von denen *Der Flug der Adler* der wohl bekannteste ist. Sein Werdegang ist eine Objektstudie für angehende Thrillerautoren. Er hatte schon vierundzwanzig Bücher veröffentlicht, als er mit dem Roman *Der Flug der Adler* endlich den großen Durchbruch schaffte. Ich habe sieben seiner späteren Romane als Lektor und Verleger betreut, und wir haben sehr eng zusammengearbeitet, obwohl er in Europa auf der Kanalinsel Jersey lebt. Higgins hasst Hotels. Darum wohnte er immer bei mir, wenn wir an einem Projekt arbeiteten oder eine Lesereise für ein neues Buch vorbereiteten. In unserer Nachbarstadt Ossining befindet sich bekanntlich das Zuchthaus Sing Sing. Der damalige Direktor war ein großer Bewunderer von Higgins und hatte alle seine Bücher gelesen. So war es nicht schwer, die Genehmigung für einen Besichtigungsgang durch das Gefängnis zu bekommen. Es war alles andere als ein Sonntagsausflug. In Sing Sing sitzt man nicht wegen eines Verkehrsdelikts.

Als erstes wurden wir durch einen Flügel geführt, in dem sich die Häftlinge relativ frei bewegen, ein Schwätzchen miteinander halten oder im Gemeinschaftsraum zusammen fernsehen konnten. Keine Gitterstäbe, keine Zellen, eher eine Art Wohnheim, in dem man nicht nach Belieben kommen und gehen konnte. Hier waren die Häftlinge untergebracht, die bald auf Bewährung entlassen werden sollten oder ihre Haftstrafe fast verbüßt hatten, damit sie einen Vorgeschmack auf die bevorstehende Freiheit bekamen und sich auf das Leben draußen vorbereiten konnten. Aus dieser Jugendherbergsatmosphäre heraus wurden wir ohne Umweg in den Hochsicherheitstrakt geführt. Zu unserer Überraschung liefen die Gefangenen dort außerhalb ihrer Zellen herum. Plötzlich hörten wir hinter uns ein metallisches Scheppern. Man hatte uns mit den Gefangenen eingeschlossen!

Wir mussten davon ausgehen, dass unsere Begleiter sich einen kleinen Scherz mit uns erlauben wollten. Die Gefangenen starrten uns finster an. Sie hatten keine Ahnung, wer wir waren. Einige sagten Dinge, die ich hier nicht wiederholen möchte. Plötzlich bemerkten wir einen Häftling, einen Schrank von einem Mann, der die Treppe herunter gestampft kam und etwas in der Hand hatte, das aussah wie eine mit Wasser gefüllte Milchflasche. Higgins erstarrte. Er glaubte nichts anderes, als dass der Kerl vorhatte, die Flasche zu zerschmettern und ihn mit einer Scherbe zu bedrohen und als Geisel zu nehmen.

Nach ein paar Schrecksekunden hörten wir, wie hinter uns die Metalltür wieder geöffnet wurde. Dann kamen ein paar Wärter auf uns zu und brachten uns in Sicherheit. Higgins war natürlich millionenschwer (seine Einnahmen beliefen sich auf etwa zwei Millionen Dollar für jedes der Bücher, die ich verlegt habe), aber die Häftlinge wussten weder, wer er war, noch dass er reich war. Die Geiselnahme war das, was dem Thrillerautor spontan in den Sinn kam, als er sich, umringt von Schwerverbrechern, durch die Waffe bedroht sah, als die er eine harmlose Milchflasche empfand. Die reale oder eingebildete Gefahrensituation dauerte nur wenige Sekunden, dann wurden wir daraus erlöst. Doch man kann sich ohne weiteres vorstellen, dass Higgins aus diesem Erlebnis eine Geschichte machen könnte: der berühmte Besucher, der von einem Gefängnisinsassen mit einer Glasscherbe bedroht und als Geisel genommen wird.

Ich erzähle diese wahre Begebenheit als Beispiel für das »Was wenn«, das ein so wichtiger Faktor ist, wenn wir einen Plot entwickeln. So spinnt der Autor in seiner Fantasie die Dinge weiter, die ihm im täglichen Leben passieren. Natürlich hat er dabei eine Menge Spielraum. Er könnte, statt einen imaginären Rundgang durch einen Gefängnistrakt voller Schwerverbrecher zu unternehmen, einen bestimmten Häftling ins Visier nehmen, den Obermacker, den Spitzel, den gebildeten Buchhalter, der hier mit den Typen zusammen einsitzt, mit denen er nie etwas zu tun haben wollte, den unschuldig Verurteilten, der einen miesen Anwalt hatte. Der Häftling, dem wir unsere Aufmerksamkeit schenken, könnte sogar unser Protagonist werden. Jeder Autor würde aus dem Erlebnis, das Higgins hatte, eine andere Geschichte machen. Sie können jetzt natürlich sagen: »Moment mal. Ich habe keine Gelegenheit, Orte wie Sing Sing zu besuchen, um mich inspirieren zu lassen.« Darauf würde ich Sie fragen, ob Sie ein Auto haben. Machen wir doch zusammen eine kleine Spazierfahrt über eine zweispurige Landstraße. Ein schwerer Mitsubishi-Laster kommt uns entgegen. Auf der rechten Straßenseite ist keine Leitplanke, nur ein steiler Abhang. Was wäre, wenn der Laster plötzlich auf unsere Spur ausscherte? Wir lassen unsere Fantasie spielen. In den alltäglichsten Ereignissen kann ein Plot stecken, wenn wir nur unserer Fantasie freien Lauf lassen.

Wir gehen mit einem Kleinkind zu einem vereinbarten Impftermin. Sie halten das Kind in den Armen, als die Schwester kommt. Die Schwester zieht die Schutzkappe von der Nadel. Sie bemerken, dass ein roter Tropfen aus der Nadel perlt. Roter Impfstoff? Es muss Blut sein. Ist es verseuchtes Blut? Der wohlwollend freundliche Gesichtsausdruck der Krankenschwester hat sich in grimmige Entschlossenheit verwandelt. »Bitte nicht«, sagen Sie und drücken Ihr Kind schützend an sich.

Es gibt keine Situation, so alltäglich sie auch sei, die man mit ein bisschen Fantasie nicht in einen Albtraum verwandeln könnte. Nehmen wir an, Ihre Protagonistin liegt im Krankenhaus, und ihre beiden Beine sind eingegipst. Ein Krankenpfleger, den sie noch nie gesehen hat, betritt den Raum. Ohne zu zögern beginnt der attraktive junge Mann sich seines weißen Kittels zu entledigen. Dann macht er Anstalten, seine Jeans auszuziehen. Die Frau im Bett sagt: »He, was machen Sie denn da?«

Ein Dutzend Schriftsteller, die sich diese Situationen vorstellen, würden ein Dutzend verschiedene Geschichten daraus machen. Eine Krankenschwester, die einem Kind eine möglicherweise verhängnisvolle Spritze geben will, ein Pfleger, der mit einer hilflosen, weil eingegipsten Patientin offensichtlich nichts Gutes im Schild führt – beide Situationen weisen Merkmale des Melodrams auf. Sie sind übertrieben dargestellt, was die Glaubwürdigkeit der weiteren Ereignisse in Frage stellt. (In Kapitel 9 werden wir ausführlicher auf die Frage der Melodramatik und die damit verbundenen Probleme eingehen.) Kann Ihre Fantasie Ihnen dabei helfen, realistischere Plots zu entwickeln, indem Sie sich auf Dinge beziehen, die einem Ihrer Bekannten passiert sind, oder von denen Sie fürchten, dass sie Ihnen selbst passieren könnten?

Man kann jede Begebenheit auf verschiedene Art weiterdenken. Nehmen wir an, die Krankenschwester hat eine ganz gewöhnliche Spritze, keine Spur von Blut an der Nadel. Sie schaut sich das Baby auf Ihrem Arm an und macht plötzlich ein besorgtes Gesicht. Sie setzt die Kappe wieder auf die Nadel und sagt: »Einen Moment, ich hole den Arzt.« Wir wissen nicht, was sie irritiert hat, nur, dass mit dem Baby irgendetwas nicht stimmt. Das schafft Spannung für eine andere Art von Geschichte. Was ich damit sagen möchte, ist, dass fast jede alltägliche Situation, sei es eine Autofahrt oder der Besuch beim Arzt, sich von einer lebendigen Fantasie so manipulieren lässt, dass sie für den Leser spannend wird. Faulkner hat einmal gesagt: »Bei mir beginnt eine Geschichte meist mit einer Idee, einer Erinnerung oder einem Bild, das mir im Geist vorschwebt. Wenn ich dann schreibe, arbeite ich einfach auf diesen Moment hin, erkläre, wie es dazu gekommen ist oder durch welche Ereignisse er herbeigeführt wurde.«

Vor Jahren hat einmal jemand darauf hingewiesen, dass es in allen meinen Büchern um Themen geht, die später zum Gegenstand öffentlicher Diskussionen wurden. In meinem ersten Roman geht es um das Thema Scheidung. Schon das Wort war zur damaligen Zeit für viele ein rotes Tuch und durfte in manchen Radio- und Fernsehsendungen nicht einmal ausgesprochen werden. Mein zweiter Roman handelt von Gewalt und kriminellem Bandenwesen an den Schulen im Land und von einem Teenager, der gegen die Ungerechtigkeiten des Rechtssystems aufbegehrt. Im dritten ist die Protagonistin eine junge Frau, die sich in der von Männern dominierten Welt der Werbung durchsetzt. Ich bin kein Hellseher, und meine Bücher sind bestimmt nicht die Auslöser für das öffentliche Interesse, das ihren Themen gilt. Ich nehme vielmehr an, dass die Probleme, die mir interessant erscheinen, auch die Gedanken anderer Leute beschäftigen und einfach reif sind, öffentlich diskutiert zu werden, nur dass ich als Autor meine Gedanken zu Geschichten mache, die gedruckt werden. Ein Schriftsteller schreibt, was andere nur denken. Und uns ist es hier darum gegangen, aus den Beobachtungen eines Augenblicks Figuren mit Charakter zu machen, unsere frei-schwebenden Gedanken zu kanalisieren und in den Anfang einer Geschichte einfließen zu lassen.

Ein Plotelement, mit dem sich ein hohes Maß an Spannung erzeugen lässt, empfinde ich als so wichtig, dass ich ihm in meinem Buch *Über das Schreiben* ein eigenes Kapitel gewidmet habe. Gemeint ist der Schmelztiegel, Situationen also, in denen die Personen an einem Ort oder in Umständen gefangen sind, aus denen es kein Entrinnen gibt. Das kann ein Rettungsboot, ein Gefängnis, die Armee, die Familie sein. In dem Roman sind der Held und dessen Gegenspieler, zwei sechzehnjährige Jungen, im Schmelztiegel ihrer Highschool gefangen. Keiner von beiden kann einfach gehen. Ich habe diese Technik auch in anderen Büchern verwendet und kann sie Ihnen nur wärmstens ans Herz legen.

Vor Jahren hat Kurt Vonnegut, in einem Interview nach seinen Plots befragt, wie aus der Pistole geschossen die folgenden heruntergerasselt: Jemand gerät in Schwierigkeiten und kann sie meistern; jemand verliert etwas und holt es sich wieder; jemandem wird unrecht getan, und er rächt sich; Aschenputtel; jemand ist vom Pech verfolgt, und es geht unaufhaltsam abwärts mit ihm; zwei Menschen verlieben sich, und andere stehen ihrem Glück im Weg; ein tugendhafter Mensch wird fälsch-licherweise eines Unrechts bezichtigt; ein schlechter Mensch wird für tugendhaft gehalten; jemand stellt sich mutig einer

Herausforderung und meistert sie oder scheitert; jemand lügt, stiehlt, mordet, führt ein lasterhaftes Leben.

Auf den Einwand des Interviewers, dies seien nur die alt-bekannten und altmodischen Plots, hatte Vonnegut eine schnelle Antwort parat: »Ich garantiere Ihnen, dass kein modernes Erzählkonzept, selbst wenn es auf dem Fehlen einer Handlung beruht, den Leser wirklich befriedigt, wenn nicht an irgendeiner Stelle einer dieser altmodischen Plots hineingeschmuggelt wird. Ich betrachte den Plot nicht als ein Spiegelbild des Lebens, sondern als eine Möglichkeit, den Leser zum Weiterlesen zu bewegen.«

Vonneguts Aufzählung ist nicht vollständig, aber sie bringt die Sache auf den Punkt. Andere haben Listen »sämtlicher« verfügbaren Plots aufgestellt. Gesellschaftliche Veränderungen und technologischer Fortschritt bringen immer wieder neue Plotideen hervor. Geben Sie hundert Autoren denselben »altmodischen« Plot, und Sie werden hundert verschiedene Geschichten bekommen. Solange jeder Mensch ein Individuum mit seiner ureigenen Fantasie ist, brauchen wir uns keine Sorgen zu machen, wenn ein Plot, den wir uns vorstellen, in seinen Grundzügen irgendwo schon einmal verwendet worden ist.

Fassen wir die drei wichtigsten in diesem Kapitel beschriebenen Punkte noch einmal zusammen:

▶ Versuchen Sie die Idee oder das Konzept Ihrer Geschichte möglichst kurz zusammenzufassen. Lassen Sie alles weg, was über deren Kernaussage hinausgeht. Die Aussage selbst des komplexesten Werks der Weltliteratur lässt sich auf wenige Sätze komprimieren.

▶ Der Plot besteht aus den Szenen, die die Handlung vorantreiben. Die an früherer Stelle schon erwähnte Szenenbeschreibung hilft Ihnen bei der Entwicklung des Plots.

▶ Achten Sie darauf, dass die Szenen, aus denen sich Ihr Plot zusammensetzt, dem Fortgang der eigentlichen Geschichte dienen. Sie brauchen deshalb nicht auf interessante Subplots und Abschweifungen zu verzichten, nur darf der Leser dabei den Anschluss an den Fortgang der Geschichte nicht verlieren.

Im letzten Kapitel dieses Buches erfahren Sie, wo Sie weitere Ratschläge und Hilfen rund um die Plotgestaltung finden.

7
Dialog ist nicht unsere Muttersprache

Dialoge kommen in nichtfiktionalen Texten selten vor, und die Autoren haben wenig Erfahrung damit, wie man sie schreibt. Und auch für den Neuling unter den Romanschriftstellern ist der Dialog wie eine Fremdsprache, die er nicht von Kindesbeinen an gesprochen hat und die er sich darum erst noch aneignen muss. Die Sprache des Dialogs gibt ihm ein Werkzeug an die Hand, mit dem er unbekannte Menschen dazu bringen kann, zu weinen, zu lachen und ihm unbesehen jede Lüge zu glauben. Sie ist knapp und prägnant, kann aber wichtige Inhalte transportieren. Im Theater kann der Dialog ein Publikum, das sich das Privileg, ihn hören zu dürfen, an der Abendkasse käuflich erworben hat, zu Begeisterungsstürmen hinreißen. Im besten Fall, wie in Shakespeares schönsten Stücken beispielsweise, vermittelt uns der Dialog auf beeindruckende Weise einen Einblick in das menschliche Verhalten.

Wie sehr sich der literarische Dialog von unserer Alltagssprache unterscheidet, zeigt sich, wenn man einmal in der Mitschrift einer Gerichtsverhandlung blättert. Solche Protokolle sind sterbenslangweilig und eine Strafe für die armen Menschen, die sie aufgrund ihres Berufs lesen müssen. Kein Mensch würde freiwillig auf die Idee kommen, eine solche Mitschrift Wort für Wort, vielleicht dreihundert Seiten, durchzulesen, und die meisten wären dazu nicht einmal in der Lage, wenn man ihnen Geld dafür bezahlen würde. Ähnlich langweilig wäre es, wenn wir eine Unterhaltung genau so, wie sie im Alltag stattfindet, niederschreiben würden, denn wenn wir im wirklichen Leben miteinander reden, sprudeln wir meist unreflektiert alles heraus, was uns an Fakten, Lügen, Gerüchten und Mutmaßungen gerade in den Sinn kommt.

Die Alltagssprache ist wie ein erster Entwurf. Wir stottern, verhaspeln uns, hüsteln und schweifen ab – was völlig in Ordnung ist, da der Zuhörer instinktiv die wichtigen Details aus dem ganzen Gestammel herausfiltert. Wenn wir aber als Schriftsteller unseren Figuren Worte in den Mund lege, dürfen sie auf keinen Fall so klingen, als hätten wir ein beliebiges Geplauder auf Band aufgenommen. Der Dialog muss etwas bewirken. Er muss unser Interesse auf einen bestimmten Punkt lenken, uns neugierig machen, eine Spannung in uns erzeugen oder uns zum Lachen bringen. Im besten Fall ist er so lebendig, dass er wie ein Funke auf uns überspringt und auf uns wirkt wie ein Adrenalinstoß. Es macht uns Spaß, Dialoge zu lesen. Ich habe noch nie erlebt, dass jemand Spaß daran hat, das Transkript einer auf Band aufgenommenen Unterhaltung zu lesen. Wenn Sie durch ein belebtes Einkaufszentrum schlendern, werden die Gesprächsfetzen, die Sie im Vorbeigehen aufschnappen, meist blödsinniges Geschwafel sein. Kein Mensch kauft sich ein Buch, um blödsinniges Geschwafel zu lesen. Das bekommen wir überall gratis.

Wenn wir lesen, wollen wir etwas Besonderes, Dialoge, die uns mitreißen. In einer realen Unterhaltung folgt auf eine Frage im Allgemeinen eine Antwort. Im literarischen Dialog wird die Antwort dagegen oft verzögert, weil das Spannung erzeugt. Wenn wir einem Gesprächspartner sagen, dass er es versteht, die Dinge auf den Punkt zu bringen, ist das ein Kompliment. Der Dialog ist im Gegensatz dazu hintergründig. Er bewegt sich oft absichtlich wie die Katze um den heißen Brei. Und damit sind wir bei einem wichtigen Grundsatz des Dialogs: Er darf nicht zu direkt sein. Ungereimtheiten, Äußerungen, die sich nicht auf das zuvor Gesagte beziehen, sind lästig in einem Gespräch, aber eine Bereicherung für den Dialog. Der Dialog wirft die Logik zum Fenster hinaus und die Grammatik gleich hinterher. Er bedient sich einer eigenen Sprache mit einer eigenen

Grammatik. Zum Glück ist diese Sprache, wie jede andere Fremdsprache auch, erlernbar.

Ich hatte das Glück, als Bühnenautor mit dem Schreiben anzufangen, und das, was man als solcher seinem Publikum vorsetzen kann, besteht ausschließlich aus Dialog. Und der sollte besser gut sein! Wenn ich an einem Roman arbeite, juckt es mir in den Fingern, ständig Dialoge zu erfinden. Sobald eine Figur den Mund aufmacht, sieht der Leser sie vor sich. Und jeder Leser, das wissen wir, möchte lieber sehen, was passiert, als es sich erzählen zu lassen. Im Übrigen, und auch das ist ein nicht zu unterschätzender Aspekt, geben Buchseiten, die nur Dialoge mit ihren oft knappen Sätzen enthalten, dem Leser das Gefühl, dass es mit der Geschichte rasant vorangeht, weil er viel schneller mit einer solchen Seite fertig ist.

Das in der Alltagsrede am häufigsten verwendete »Wort« ist – Sie werden es nicht glauben – »Äh«. Man sagt es, um einen Satz einzuleiten, aus Gewohnheit oder Verlegenheit, um Zeit zu gewinnen und darüber nachzudenken, was man als nächstes sagen soll. Für den Schriftsteller sind diese »Ähs« völlig unbrauchbar. Der Dialog ist eine Sprache, in der jedes Wort Gewicht hat. Und dieses Gewicht muss der Schreibende einsetzen, um seine Geschichte voranzubringen.

Ein Dialogabsatz sollte relativ kurz sein, möglichst nicht länger als drei Sätze. Wenn das vom Inhalt des Gesagten her nicht möglich ist, dann lockern sie den Dialogblock durch eine Zwischenbemerkung, ein kurzes Handlungselement oder einen Gedanken auf. Natürlich gibt es auch hier Ausnahmen. In dem ersten Theaterstück, das ich geschrieben habe, hält beispielsweise Napoleon eine lange Rede an Soldaten der feindlichen Armee, die er überreden will, zu ihm überzulaufen. Ähnlich kann das Plädoyer eines Verteidigers vor Gericht länger ausfallen, weil sich aus der Kumulation der Worte erst die gewünschte Wirkung ergibt.

Der Leser will einen Dialog nicht studieren, sondern er will ihn zwanglos erleben. Ich habe in manchen Manuskripten Dialoge gelesen, die verschlungen, kompliziert und so schwer verdaulich waren, dass man sie beim schnellen Überfliegen nicht verstehen konnte. Wenn sich ein Leser aber lange bei einem Dialogsatz aufhalten muss, um ihn zu begreifen, stört das nicht nur den Lesefluss, sondern beeinträchtigt auch sein Vergnügen. Wir nehmen beim Lesen Gedanken nacheinander auf, weshalb der dynamische Dialog, in dem ein Satz nach dem anderen in den Raum geworfen wird und jeder zur Gesamtwirkung beiträgt, so effektiv ist. Leslie Fiedler, einer der bedeutendsten Literaturkritiker unserer Zeit, dessen zahlreiche Bücher ich redigiert habe, schreibt in einem kunstvoll verschachtelten Stil, das heißt, er bindet einen Gedanken in einen anderen ein. Diese Technik eignet sich nicht für den Dialog, weil sie den Leser zwingt, den Text, der sich ihm nicht mühelos erschließt, zu dechiffrieren. Ein Dialog dagegen, der mit knappen, schwungvollen und prägnanten Sätzen auf den Punkt kommt, verbindet die Charaktere eines Romans miteinander und erzeugt auch beim Leser das Gefühl, ihnen näher zu sein.

Im richtigen Leben reden wir ständig in Floskeln. »Wie geht es Ihnen?« »Danke, gut.« »Und was macht die Familie?« Solche Sätze sind in einem fiktiven Dialog langweilig, denn dieser lebt von Überraschungen und Andeutungen. Sehen Sie selbst:

> Sie: Hallo! Wie geht es dir?
> Er: Ich bin auf dem Weg ins Gefängnis.
> Sie: Du liebe Zeit, was willst du denn tun?
> Er: Es ist bereits getan.

Dieser Wortwechsel wirft viele Fragen auf und beantwortet wenige, was gut ist. Im Dialog sollen vor allem die Charaktere klare Konturen bekommen, und die Handlung soll vorangebracht werden. Der oben zitierte Dialog ist offensichtlich geeignet, eine Geschichte in Gang zu bringen.

Sehen wir uns ein paar Beispieldialoge an, die etwas über die beteiligten Personen aussagen.

> Sie: Wie ich sehe, fühlst du dich besser.
> Er: Seit wann kannst du sehen, was ich fühle?

Sie: Ich dachte, wir könnten uns friedlich unterhalten.
Er: Das war gestern.

Beide geben nur zwei Sätze von sich, und doch können wir mit Sicherheit sagen, dass die Frau beherrscht und an einer harmonischen Beziehung interessiert ist, während der Mann gereizt, wenig zugänglich und aufbrausend ist.

Ein Dialog sollte Konfrontationen oder Kontroversen enthalten oder auch beides zugleich. Sprechen ist Handlung. Und wenn gesprochene Worte hart und streitlustig sind, können sie aufregender sein als eine physische Handlung. In dieser Aufregung kann es passieren, dass der Autor einen gravierenden Fehler begeht: Er ergreift Partei für eine der beteiligten Figuren.

Soll der Autor Partei ergreifen?

Das soll er in der Tat. Er soll für alle Seiten Partei ergreifen und jedem den gebührenden Respekt zollen. Ich gebe Ihnen dazu einen Rat. Wenn Sie merken, dass Sie sich in einem Streitgespräch zu sehr auf die Seite einer der Personen schlagen, so versuchen Sie alles Menschenmögliche, um die andere gewinnen zu lassen. Es wird Ihnen nicht gelingen. Aber machen Sie wenigstens den Versuch, Ihre Voreingenommenheit zu überwinden, denn das macht Ihre Dialoge viel interessanter.

Der Charakter eines Menschen zeigt sich am deutlichsten, wenn er unter Stress steht. In Stresssituationen kommen uns oft Dinge über die Lippen, die wir ansonsten nie gesagt hätten. Das kann defensiv klingen wie im folgenden Beispiel:

> Ich bin nicht nervös, ich kann es nur nicht leiden, auf der Geschworenenbank sitzen zu müssen. Ich betrete das Gerichtsgebäude und fühle mich, als wäre ich der Angeklagte. Dabei bin ich in meinem Leben noch nicht einmal auch nur über eine gelbe Ampel gefahren.

Auch in der Wut offenbaren wir unseren Charakter:

> Ich hocke jetzt schon zwei geschlagene Stunden mit meiner Frau in diesem überfüllten Wartezimmer. Nicht einer wurde reingerufen. Was macht der Doktor da drin? Wie viele Leute müssen im Wartezimmer sitzen, damit das Ego eines Arztes

befriedigt ist? Wir hätten unseren Sohn eigentlich vor einer Viertelstunde von der Schule abholen müssen. Ich kann ihn doch nicht vor der Schule auf der Straße stehen lassen. Jetzt muss ich gehen, und meine Frau ist ganz allein, wenn sie die Testergebnisse erfährt. Warum, zum Teufel, können sich diese Götter in Weiß nicht an Termine halten wie andere Leute auch?

Der Dialog soll beim Leser eine emotionale Reaktion bewirken. Der Autor muss sich, um diese Wirkung zu erzielen, bewusst von Gewohnheiten lösen, die er sich vielleicht beim Schreiben von Sachtexten angeeignet hat. Ein nichtfiktionaler Text muss kohärent und logisch sein, während dieselben Qualitäten einen Dialog im Roman gekünstelt klingen lassen. Hier müssen die Worte vielmehr spontan kommen, sie müssen den Sprechenden förmlich aus dem Mund purzeln.

Im richtigen Leben schreien wir nicht herum, wenn es sich vermeiden lässt, denn es ist ein Zeichen dafür, dass wir die Beherrschung verloren haben. Wir mögen es nicht, wenn andere uns anschreien. Es verursacht uns Unbehagen, und wir möchten am liebsten das Weite suchen. Der Leser dagegen liebt Wutausbrüche, wenn sich die Wut in der wörtlichen Rede vermittelt, nicht durch die Worte des Autors, der uns erklärt, dass diese oder jene Person eine andere anschreit.

Wenn zwei Streithähne aufeinanderprallen, kann das dramatisch sein, aber noch spannender wird es vielleicht, wenn einer die Wut des anderen mit allen Mitteln zu beschwichtigen versucht und damit keinen Erfolg hat.

Sehen wir uns den folgenden Dialog zwischen einem Angestellten und seinem Chef an:

»Klopfen Sie nie an, bevor Sie eintreten?«
»Es tut mir leid, ich ...«
»Vergessen Sie's. Ich kenne all Ihre Entschuldigungen, Sie haben Ihre letzte Chance vertan, das war's.«
»Es war nicht meine Schuld. Judy kann Ihnen sagen ...«
»Lassen Sie Judy, George, Carey oder wen auch immer aus dem Spiel, es war einzig und allein Ihre Schuld, Schluss, aus, ich habe die Nase voll, packen Sie Ihre Sachen und verschwinden Sie.«

Ich habe diesen Wortwechsel gewählt, weil man, ohne den Kontext zu kennen, keine Ahnung hat, wer was getan hat, aber trotzdem vermittelt sich der Zorn des Vorgesetzten sehr anschaulich nicht nur durch den Inhalt seiner Worte, sondern auch durch die unzusammenhängende Art, in der er redet. Was sich hier zeigt, ist die Intensität seiner Gefühle, und diese Gefühlsintensität überträgt sich in diesem Dialog auf den Leser.

Sehen Sie sich den folgenden Textauszug an und überlegen Sie, was er uns über den Schüler sagt:

> Lehrer: Erzähl mir etwas über dich.
> Schüler: Ich bin nur ein Junge.
> Lehrer: Alle Jungen hier sind Jungen. Was ist an dir anders?
> Schüler: Nichts, ich habe eine Mutter und eine Schwester und mache jeden Tag meine Hausaufgaben.
> Lehrer: Du hast deinen Vater ausgelassen.
> Schüler: Es ist nicht meine Schuld. Er hat sich selbst ausgelassen.
> Lehrer: Hast du vergessen, ihn zu erwähnen?
> Schüler: Er ist abgehauen. Er ruft nicht mal an.
> Lehrer: Weißt du, wo er ist? Kannst du mit ihm Kontakt aufnehmen?
> Schüler: Er ist nirgends. Er könnte tot sein, und ich würde es nicht wissen!

Der Junge versucht das, was ihn von den anderen Schülern unterscheidet, geheim zu halten. Gezwungen, sein Geheimnis preiszugeben, macht ihn das dem Leser sofort sympathisch. Eine Person, die etwas verschweigt, verrät viel.

Zusammenfassend ist zu sagen, dass ein Mensch in einer emotionalen Stresssituation viel von sich preisgibt, indem er Dinge ausplappert oder im Ärger sagt, die er normalerweise für sich behalten würde, indem er zu wenig oder zu viel verrät.

Bevor Sie anfangen, einen Dialog zu schreiben, muss Ihnen klar sein, was er bewirken soll. Wie bauen Sie ihn auf, damit sich ein Konflikt darin abzeichnet? Spitzt sich in dem Dialog ein Konflikt, der schon vorher zwischen den Beteiligten geschwelt hat, zu oder verstärken sich zumindest die Spannungen zwischen ihnen? Überprüfen Sie, wenn der Dialog fertig geschrieben ist oder wenn Sie die Szene überarbeiten, zu der er gehört, ob das, was die Figuren sagen, auch mit ihrem jeweiligen Hintergrund vereinbar ist. Streichen Sie Überflüssiges raus. Nehmen Sie den Pomp aus Sätzen, die allzu gestelzt klingen. Ersetzen Sie förmliche Redewendungen durch umgangssprachliche Formulierungen. Und, das wahrscheinlich Wichtigste von allem, sehen Sie sich genau an, was zwischen den Zeilen zu lesen ist, denn beim Dialog zählt nicht nur das, was gesagt wird, sondern auch und vor allem das, was gemeint ist.

Ich finde es sehr hilfreich, zur Veranschaulichung bestimmter Aspekte und Techniken des Dialogs einen Vergleich zum Baseball heranzuziehen.

Die Grundregeln des Spiels sind einfach. Der Pitcher (Werfer der verteidigenden Mannschaft) wirft den Ball durch die Strike Zone (das Schlagmal) des Batters (Schlagmann der angreifenden Mannschaft) zum Catcher (Fänger der verteidigenden Mannschaft). Er versucht mit den drei Wurfchancen, die er hat, den Batter aus dem Spiel zu bringen, indem er den Ball gezielt so wirft, dass der Batter ihn entweder verfehlt, ihn so hoch schlägt, dass ein Feldspieler ihn aus der Luft fangen kann, oder einen Aufsetzer produziert, der schnell gestoppt und zur ersten Base geworfen werden kann, bevor der Batter dort eintrifft.

Um dieses Ziel zu erreichen, stehen dem Pitcher verschiedene Wurftechniken zur Verfügung, für die es jeweils eine Entsprechung im Dialog gibt. Ein guter Pitcher hält Überraschungen für den Batter bereit. Ein guter Dialog hält Überraschungen für den Leser bereit.

Stellen wir uns ein Baseballspiel vor, in dem es keinen Batter, also keinen direkten Gegner für den Pitcher gibt. Die Zuschauer würden sterben vor Langeweile, wenn sie sich ansehen müssten, wie der Pitcher seine kunstvollen Würfe vollführt und der Fänger den Ball lustlos zu ihm zurückwirft.

Stellen wir uns nun ein anderes Szenario vor. Dem Catcher

gefällt der erste Wurf seines Teamkameraden nicht. Er schleudert den Ball genauso hart zurück, wie er bei ihm angekommen ist. Der Pitcher ist überrascht. Er beschließt, den zweiten Ball noch härter zu werfen als den ersten, so hart, dass ihn der Catcher fast nicht halten kann. Was macht der Pitcher da? Hat er vergessen, dass er in derselben Mannschaft spielt wie der Catcher? Dieser wirft jetzt den Ball so hart zurück, dass dem Pitcher, der keinen Handschuh trägt, die Hand weh tut, als er ihn fängt. Wütend schleudert er den Ball Richtung Catcher, der ihn verfehlt und die Balance verliert. Was geht hier vor?

Was wir erleben, sind zwei Spieler desselben Teams, die plötzlich zu Gegnern geworden sind, und jetzt wird es für den Zuschauer interessant. Genauso spannend wie dieser Ballwechsel ist die dynamische Entwicklung eines Wortwechsels im Dialog. Beim Baseballspiel versucht der Pitcher, den Batter mit einem Ball zu überraschen, der sich anders verhält, als dieser es erwartet hat. Übertragen wir dieses Bild nun auf den Dialog, um zu sehen, in welcher Weise wir uns solcher Überraschungsmomente bedienen können, durch die sich eine Unterhaltung im Roman von einem Alltagsgespräch unterscheidet. Der Vergleich soll uns helfen, uns die »Fremdsprache« des Dialogs leichter zu erschließen.

Ein *Curveball* ist ein Ball, dessen Flugbahn deutlich von der Geraden abweicht, ein angeschnittener Ball also, der entweder erst im allerletzten Moment in die Schlagzone eintritt oder mit einer Drehung aus der Schlagzone herausfliegt, sodass ihn der Batter verfehlt. Der folgende Dialogsatz, einem solchen Curveball vergleichbar, stammt von Elmore Leonard, dessen Romane fast unbesehen zu Drehbüchern verarbeitet und verfilmt werden:

> »Komm, wir holen uns einen Drink und unterhalten uns ein paar Tage.«

Der Satz beginnt mit einer gewöhnlichen Einladung (»Komm, wir holen uns einen Drink«) und endet mit einer Anmache. Dem Leser gefällt die Überraschung. Wenn ich Ihnen das Prin-

zip eines gelungenen Dialogs am Beispiel eines einzigen zeitgenössischen Autors erklären müsste, würde meine Wahl auf die
Romane von Elmore Leonard fallen. Seine Figuren sind kauzige
Typen der Sorte hartgesottener Macho, Stereotypen ohne Tiefe,
die man als Leser nicht in liebevoller Erinnerung behält. Die
Geschichten, die Leonard erfindet, wirken konstruiert, was
selbst denjenigen seiner Fans nicht entgeht, die es kaum erwarten können, bis sein nächster Bestseller auf den Markt kommt.
Ich bin überzeugt, dass Elmore Leonards Erfolg vor allem auf
dem Unterhaltungswert seiner Dialoge beruht. Es verwundert
nicht, dass ihm die Filmrechte zu seinen Büchern buchstäblich
aus den Händen gerissen werden, denn was bei der Übertragung vom Papier auf die Leinwand überlebt, sind die Dialoge.
Und es gibt kaum einen Autor, der in seinen Romanen ausgiebi-
ger Gebrauch von der Dialogform macht als Leonard.

Führen wir nun unseren Vergleich mit dem Baseballspiel fort.
Ein *Fastball* ist der Ball mit der höchsten Geschwindigkeit (bis
zu einhundertsiebzig Stundenkilometer) und meist gerader
Flugbahn. Das Folgende wäre eine Entsprechung im Dialog:

>»Du hättest Ziggie sehen sollen, stürmt rein, stopft ein paar
>Sachen in einen Koffer, zischt aus der Tür, rein in den Wagen
>und weg ist er.«

Ein *Sinker* ist ein Wurf, der dem Batter genau vor den Schläger
zu fliegen scheint, dann aber im letzten Moment nach unten ab-
fällt, sodass der Schlagmann ihn verfehlt. Der folgende »Sinker«
stammt von Ross Macdonald:

>Thalassa, das Meer, das homerische Meer. Wir könnten ein
>zweites Athen erbauen. Ich habe mir immer vorgestellt, San
>Francisco wäre der richtige Ort, um der Menschheit eine neue
>Stadt auf den erhabenen Hügeln zu errichten. Eine Stadt der
>Vergebung. Naja, was soll's.

Der Sinker ist besonders geeignet für einen komischen Dialog:

>»Lässt du mich endlich los, oder muss ich erst schreien, damit
>die Nachbarn dich im Unterhemd sehen?«

Ein *Knuckleball* ist ein Ball, der ohne Rotation geschlagen wird und dessen Flugbahn völlig unberechenbar ist. Weder der Pitcher selbst, noch der Batter oder der Catcher können voraussehen, wohin er fliegt. Ein Dialog, der diesem Ball entspricht, könnte so aussehen:

> Mann: Das ist mein Schlüssel.
> Freund: Findest du dein Auto?
> Mann: Es steht auf dem verfluchten Parkplatz. Da hab ich es abgestellt. Es muss doch da sein, wo ich es abgestellt habe, oder?
> Freund: Du solltest lieber mich fahren lassen.

Im richtigen Leben würden wir ein solches Gespräch wohl entnervend finden. Im Roman dagegen gefällt es uns, wenn ein Dialog sprunghaft ist und keiner klaren Linie folgt, dabei aber doch zügig voranzugehen scheint.

Bei allen diesen Beispielen ist eines zu bedenken: In einem Dialog geht es nicht um den Austausch von Informationen, sondern er ist ein Spiel, in dem die gegnerischen Parteien versuchen, die Oberhand zu gewinnen.

Nehmen wir eine andere Sportart als Beispiel. Beim Tischtennis, im Volksmund auch Pingpong genannt, stehen sich zwei Spieler an einem Tisch gegenüber und schlagen mit einem Schläger den Ball über das Netz in der Tischmitte. In einer uninteressanten Partie würden die Gegner den Ball in gleichbleibendem Tempo über die Mitte des Netzes spielen, ping, pong, ping, pong, ping, pong, wie ein Metronom. Um die Monotonie zu durchbrechen und einen Punkt für sich zu verbuchen, könnte einer der Spieler dem Ball einen Spin geben, sodass er beim Aufsetzen in eine unerwartete Richtung springt oder plötzlich abgebremst wird. Er könnte den Ball auch schmettern, sodass er, für den Gegner unerreichbar, steil von der Platte springt. Der angetäuschte Return ist, wie Sie sich inzwischen vermutlich denken können, ein Ball, der an einen anderen als den vom Gegner erwarteten Punkt zurückgeschlagen wird.

Sehen wir uns nun an, wie ein Spin, ein Schmetterball oder ein angetäuschter Return im Dialog aussehen könnten.

Beim Spin scheint der Sprechende während des Redens die Richtung zu ändern, ähnlich dem Sinker aus unserem Baseball-Vergleich:

> Er: Komm, lass uns gehen.
> Sie: Ich komme nicht mit. Jedenfalls nicht jetzt. Vielleicht später.

Der Schmetterball ist ein zuerst ganz normal verlaufender Wortwechsel, der plötzlich an Schärfe gewinnt:

> Sie: Es ist herrlich draußen. Die Blätter fangen an, sich bunt zu färben.
> Er: Ich lese Zeitung.
> Sie: Lies die Zeitung später, John, die Blätter warten vielleicht nicht bis morgen.
> Er: Ich habe eine Reservierung.
> Sie: Für einen Tisch im Restaurant?
> Er: Für einen Flug.
> Sie: Was für einen Flug?
> Er: Weg von O'Hare. Ich muss hier raus.
> Sie: Ich dachte, du liebst dieses Haus.
> Er: Es geht nicht um das Haus, sondern um dich.

Am effektivsten ist der indirekte Dialog, der dem angetäuschten Return entspricht. Er lässt die Figuren augenblicklich lebendig werden und zieht den Leser emotional in das Geschehen hinein. Stellen Sie sich einen Dialog als Konfrontation oder Verhör vor. In dem folgenden Gespräch, einer Konfrontation, erhält Amory, der Chef einer großen Werbeagentur, einen Anruf von Shipman. Shipman ist Produzent einer Fernsehtalkshow, in der Amory als Gast auftreten soll, und er ruft an, um zu erfahren, ob dieser die Einladung annehmen wird. Das Gespräch wird aus Amorys Sicht wiedergegeben, daher können seine Gedanken dazu dienen, den Dialog aufzulockern. Ich habe dieses Beispiel gewählt, um zu zeigen, dass ein eingeschobener Gedanke der erzählenden Figur die Spannung in einem Dialog nicht unbedingt mindert, sondern sie sogar noch steigern kann.

»Schönen guten Morgen, Mr. Shipman. Frage. Hat schon einmal jemand ein Interview mit der Ketchum abgelehnt?«

»Arafat nicht. George Bush und Boris Jelzin auch nicht. Wollen Sie der erste sein?«

»Ich wette, sie bereuen es alle.«

Shipman lachte, und man hörte dem rasselnden Ton an, dass er Raucher war. »Der Präsident hat für den sechzehnten zugesagt.«

Amory sagte: »Er hat Mut, aber es wird ihm noch leid tun. Warum, um alles in der Welt, will die Ketchum mich haben? J. Walter Thompson ist immer noch die Nummer eins.«

»Nicht mehr lange, wenn Sie schlau sind. Mal ehrlich, Mr. Amory. Es gibt keinen potentiellen Kunden Ihrer Firma, der nicht jemanden in seinem Büro sitzen hat, der sich Jennys Show anschaut. Das Interview ist eine Publicity für Sie, die Sie mit Geld nicht kaufen könnten.«

Das Interview könnte ihm den einen oder anderen Neukunden einbringen, wie er es bei früheren Gelegenheiten schon erlebt hatte. Den Menschen auf der Straße würde sein Gesicht bekannt vorkommen, ohne dass sie wirklich wüssten, woher sie ihn kannten. Sie würden ihn vielleicht ansprechen, weil sie ihn für einen Bekannten hielten, dessen Namen sie vergessen hatten. Was konnte ihm eine so fragwürdige Berühmtheit einbringen, einen besseren Tisch in einem Restaurant, in dem er eigentlich gar nicht essen wollte?

Amory fiel eine Broadway-Premiere ein, zu der ihn seine Mutter als Kind einmal mitgenommen hatte. Als sie sich im Gänsemarsch zwischen den Absperrungen einen Weg durch die Menge bahnten, drehte sich seine Mutter zu ihm um und machte ihn auf Luise Rainer aufmerksam, die unter all den Berühmtheiten unerkannt geblieben war. Als die alternde Diva plötzlich ihren Hut tief ins Gesicht zog, ging ein Kreischen durch die Menge: »Wer ist das? Wer ist das?« Offensichtlich hatte niemand die zweifache Oscargewinnerin erkannt.

Ruhm verdampft zischend wie Wasser in einem heißen Tiegel.

»Also, wie ist es, Mr. Amory«, sagte Jack Shipman, »ich warte auf Ihre Antwort.«

Amory sah Jenny Ketchum vor sich, wie sie den Mund aufmachte, um ihrem Publikum einen »Guten Abend« zu wünschen.

»Jennys nächster Gast ist Kissinger«, erklärte Shipman. »Wenn Sie schon etwas vorhaben, verschiebe ich Kissinger auf Ihren Sendetermin. Sind Sie dabei oder kneifen Sie? Also?«

Bei dieser Konfrontation drängt einer der Gesprächspartner, Shipman, auf eine Antwort, die er aber nicht bekommt. Sein Gegenüber handelt nach einem anderen Drehbuch. Er denkt an die Nachteile. Daraus entsteht die Spannung in diesem Dialog. Sehen wir uns einen Dialog an, der Verhörcharakter hat. Lange Gedankenpassagen wären unpassend, aber es sind »Beats« erforderlich, kurze, eingeschobene Handlungssequenzen also, die den visuellen Aspekt der Szene unterstützen und Spannung erzeugen. In unserer Beispielszene wird die Fernsehmoderatorin Jenny Ketchum von einem Kriminalbeamten verhört. Beachten Sie, wie hier Spannung durch Konfrontation erzeugt wird. Die drei Elemente, mit deren Hilfe dies gelingt, sind: Ungeduld, Missverständnis und konträre Absichten der handelnden Personen.

Er gab Jenny die Hand, musterte sie von oben bis unten und bat sie dann, ihm zu folgen. Über die Schulter sagte er: »Ich bin Inspektor Laren.« Er deutete auf einen Stuhl. »Setzen Sie sich, Miss Ketchum. Ich habe fast alle Ihre Sendungen gesehen. Kaffee?«

Jenny schüttelte den Kopf. »Mein Sohn Zeke ist heute acht Jahre alt geworden. Wir waren im Kino...«

»Ich habe einen unauffälligen schwarzen Kleinlaster unbekannten Fabrikats, einen achtjährigen Jungen, einen unbekannten Mann. Miss Ketchum...«

Detective Laren reichte ihr eine Packung Papiertaschentücher. Sie nahm zwei heraus, putzte sich mit einem die Nase und benutzte das andere, um sich damit über die nassen Haare zu wischen, was dumm war, weil kleine Fetzen davon wie feuchter Schnee daran kleben blieben.

»Haben Sie ein Foto von Ihrem Sohn dabei?«

Sie kramte in ihrer Handtasche zwischen den vertrauten Gegenständen, und da war es, das Plastikding, in dem sie die Fotos von Zeke aufbewahrte. Sie blätterte in dem Minialbum, bis sie das neueste Bild von Zeke fand, wie Tarzan an einer dicken Ranke der Kletterpflanze schwingend, die den großen Ahorn zu ersticken drohte. Sie hatte Schwierigkeiten, das Bild aus seiner Hülle zu nehmen. Ihre Finger gehorchten ihr nicht. Sie reichte dem Beamten das ganze, auf der Seite mit dem Tarzanbild aufgeschlagene Heftchen. »Es ist über ein Jahr alt.«

»Das ist gut.«

»Was ist gut?«

»Er hat ein Grübchen. Was ist das?«

»Er ist auf die Kante eines gläsernen Couchtischs gefallen, als er klein war. Es ist eine kleine Narbe.«

»Wie groß ist er?«

Jenny sagte es ihm.

»Gewicht?«

»Er ist ziemlich dünn.«

»Das ist keine Gewichtsangabe.«

»Ich glaube, einunddreißig hat die Helferin beim Kinderarzt gesagt. Ist das wichtig? Wollen Sie jedes Kind, das sie in Begleitung eines Erwachsenen sehen, fragen, ob es dreiunddreißig Kilo wiegt?«

Laren sah sie an. »So machen wir das nun mal. Größe, Gewicht, Kleidung. Was hatte er an? Und bitte sagen Sie jetzt nicht Kleidung. Ich brauche Marken, Farben, besondere Erkennungsmerkmale.«

Inspektor Laren notierte das, was Jenny ihm sagte. Dann sah er sie auf dieselbe Art an, in der sie die Gäste in ihrer Talkshow musterte, bevor sie ihnen eine heikle Frage stellte. »Gibt es einen Mr. Ketchum?«

»Meinen Vater in South Dakota.«

Laren blickte von seinem Formular auf. »Ich frage nach dem Vater des vermissten Kindes.«

»Der Name des Vaters ist Daniel Goodridge.«

»Sie sind aber nicht Mrs. Goodridge.«

»Ich verwende den Namen, der auf meiner Geburtsurkunde steht.« Reg dich nicht auf, der Mann muss sein Formular ausfüllen.

»War Ihr Mann mit Ihnen zusammen im Kino?«

»Nein.«

»Er ist zu Hause geblieben? Möchten Sie ihn anrufen?«

»Wir leben getrennt.«

»Geschieden?«

»Noch nicht.« In Larens Gesicht stand eine unausgesprochene Frage. »Ich sagte noch nicht!«

»Wenn Sie den Leuten Fragen stellen, werden Sie dann auch angeschrien? Ich würde es begrüßen, wenn Sie Ihre Stimme mäßigen. Die anderen Beamten hier bemühen sich, Menschen zu helfen, so wie ich versuche, Ihnen zu helfen, Ihren Jungen zu finden.«

»Es tut mir leid. Ich wollte Sie nicht anschreien.« Jenny bemerkte, dass ihre linke Hand zitterte. Sie legte sie auf den Tisch, damit sie aufhörte, aber sie schien ein Eigenleben zu führen. Sie selbst hatte es immer als Schwäche interpretiert, wenn ein Gesprächspartner zitterte. Sie bemerkte, dass ihre rechte Hand ebenfalls zitterte, und verbarg beide Hände in ihrem Schoß.

»Ich weiß, dass Sie sich in einer Stresssituation befinden«, sagte Inspektor Laren. »Neun von zehn vermissten Kindern wurden vom anderen Elternteil entführt. Glauben Sie, dass Ihr Mann...«

Jenny stand auf und hielt dabei die Hände verschränkt. Der Polizeibeamte am Nachbarschreibtisch sah von seiner Arbeit auf. Sie sagte: »Der Mann, der Zeke entführt hat, sah meinem Mann kein bisschen ähnlich.«

»Wir würden uns gerne mit Ihrem Mann unterhalten. Wir möchten, dass er herkommt. Bitte setzen Sie sich wieder. Sie können das Telefon hier benutzen.«

Jenny suchte in ihrer Handtasche nach ihrem Adressbuch. Wo war es bloß? Warum suchte sie es, sie wusste Dans Nummer auswendig.

»Wählen Sie die Neun vor«, sagte Detective Laren.

Ungeduld als Stilmittel in einem Dialog erhöht die Spannung. Der Kriminalbeamte muss sein Formular ausfüllen. Die Mutter des Kindes beantwortet seine Fragen, aber nicht zu seiner Zufriedenheit. Er wird ungeduldig, die Spannung steigt.

Missverständnisse dienen dem gleichen Zweck. Inspektor Laren fragt nach dem Gewicht des Jungen. Die Mutter antwortet, dass er ziemlich dünn sei. Laren kann »ziemlich dünn« nicht in sein Formular eintragen. Die Gemüter erhitzen sich. Die Spannung steigt.

Eine dritte und elementarere Art, Spannung zu erzeugen, besteht darin, den Beteiligten eine unterschiedliche Grundhaltung zuzuschreiben. Diese Technik wurde in der Drehbuchsektion des Actors Studio entwickelt. Der Autor ist von Natur aus ein Unruhestifter. Die beiden Gesprächspartner in unserem Beispieldialog spielen nicht nach demselben Drehbuch. Sie ist eine erfahrene Starmoderatorin, die es gewohnt ist Fragen zu stellen, nicht, sie zu beantworten. Der Inspektor weiß, wer sie ist, aber in diesem Augenblick sieht er in ihr nicht den Fernsehstar, sondern die Mutter, die ihm die für seine Ermittlungen benötigten Informationen geben soll. Als der korrekte Beamte, der er ist, möchte er, dass sie sich so verhält, wie er es von ihr erwartet. Man kann die Spannung in diesem Dialog förmlich knistern hören. Das ist es, was dem Leser gefällt.

Achten Sie auf die Stelle, an der Jenny dem Inspektor das kleine Fotoalbum gibt. Mit seinem Kommentar: »Das ist gut«, kann sie nichts anfangen, weil sie nicht weiß, dass er das kleine Grübchen des Jungen meint, das ihm sofort aufgefallen ist, weil es sein Job ist, auf solche Identifikationsmerkmale zu achten.

Als Laren fragt: »Gibt es einen Mr. Ketchum?«, weiß Jenny höchstwahrscheinlich, worauf er hinaus will, gibt ihm aber eine Antwort, die er nur als schnippisch interpretieren kann. An dieser Stelle wird der unterschiedliche gesellschaftliche Hintergrund der beiden Gesprächspartner deutlich. Er kommt aus einer Welt, in der es üblich ist, dass eine Frau den Namen ihres Mannes annimmt, sie dagegen, jünger und kultivierter als er, benutzt wie viele Karrierefrauen ihren Mädchennamen. Soziale Unterschiede dieser Art sind der Herzschlag der fiktionalen Literatur. Denken Sie beim Schreiben eines Dialogs immer daran, aus welchen gesellschaftlichen Kreisen Ihre Figuren stammen, in welcher Hinsicht sie sich am stärksten unterscheiden und wie Sie diese Diskrepanz nutzen können, um Spannung in Ihrem Dialog zu erzeugen.

Ihnen stehen nun drei Elemente zur Verfügung, um Ihre Dialoge interessant zu gestalten: Ungeduld, Missverständnis und unterschiedliche Grundhaltungen. Der Dialog ist eine Kunstsprache, deren Regeln wir zur Auffrischung unseres Wissens hier noch einmal zusammenfassen:

▶ Im Dialog kommt es weniger darauf an, was gesagt wird, als darauf, was gemeint ist.

▶ Ein Dialog soll möglichst kontrovers sein. Stellen Sie sich den Dialog als Konfrontation oder Verhör vor.

▶ Ein guter Dialog enthält Antworten, die indirekt oder ausweichend sind.

▶ Im Dialog folgt nicht logisch eins auf das andere. Abschweifungen sind erlaubt. Ebenso unvollständige Sätze und falsche Grammatik, wenn es zur Figur passt.

▶ Ein Dialog soll sich insofern von einer echten Unterhaltung unterscheiden, als er kurz und bündig sein muss. Wenn ein Sprecher mehr als drei aufeinanderfolgende Sätze von sich gibt, laufen Sie Gefahr, sich in verbale Ergüsse zu verrennen. In einer von Vorwürfen getragenen Konfrontation dagegen können längere Textpassagen die Spannung steigern, wenn sich die Anschuldigungen darin akkumulieren.

▶ Ungeduld, Missverständnis und unterschiedliche Drehbücher der handelnden Figuren können Spannung in einer Dialogszene steigern.

▶ Der Charakter der Figuren offenbart sich am deutlichsten in Situationen, in denen sie die Beherrschung verlieren und mit Dingen herausplatzen, die sie mit kühlem Kopf für sich behalten hätten.

▶ Denken Sie an den Vergleich mit einem Baseball- oder einem Tischtennisspiel, um sich die Unterschiede zwischen einem Romandialog und einer Unterhaltung im richtigen Leben vor Augen zu führen. Im Leben wiederholen sich die Kontrahenten in einem Streitgespräch oft, im Romandialog baut sich die Spannung langsam auf. Im echten Leben sind verbale Auseinandersetzungen ein Ventil für die Streitenden, der Dialog dient dazu, die Geschichte voranzubringen.

▶ Benutzen Sie keine Dialekte, sonst kann sich der Leser ausgeschlossen fühlen, was seinen Spaß an der Lektüre stark beeinträchtigt.

▶ Beim Dialog zählt jedes Wort. Streichen Sie radikal alles, was überflüssig ist. In einer realen Unterhaltung reden wir ins Unreine. Ein Dialog ist keine reale Unterhaltung.

8

Mit dem Leser vertraut werden:
Die erweiterte Perspektive

In diesem Kapitel geht es um Chancen. Chancen, die leider nur allzu oft vertan werden.

In keinem Bereich des Schreibens werden so viele Fehler gemacht wie beim Umgang mit der Erzählperspektive. Und auch die Lehrer scheinen bei diesem Thema oft zu versagen. Ich habe Seminare erlebt, in denen der Lehrer ebenso wenig Ahnung hatte wie seine Schüler, denen er die Prinzipien der Perspektive erklären wollte.

Die Perspektive ist die subjektive Sicht, aus der eine Geschichte erzählt wird, der Standpunkt des Akteurs, mit dessen Augen das Geschehen beobachtet wird. Es gibt vier Grundkategorien der perspektivischen Gestaltung einer Erzählung:

Die erste Person: *Ich sah dies, ich tat jenes.* Der Ich-Erzähler spricht den Leser direkt an. Diese Perspektive bindet den Leser am schnellsten ein und erzeugt die größte Vertrautheit, sie begegnet uns immer häufiger in literarisch anspruchsvollen wie in rein unterhaltenden Romanen. In der Ich-Perspektive nimmt der Autor die Identität seiner Figur an. Seine Stimme, seine bewusste Wahrnehmung und seine persönliche Geschichte verschmelzen mit der Figur, die er verkörpert. Wir werden uns in diesem Kapitel ansehen, wie man nacheinander verschiedene Ich-Erzähler in derselben Geschichte auftreten lassen kann.

Die zweite Person: *Du sahst dies, du tatest jenes.* Vergessen Sie es. Diese Perspektive begegnet uns in der erzählenden Literatur so gut wie nie, und das aus gutem Grund. Sie spricht den Leser an, als sei er eine Figur in der Geschichte. Das wirkt gekünstelt, und es macht dem Leser eher bewusst, dass er eine Geschichte liest, als dass es ihn darin einbindet.

Die dritte Person: *Er sah dies, er tat jenes.* Dies ist die Perspektive, die in der Unterhaltungsliteratur am häufigsten verwendet wird und die am einfachsten zu handhaben ist. Der Autor muss allerdings darauf achten, dass innerhalb einer Szene der Blickpunkt nicht allzu oft von einem Akteur zum anderen wechselt, sonst erweckt er leicht den Eindruck, als hätte er die Fäden seiner Geschichte nicht wirklich in der Hand.

Die auktoriale Perspektive: der allwissende Erzähler, der den Blickwinkel jedes beliebigen Akteurs einnehmen kann. Dies ist die einfachste Lösung für den Anfänger – und die gefährlichste. Es ist wie mit den freien Versen eines vielversprechenden, aber noch unerfahrenen Poeten, die keiner dichterischen Regel folgen und nach Rhythmus und Struktur schreien. Der Schreibende ist ein Gott. Er kann alles sehen, überall. Wenn er aber gedankenlos von Figur zu Figur springt, gleicht das Ergebnis einer Buchstabensuppe. Der Leser kann kein System darin erkennen und fühlt sich um sein Leseerlebnis betrogen. Ein solcher unkontrollierter Umgang mit der auktorialen Perspektive ist meiner Erfahrung nach der häufigste Fehler, der in der erzählenden Literatur gemacht wird und der die Qualität eines Romans erheblich beeinträchtigen kann.

Zu den vier genannten Perspektiven gibt es eine Reihe von Varianten und Unterkategorien, die den Anfänger verwirren und in denen sich ein erfahrener Schriftsteller verrennen kann. Machen Sie es sich einfach: erste Person, dritte Person, auktoriale Perspektive, wenn es sein muss.

Beim Spiel mit der Perspektive ist es wie beim Eislaufen. Wenn wir es beherrschen, ist es ein kunstvoll vorgetragener, leichtfüßiger Tanz. Wenn die Perspektive springt, ohne dass es dem Schriftsteller bewusst wird, bricht das dünne Eis. Der Leser macht sich keine Gedanken über die Perspektive. Er merkt nur, dass der Tanz momentan außer Kontrolle geraten zu sein scheint. Wenn der Schlingerkurs anhält, wird er das Buch vielleicht aus der Hand legen und sich einem anderen zuwenden. In kann mich an kein Manuskript erinnern, in dem es nicht den einen oder anderen kleinen Ausrutscher im Hinblick auf die Wahl der Perspektive gegeben hätte. Manchmal Dutzende. Diese Fehler müssen bei der Überarbeitung ausgemerzt werden. Der gute Ruf des Autors hängt davon ab.

Lassen Sie uns, bevor wir uns den Chancen und Möglichkeiten zuwenden, die uns der gekonnte Umgang mit der Perspektive bietet, einen kleinen Exkurs in die Geschichte machen. Vor dem 20. Jahrhundert hatte eine Geschichte meist einen Erzähler. Einige der großen Romane aus dem frühen 20. Jahrhundert – ich denke unter anderem an Scott Fitzgeralds *Der große Gatsby* – haben einen Erzähler, der gleichzeitig eine Figur des Romans ist. Nachdem Film und Fernsehen dann ihren Siegeszug angetreten hatten, wollten die Leser nicht mehr, dass man ihnen Geschichten nur erzählte, sondern sie wollten sie sehen. Das primäre Sinnesorgan – das Auge – wurde zum wichtigsten Rezeptor. Heute ist jedem Schreibenden klar, dass er eine Geschichte nicht erzählen, sondern zeigen muss, einer der Gründe im Übrigen, warum ich in diesem Buch so gründlich auf die Entwicklung des Plots und seine Auflösung in visuelle Szenen eingegangen bin. Wir wissen, dass eine Szene am eindrucksvollsten ist, wenn sie aus der Sicht der Person erzählt wird, die von dem Geschehen am meisten betroffen ist. Vielleicht ist das auch der Grund, warum ich persönlich die Ich-Form beim Erzählen bevorzuge, die allerdings nicht jedem Autor liegt und besonders denjenigen nicht zu empfehlen ist, denen es schwer fällt, in die Rolle ihrer Protagonisten zu schlüpfen. Dieses sich Hineinversetzen in eine Figur ist so, als würde man in der Haut eines anderen stecken und dessen Stimme und Verhaltensmuster übernehmen. Diese Fähigkeit, für eine begrenzte Zeitspanne ein anderer zu sein, ist für einen Schriftsteller ein unschätzbares Kapital.

1998 erschien im Verlag Alfred A. Knopf ein erstaunliches Erst-
lingswerk, das ein Kritiker als »verblüffendes Kunststück der
literarischen Personifizierung« bezeichnete. *Die Geisha* ist die
Geschichte einer Japanerin, die seit ihrem neunten Lebensjahr
eine Geisha ist, in der Ich-Form erzählt und geschrieben von
einem weißen Amerikaner namens Arthur Golden, der in Chat-
tanooga, Tennessee, geboren wurde und in Harvard und Boston
studiert hat. Das von Kritikern als »erstaunlich« und »atemberaubend« gerühmte und von den Lesern mit Begeisterung
aufgenommene Buch stand ein Jahr lang auf den Bestsellerlisten
der Vereinigten Staaten. Und so beginnt dieser Roman:

> Mal angenommen, Sie und ich säßen in einem stillen Raum mit
> Blick auf einen Garten, tränken grünen Tee, plauderten über
> lang vergangene Zeiten, und ich sagte zu Ihnen: »Der Nach-
> mittag in meinem Leben, an dem ich den-und-den kennen-
> lernte ..., das war der beste Nachmittag in meinem Leben, und
> zugleich der schlimmste.« Vermutlich würden Sie Ihre Teetasse
> absetzen und fragen: »Also, was denn nun? War es der beste
> oder der schlimmste? Beides auf einmal ist ja wohl kaum mög-
> lich!« Normalerweise hätte ich dann über mich selbst lachen
> und Ihnen beipflichten müssen. Doch der Nachmittag, an dem
> ich Herrn Tanaka Ichiro kennenlernte, war tatsächlich der beste
> und zugleich der schlimmste meines Lebens. Er wirkte so faszi-
> nierend auf mich, und sogar der Fischgeruch an seinen Händen
> kam mir wie Parfüm vor. Hätte ich ihn nicht kennengelernt,
> wäre ich bestimmt keine Geisha geworden.
> Es war mir nicht von Geburt bestimmt, Geisha in Kyoto zu wer-
> den. Nicht einmal geboren bin ich in Kyoto. Ich bin die Tochter
> eines Fischers aus einem Dorf namens Yoroido am Japanischen
> Meer. In meinem ganzen Leben habe ich nicht einmal einer
> Handvoll Menschen etwas von Yoroido erzählt oder von dem
> Haus, in dem ich aufgewachsen bin, oder von meinen Eltern
> oder von meiner älteren Schwester, und ganz gewiß nicht da-
> von, wie ich Geisha wurde und wie es war, eine zu sein. Die
> meisten Leute würden die Vorstellung vorziehen, dass meine
> Mutter und meine Großmutter Geishas gewesen wären, dass
> ich mit dem Tanztraining begann, als ich kaum abgestillt wor-
> den war, und so weiter. Vor vielen Jahren schenkte ich einmal
> einem Mann Sake ein, als dieser ganz nebenbei erwähnte, er sei
> erst in der vorangegangenen Woche in Yoroido gewesen. Nun

ja, ich kam mir vor wie ein Vogel, der einen ganzen Ozean über-
flogen hat, um auf der anderen Seite ein Wesen zu treffen, das
sein Nest kennt. Ich war so erschrocken, dass ich unwillkürlich
sagte: »Yoroido! Aber da bin ich ja aufgewachsen!«
Der arme Mann! Sein Gesicht machte eine ganze Skala von
Verwandlungen durch. Er gab sich die größte Mühe zu lächeln,
doch es gelang ihm nicht besonders gut, weil er den Schock
nicht aus seiner Miene verbannen konnte.
»Yoroido?«, fragte er. »Das kann doch nicht dein Ernst sein!«
Ich hatte mir schon lange ein stereotypes Lächeln angewöhnt,
das ich als mein »No-Lächeln« bezeichne, weil es einer No-
Maske ähnelt, deren Gesichtszüge zu Eis erstarrt sind. Der Vorteil dieses Lächelns ist, dass die Männer hineinlesen können,
was sie wollen – Sie können sich sicher vorstellen, welch gute
Dienste es mir schon geleistet hat. Auch in jenem Moment ent-
schloss ich mich, darauf zurückzugreifen, und es funktionierte
natürlich. Er stieß den Atem aus, kippte die Tasse Sake, die ich
ihm eingeschenkt hatte, und brach in ein enormes Gelächter
aus, das wohl, wie ich meine, seiner Erleichterung entsprang.
»Allein schon die Vorstellung!«, keuchte er in einem weiteren
Lachanfall. »Du – in einem Kaff wie Yoroido aufgewachsen!
Das wäre, als wollte man in einem Nachttopf Tee aufbrühen!«
Nachdem er abermals gelacht hatte, sagte er zu mir: »Deswegen
macht es so großen Spaß, mit dir zusammenzusein, Sayuri-san.
Manchmal bringst du es tatsächlich so weit, daß ich glaube,
deine kleinen Scherze seien Ernst.«
Ich halte nicht viel davon, mich als Tee zu sehen, der in einem
Nachttopf aufgebrüht wurde, aber vermutlich trifft der Vergleich
irgendwie zu. Schließlich bin ich in Yoroido aufgewachsen, und
bestimmt würde kein Mensch behaupten wollen, das sei eine
besonders vornehme Ortschaft. Von Fremden wird sie so gut
wie nie besucht. Und was die Menschen betrifft, die dort leben,
so haben sie kaum einen Grund, das Dorf zu verlassen. Nun
fragen Sie sich vermutlich, wie es kam, daß ich es dennoch verlassen habe. Und damit fängt meine Geschichte an.

Die Geisha zeigt beispielhaft, wie sich ein Autor in eine Figur
hineinversetzen kann, mit der ihn nichts verbindet außer der
Tatsache, dass auch sie ein Mensch ist. Der Autor des Romans
ist ein Mann, seine Protagonistin eine Frau; der Autor ist Amerikaner, die Geisha ist Japanerin; der Autor und seine Heldin
entstammen Gesellschaften, deren Sitten, Wertmaßstäbe und

Möglichkeiten sich grundlegend voneinander unterscheiden. Aber überlegen Sie einmal: Für Schauspieler ist das überhaupt nichts Neues. Denken Sie an Laurence Olivier als Heinrich V. und dann als Archie in *Der Entertainer*. Der Unterschied ist der: Schauspieler verkörpern Figuren, die von Schriftstellern geschaffen wurden. Unsere Kunst kommt zuerst.

Wenn eine Romanfigur in der Ich-Form personifiziert wird, sehen wir als Leser alles mit deren Augen. Wir fühlen, hören, riechen, tasten und schmecken alles mit ihren Sinnen. Wir denken mit ihrem Verstand, und genau das gibt unserem Leseerlebnis Tiefe. Der Autor begibt sich in den Kopf seiner Figur, er spricht mit ihrer Stimme, schöpft aus ihrem Wissen und ihrer Lebensgeschichte. Ich kenne keine Form des Schreibens, die mehr Spaß macht.

Als Argument gegen die Verwendung eines Ich-Erzählers wird immer wieder die Behauptung in die Debatte geworfen, man könne in dieser Erzählform keine Ereignisse zeigen, bei denen die betreffende Figur nicht unmittelbar anwesend sei. Unsinn. Ein anderer kann dabei gewesen sein, und dieser andere kann mit dem Ich-Erzähler über das Ereignis diskutieren. Es gibt Autoren, die davor zurückscheuen, ihre Geschichte in der ersten Person zu erzählen, weil sie meinen, der Ich-Erzähler könne sein Aussehen schlecht selbst beschreiben. Auch das ist kein Argument. Man kann die Beschreibung des Protagonisten ohne weiteres einer anderen Figur in den Mund legen.

> Morris sagte: »Hast du deinen Kamm verloren? Deine Haut sieht aus wie Pergament. Deine Nase ist länger als das letzte Mal, als du sie in anderer Leute Angelegenheiten gesteckt hast.« Darauf erwiderte ich: »Ich hatte einen harten Tag, Morris. Ich nehme mir morgen frei, und am Abend sehe ich wieder aus wie Cary Grant.«

Der Blick des Ich-Erzählers in den Spiegel ist ein alter und ziemlich abgegriffener Trick. Zu meiner Schande muss ich gestehen, dass ich in meinem Roman *Um Leib und Leben* auch darauf zurückgegriffen habe.

Manche Autoren vermeiden die Ich-Form, weil sie es für eintönig halten, nur diese eine Person erzählen zu lassen. Ist Huckleberry Finn eintönig? Oder Holden Caulfield? Ihre Stimmen sind einzigartig. Noch interessanter wird es für einen erfahrenen Autor, wenn er in derselben Geschichte mehrere Ich-Erzähler auftreten lässt und so eine ganze Reihe solcher unverwechselbaren Persönlichkeiten schafft.

Der große Regisseur Akira Kurosawa hat mit seinem Film *Rashomon*, der auf zwei Kurzgeschichten von Ryunosuke Akutagawa basiert, meisterhaft gezeigt, wie man sich diese Technik zunutze machen kann. In dieser im 12. Jahrhundert angesiedelten Geschichte erzählen vier Personen, eine Frau, ihr Mann, ein Bandit, der die Frau vor den Augen ihres Mannes vergewaltigt, und ein Holzfäller, der alles beobachtet hat, nacheinander ihre Sicht der Dinge. Die Versionen weichen erheblich voneinander ab, was einen Konflikt und Spannung erzeugt. Eine solche Wahl der Perspektive öffnet der Fantasie alle Möglichkeiten. Der Autor hat die freie Wahl bezüglich des Geschlechts, des Alters und des gesellschaftlichen und kulturellen Hintergrunds der Akteure, in deren Haut er schlüpft, und kann so den Konflikt zwischen den Charakteren schüren, der im Mittelpunkt aller erzählenden Literatur steht. Bei wechselnder Ich-Perspektive hat jeder Akteur ein anderes Drehbuch, was, wie wir bei Kurosawa gesehen haben, die Spannung und den Interessenkonflikt verstärkt.

Ein Ich-Erzähler erhöht die Glaubwürdigkeit einer Geschichte. Wir kennen seine Gedanken und wissen, wann sie sich von dem unterscheiden, was er sagt oder tut. Er kann zwar seine Mitakteure täuschen, aber wir wissen immer, was er im Schilde führt. Wunderbar!

In meinen eigenen Romanen habe ich sowohl die Ich-Form als auch die Perspektive einer dritten Person benutzt, aber im Allgemeinen ziehe ich den Ich-Erzähler schon deshalb vor, weil sich so am schnellsten eine Nähe zum Leser herstellen lässt. Es macht mir Spaß, mich in eine weibliche Figur, in eine jüngere oder ältere Person, in einen Menschen, der fremd ist in unserem Land, in einen Intellektuellen oder Lebenskünstler, einen Snob oder heimatlosen Außenseiter hineinzuversetzen. Wer meine Bücher kennt, weiß, dass in meinen Augen Klassenunterschiede einer der Schlüssel zum Dramatischen sind, und wenn diese Unterschiede in zwei fiktiven Personen aufeinanderprallen, nutze ich die Gelegenheit und schlüpfe als Ich-Erzähler in beider Haut. Ähnlich wie Bernard Shaw, als er Liza Doolittle und Henry Higgins geschaffen hat.

Ich habe die Möglichkeit, nacheinander als Erzähler verschiedene Identitäten anzunehmen, auf zweierlei Art und Weise wahrgenommen. *Der junge Zauberer* ist eigentlich in der dritten Person geschrieben, aber es sind persönliche Kommentare (die als solche ausgewiesen sind) einzelner Figuren eingefügt, die in der Ich-Form gehalten sind. Der Roman ist eine Mischform. Er wurde übrigens, was mir natürlich angenehm war, in vielen Zeitungen und Zeitschriften besprochen, aber in keiner der Rezensionen war die Mischung aus verschiedenen Perspektiven erwähnt, obwohl die Einschübe ganz direkt waren. Der kontrollierte Wechsel der Perspektive blieb dem Leser verborgen. Ich hätte nicht zufriedener sein können.

Am Anfang des Romans wird in der dritten Person erzählt. Der Protagonist ist, wie Sie an früherer Stelle schon erfahren haben, ein sechzehnjähriger Schüler namens Ed Japhet. Die in der dritten Person gehaltene Einleitung der Geschichte endet mit dem folgenden Dialog zwischen Eds Eltern:

> »Ich habe das Gefühl«, sagte Mrs. Japhet eines Abends zu ihrem Mann, als sie gerade im Begriff waren, zu Bett zu gehen, »dass Ed einmal eine glänzende berufliche Karriere bevorsteht.«
> Nach einer kurzen, nachdenklichen Pause entgegnete Mr. Japhet: »Ich habe das Gefühl, daß wir ihm die Fähigkeit mitgegeben haben, sich einmal in ziemliche Schwierigkeiten zu bringen.«
> Er sollte natürlich recht behalten.

Auf diesen Dialog folgt eine Zwischenbemerkung von Eds Vater, was den Eindruck erweckt, als würde er sich die Geschichte gemeinsam mit dem Leser anhören. Beachten Sie, dass ich wie in einem journalistischen Text seinen Namen, sein Alter und seinen Beruf in Klammern dazugesetzt habe, eine Direktheit, gegen die weder mein Lektor noch mein Verleger oder irgend-ein Kritiker oder Leser je Einwände erhoben haben.

Kommentar des Vaters
(Terence Japhet, 46, Lehrer)

Ich unterrichte jetzt seit vierzehn Jahren an der Ossining High School. Es ist ein komisches Gefühl, wenn der eigene Sohn die Schule besucht, an der man Lehrer ist. Unsere Regeln besagen, dass er nicht in meiner Klasse sein darf. Manchmal begegnen wir uns morgens im Gang, und ich sage: »Hallo, Ed«, auch wenn wir uns gerade erst beim Frühstück gesehen haben, und dann winkt er mir normalerweise zu, sagt aber nicht: »Hallo Dad«, obwohl seine Freunde natürlich wissen, wer ich bin.

Beim Schulball, als die Sache stattfand, ich meine die Vor-führung, war ich nicht dabei; ich habe es nur von anderen gehört, von Lehrerkollegen, Schülern und Ed selbst; und es wa-ren recht unterschiedliche Versionen darunter. Die Leute fragen mich immer, wie er das macht mit seinen Zaubertricks. Aber ich habe damit überhaupt nichts zu tun; er hat als Zwölfjähriger angefangen, sich dafür zu interessieren, hat im Versandhandel ein paar Zauberutensilien bestellt und sich in meiner Hobby-werkstatt im Keller eine Ausrüstung zusammengezimmert, und dann ist er zu diesen Treffen der New Yorker Zauberkünstler ge-gangen und wurde immer besser. Ich hatte den Eindruck, dass dieses Hobby einen positiven Einfluss auf ihn hatte. Er hatte dann ein Interesse, etwas, womit er sich täglich und besonders an den Wochenenden beschäftigen konnte.

Aber ich glaube nicht, dass sich die Gefahrensituation, in die er geraten ist, rein zufällig ergeben hat. In einer Welt, in der die Gleichmacherei allenthalben so groß geschrieben wird, ist es eine Todsünde, wenn man durch irgendetwas auffällt.

Kommentar der Freundin
(Lila Hurst, 16, Schülerin)

Die Leute denken immer, die Mädchen achten vor allem auf das Aussehen eines Typen. Also, Ed ist irgendwie, naja, groß, blond und all das, er sieht ganz gut aus, auch wenn sein rechtes Ohr ein bisschen absteht, aber eine Menge Typen sehen ganz gut aus. Was mir an Ed von Anfang an gefallen hat, war sein Auftreten. Die meisten Typen in seinem Alter wissen nicht wohin mit ihren Armen und Beinen, sie halten sich nie gerade, aber Ed steht und geht, als ob er etwas Besonderes wäre, und ich meine damit nicht angeberisch oder so, obwohl ich weiß, dass er eigentlich gar nicht so selbstsicher ist. Vor allem dann nicht, wenn er seine Zaubertricks vorführt.

Wir haben uns dann öfter verabredet, mehr eigentlich nicht. Wir sind eben lieber zusammen, als mit den anderen rumzuhängen. Die Erwachsenen denken, dass wir es ständig miteinander treiben, weil wir oft allein sind. Aber seit dem Abschlussball ist alles anders. Ich wünschte, es wäre nie passiert.

Durch die positive Reaktion auf mein Experiment ermutigt, wagte ich mich in *Tür an Tür*, meinem nächsten Roman, noch ein Stück weiter vor. Hier wird jede der zehn Hauptfiguren, ob Mann oder Frau, arm oder reich, nacheinander zum Ich-Erzähler. Der Roman beginnt aus der Sicht von Archibald Widmer, einem – vielleicht ein klein wenig spießigen – Mann aus gebildeten Kreisen.

Als ich Thomassy an jenem Vormittag im März 1974 anrief und ihn zum Essen einlud, ermahnte ich mich selbst, mich eines beiläufigen Tons zu befleißigen. Während ich darauf wartete, dass er den Hörer abnahm, ging mir der Gedanke durch den Kopf: *Unsere Schutzmechanismen greifen nicht mehr*, weil ich widerstrebend erkennen musste, dass es gebildete Bürger heutzutage hinnehmen, wenn jemand gegen einen ihm fremden Menschen sinnlose Gewalt ausübt. Daraus musste ich schließen, dass George Thomassy als Strafanwalt im Gegensatz zu mir einen angemessenen Beruf gewählt hatte.

Sein Sprachgebrauch – Formulierungen wie »ermahnte ich mich selbst« und »befleißigen«, »widerstrebend« oder »sinnlose Gewalt« – macht deutlich, was für eine Art Mensch er ist. Er überredet den Anwalt Thomassy, mit ihm zu Mittag zu essen. Thomassy ist, wie sich bald herausstellt, eine zentrale Figur in der Geschichte, und Widmer macht sich vor ihrem Treffen seine Gedanken über ihn. Auf diese Weise lege ich mit Widmers Hilfe die viel wichtigere Figur des Anwalts an, dem die Aufgabe zugeschrieben werden soll, das Gericht in Francine Widmers Sinn zu beeinflussen.

Wenn ich Ihnen berichte, dass Thomassy bei anderen Anwälten und auch in meinen Augen als der beste Strafanwalt in Westchester County gilt, was meine ich dann mit »der beste«? Wenn ein Mann die 1000 Meter schneller läuft als jeder andere Mensch bis dato, dann hat er einen absoluten Rekord aufgestellt, aber wie viele Dinge gibt es im Leben – Kunst, Vergnügen, das Gesetz –, die so präzise zu messen sind? Ich erinnere mich, dass William York Tindall einmal gesagt hat, seine Vorstellung vom höchsten Glück sei es, nach einem guten Essen die Füße hochzulegen, Mozart zu hören und eine Romeo und Julieta zu rauchen. Ich wusste genau, was er meinte, obwohl Mozart keineswegs mein Lieblingskomponist ist und eine Romeo und Julieta, nachdem die Zigarrenproduzenten Havanna fluchtartig den Rücken gekehrt haben, auch nicht mehr das ist, was sie einmal war. Wenn ich für den Rest meines Lebens nur noch ein einziges Gemälde betrachten dürfte, würde es mich, selbst wenn es ein Rouault oder ein Rembrandt wäre, vermutlich ziemlich bald langweilen, aber ich könnte mir durchaus eine bescheidene Sammlung von vielleicht einem Dutzend Bildern vorstellen, mit denen ich vollkommen glücklich wäre. Wenn man es aber mit einem Verbrechen zu tun hat, und man muss sich mit dem Gericht auseinandersetzen, ist man, weil nur die Wenigsten die Möglichkeit haben, ein Dutzend Anwälte zu engagieren, gezwungen, einen herauszupicken, und wenn es um eine wichtige Angelegenheit geht, beschränkt man die Auswahl auf den kleinen Kreis der besten. Darum also Thomassy. In Yale wurde mir, noch bevor ich anfing Jura zu studieren, klar gemacht, dass es für einen Anwalt aus meinen gesellschaftlichen Kreisen nicht denkbar war, sich auf einem anderen Gebiet zu spezialisieren als dem Zivilrecht. Strafanwälte hatten etwas Anrüchiges. Sie waren durch ihre Fälle gezwungen, sich mit Menschen zu befassen, die sie nicht zu sich nach Hause eingeladen hätten: mit Schlägern, Betrügern, Mafiosi und schlimmerem Gesindel. Außerdem war das Strafrecht ein vergleichsweise wenig lukratives Betätigungsfeld für einen Anwalt, wenn er nicht selbst ein Krimineller oder aber ein begnadeter Schauspieler war.

Ich dachte auch nicht daran, auf die Möglichkeiten zu verzichten, die ich mir mit den eingeschobenen Kommentaren anderer

Figuren in *Der junge Zauberer* erschlossen hatte. Schon nach wenigen Seiten wird Widmers Ich-Erzählung durch einen Kommentar von George Thomassys Vater unterbrochen:

Haig Thomassians Kommentar

Ich sage Ihnen die Wahrheit. Ich will den Jungen nicht George nennen. Meine Frau Myra, sie möge in Frieden ruhen, sie hat ihren Namen von der Mutter Jesu, wir sind erst vier Jahre in unserer neuen Heimat, sie bringt einen Sohn zur Welt, und sie nennt ihn George, ein amerikanischer Name, den alle gut finden, besonders die Griechen. Sein Vater ist ein angesehener Pferdehändler, der keinem etwas schuldet. Er hätte auf den Namen Haig nach mir oder Armen nach seinem Großvater getauft werden sollen. George, das klingt für mich wie ein Fremder.

Der himmelweite Unterschied zwischen Haig, dem Immigranten, und Widmer, dem alteingesessenen, traditionsbewussten Konservativen, deutet bereits die tiefe gesellschaftliche Kluft zwischen den Akteuren der Geschichte an. Haig Thomassians Kommentar endet so:

Ich sage ihm, es ist jetzt Zeit, zurückzugehen, in Oswego gibt es jede Menge Verbrechen, gute Geschäfte für Anwälte. Er weigert sich. Ich sage Ihnen, in seinem Herzen ist mein Sohn ein Türke.
Klar, an meinem Geburtstag klingelt das Telefon, und seine Sekretärin ist dran und sagt: »George Thomassy möchte Sie sprechen«, und dann schreie ich sie an: »Thomassian, Thomassian!« Dann höre ich Georges Stimme. Ich merke, dass er reden will, mir Fragen stellen, was ich so mache, wie es mir geht, aber ich sage immer nur »ja« oder »nein«, bis er es aufgibt. Und wenn er der größte Anwalt der Vereinigten Staaten wird, bleibt er für mich als Armenier doch eine Null.

Nach wie vor ist der Ich-Erzähler in diesem ersten Kapitel Archibald Widmer. Das Treffen mit Thomassy wird aus seiner Sicht geschildert. Zu diesem Zeitpunkt hat der Leser aus Widmers und Haig Thomassians Mund schon viel über George Thomassy erfahren. Auch Widmer ist uns bereits bis zu einem gewissen Grad dadurch, was er gesagt hat und wie er es gesagt hat, bekannt. Und wir erfahren noch mehr über ihn in einem Kommentar seiner Frau, der nach der Episode des Treffens mit Thomassy in den Text eingeschoben ist.

Priscilla Graves Widmers Kommentar
Smith College, 1940

Sein voller Name lautete Archibald Edward Widmer III. Kein Mensch kam auf die Idee, ihn Archie oder Eddie zu nennen, und Edward hätte zu sehr nach dem Herzog von Windsor geklungen, also hieß er in unserem Bekanntenkreis allgemein Ned.

Wie sah er damals aus? Weiße Anzüge standen ihm gut. Alles an ihm wirkte sauber. Er hatte muskulöse Unterarme. Als wir zum ersten Mal zusammen ausgingen, hat er mir ins Ohr geblasen. Ich habe von Anfang an darauf vertraut, dass ihm mein Wohl am Herzen lag. Ich fühlte mich bei ihm geborgen. Damals sahen wir in den Männern noch keine Gegner. Wir haben noch nicht so viel Aufhebens um die Orgasmusfähigkeit der Frau gemacht und unsere Gefühle nicht beim Psychiater zu Markte getragen.

Meine Freundinnen fanden Ned verklemmt. Hinter der schüchternen Fassade von Ediths Brock war etwas, das ich nicht in meinem Bett hätte haben wollen. Und Alisons Peter – ich möchte gar nicht wissen, welche bizarren erotischen Neigungen sich hinter dem verächtlichen Grinsen verbargen, mit dem er jeden, ob Mann, Frau oder Hund, bedacht hat, der ihm unter die Augen kam. Wenn die Schlafzimmertür hinter uns ins Schloss fiel, war mein Ned kein bisschen verklemmt.

Dies ist nur ein kurzer Auszug aus Priscilla Widmers Kommentar. Wir sind noch am Anfang des Buches und wissen schon eine Menge über Archibald Widmer, seine Frau, George Thomassy und seinen Vater, vier Akteure, die in der Geschichte eine Rolle spielen. Als Nächstes folgt, noch im selben Kapitel, ein Kommentar von Widmers Tochter Francine. Am Ende des ersten Kapitels kennt der Leser die Hauptfiguren, weiß auch ohne Rückblenden viel über ihr bisheriges Leben und befindet sich mitten in einer sich vorwärts bewegenden Geschichte, seit er auf den ersten beiden Seiten erfahren hat, dass Widmers Tochter vergewaltigt wurde und den Vergewaltiger auch gegen die

Widerstände einer gleichgültigen Justiz unbedingt vor Gericht bringen will.

Es ist schwierig, auf ein paar Seiten das Gefüge eines ganzen Romans deutlich zu machen und dazu noch zu erklären, wie die Sache mit den wechselnden Ich-Erzählern und den Einschüben, die die Spannung steigern, funktioniert. Ich möchte diese ausgeklügelte Technik auch niemandem aufdrängen, der sich ihr vielleicht noch nicht gewachsen fühlt, aber ich möchte doch gern ein paar zusätzliche Vorteile aufzeigen, die sie uns bietet.

Ich hatte, als ich *Tür an Tür* schrieb, nur drei Filme gesehen, in denen es um das Thema Vergewaltigung ging: zwei Fernsehfilme und einen Kinofilm, bei dem meine Frau mitten in der Vorstellung den Saal verließ. Außer in *Rashomon* waren die Vergewaltigungsszenen durchweg nicht glaubwürdig. Vergewaltigung ist ein Thema, das die Menschheit spaltet. Es gibt kaum eine Frau, die nicht irgendwann in ihrem Leben Angst vor einer Vergewaltigung hatte oder sich doch zumindest in Gedanken mit dem Thema beschäftigt hat. Ein Mann fürchtet, sofern er nicht gerade in einem ganz üblen Knast gelandet ist, im Allgemeinen nicht, Opfer einer Vergewaltigung zu werden. Daraus folgt, dass Männer und Frauen eine vollkommen unterschiedliche Sicht der Dinge haben, was sich in den Gesprächen, die ich im Zuge meiner Recherchen zu dem Roman sowohl mit einigen Polizeibeamten als auch mit einer betroffenen Frau geführt habe, bestätigte. Ich war entsetzt über die Einstellung meiner männlichen Gesprächspartner, für die eine Vergewaltigung offensichtlich kaum mehr als ein Kavaliersdelikt war (die Zeiten haben sich zum Glück geändert; heute ist eine Vergewaltigung nicht nur in den Augen der Öffentlichkeit ein Verbrechen, sondern sie wird auch in den meisten zivilisierten Ländern der Welt von der Justiz als solches geahndet). Damals also kannte man aus Kino und Fernsehen allenfalls Vergewaltigungsszenen, die ziemlich unglaubwürdig erschienen. Wie konnte ich es in meinem Buch besser machen und der Vergewaltigung Glaubwürdigkeit und damit Gewicht geben?

Ich kam auf die Idee, eine Nebenfigur einzuführen, Mary Kos-
lak, die Frau des Vergewaltigers, und ihr einen Kommentar in
den Mund zu legen, der kurz vor der Stelle eingeschoben ist,
an der es zur Vergewaltigung kommt. Wenn es mir gelang,
sie glaubhaft erscheinen zu lassen, würde, so dachte ich, der
Vergewaltiger, den wir ja mit ihren Augen sehen, für uns real
werden und damit auch seine Tat. Später fügte ich ein Kapitel
hinzu, in dem die Ereignisse aus der Sicht des Vergewaltigers
betrachtet werden. Und in einigen anderen Kapiteln kommt der
Psychiater Koch zu Wort, der schon in *Der junge Zauberer* eine
Rolle gespielt und nun auch den Sprung in dieses Buch geschafft
hatte. Es erweist sich, dass Francine, das Vergewaltigungsopfer,
seine Patientin ist, für die er insgeheim romantische Gefühle
empfindet, was ihn als Arzt in einen schweren Interessenkonflikt stürzt.

Die Technik des wechselnden Ich-Erzählers ist ein wunderbares
Hilfsmittel für Autoren, die gern in die Haut ihrer Figuren
schlüpfen. Sie gibt dem Autor die Möglichkeit, im Schreiben
die Wirklichkeit nachzubilden, in der wir alle in der Ich-Form
miteinander kommunizieren. Ich war nie ein sechzigjähriger
Psychiater, ein Rechtsanwalt, eine loyale und rechtschaffene
Ehefrau, ein Pferdezüchter, ein Vergewaltiger, noch irgendeine
der Personen, die in dem Roman auftreten, aber wie sehr habe
ich es genossen, diese grundverschiedenen Figuren zu erschaffen! Aus diesem Figurengespinst heraus ist die Geschichte entstanden. Und ich möchte nicht unerwähnt lassen, dass mir der
Roman *Tür an Tür* die erste Fünf-Sterne-Rezension meines
Lebens, mehr Geld, als ich je an einem anderen Roman verdient habe, sowie den Segen von Meryl Streep beschert hat,
die binnen zweier Wochen nach der Veröffentlichung anbot,
die Rolle der Francine zu spielen. Ich hoffe, dass dieses Beispiel
andere Autoren ermutigt, mit Techniken zu experimentieren,
die dem Leser zwar verborgen bleiben, ihn aber emotional berühren, wie es die wechselnden Ich-Erzähler in diesem Kapitel
getan haben.

9

Geloben Sie,
die Wahrheit zu sagen und nichts
als die Wahrheit?

Ein Autor kann nur das schreiben, was er auch gern liest. Er muss das schreiben, was er am liebsten liest. Zugegeben, ich spreche von zwei verschiedenen Gattungen der Spezies Schriftsteller. Da gibt es einmal die Linie, die auf Shakespeare zurückgeht – und deren Vertreter manchmal zu weit gehen in ihrem Bemühen, etwas literarisch Wertvolles zu schaffen. Und dann gibt es die Linie, die auf Christopher Marlowe zurückgeht, den Inbegriff der Melodramatik, von dem Shakespeare einige Plots abgekupfert hat, bevor ihm klar wurde, dass Schreiben auch eine Methode ist, die menschliche Natur zu erforschen.

Über die Shakespeare'sche Tradition ist viel geschrieben worden. Um das Melodrama in der Tradition von Marlowe wurde dagegen weniger Aufhebens gemacht. Dieses Buch richtet sich an die Nachfahren beider Urväter, an diejenigen Autoren, die ein gutes Buch schreiben wollen, und an diejenigen, die eine unterhaltsame Lektüre schreiben wollen. Sie gehören zweierlei Berufszweigen an, aber für sie alle ist es unterschiedslos von Vorteil, wenn sie ihr Handwerk beherrschen.

In beiden Berufszweigen gibt es Fußangeln und Fallgruben. Der Autor, der einen literarisch hochwertigen Roman abliefern möchte, läuft Gefahr, in eine Passivität und Inkonsequenz abzugleiten, die sich kein Leser lange gefallen lässt. Der Melodramatiker dagegen bringt seine Plots oft in solcher Eile zu Papier, dass er es versäumt, interessante Figuren und eine glaubwürdige

Handlung zu entwickeln. Wenn er dazu noch sprachlich unpräzise ist, kann es leicht passieren, dass er unbefriedigendes Stückwerk produziert.

Es ist wichtig, den Unterschied zwischen Melodramatik und echter Dramatik zu sehen. Man kann sich ein Melodrama als Oper ohne Musik vorstellen, als übertriebenes Schauspiel, in dem physische Aktion und Gefühlsausdruck überbetont sind, was sowohl auf der Bühne als auch in einem Roman unglaubwürdig wirkt.

Das Melodrama erlebte seine Blütezeit auf den Bühnen des 19. und in den Stummfilmen des frühen 20. Jahrhunderts. Jeder, der schon einmal einen solchen Film gesehen hat – selbst wenn es einer war, der unter Cineasten als Meisterwerk gehandelt wird –, weiß, was Melodramatik ist und warum uns dieses Maß an Unglaubwürdigkeit unangenehm berührt, sofern die Übertreibung nicht um ihres komischen Effekts willen beabsichtigt ist. Im Melodrama wird ein naives Bild der menschlichen Natur gezeichnet. In der Literatur haftet der Melodramatik eine gewisse Verlogenheit an. Die Menschen verhalten sich im wirklichen Leben nicht so, wie sie es in solchen Büchern tun. Die Helden und Heldinnen eines Melodramas sind unsagbar gut. Die Schurken sind unfassbar böse. Heute wissen wir, dass Helden und Heldinnen überzeugender sind, wenn sie auch Schwachstellen haben, und dass Schurken glaubwürdiger sind, wenn sie ihre Opfer mit Charme und List umgarnen.

Die Geschichten, auf denen Thriller und Kriminalromane basieren, halten einer näheren Betrachtung oft nicht stand, weil sie so oberflächlich konstruiert sind, dass die Handlung eher einem Cartoon zu entstammen als aus dem Leben gegriffen scheint. Die klischeehaft gezeichneten Helden und Schurken darin werden von Motiven und Gefühlen getrieben, die aufgesetzt oder sentimental wirken. Die Figuren im Melodrama sind alles andere als subtil. Sie wirken nicht wie die komplexen fiktiven Charaktere, die in unserer Erinnerung weiter leben, sondern wie

Marionetten, die an den Fäden eines weit hergeholten, seichten Plots hängen, dessen einziges Anliegen kurzlebige, leichte Unterhaltung ist. Das Melodrama erfreut sich enormer Beliebtheit bei denjenigen Lesern, die sich von einem Buch nicht tiefere Einsichten oder Freude am kunstvollen Umgang mit der Sprache, sondern wohlfeile Ablenkung versprechen. Ein solcher Leser stürzt sich ohne kritische Vorbehalte ins Vergnügen. Wenn er das Buch fertig gelesen hat, klappt er es zu und verschwendet wahrscheinlich nie wieder einen Gedanken daran. Ein Melodrama gibt dem Leser keinen Einblick in die menschliche Natur, und es schenkt ihm keine Charaktere, die in Erinnerung bleiben. Es lebt von Pseudo-Emotionen. Jean Cocteau hat in diesem Zusammenhang einmal von einer »Erpressung der Gefühle« gesprochen. Das Melodrama in Buchform, soviel kann man sagen, ist eine kurzlebige Form der Unterhaltung, an der sich einige Autoren Jahr für Jahr eine goldene Nase verdienen.

Wer nie eine Liebe zum künstlerischen Umgang mit Figuren und Sprache entwickelt und nie etwas anderes als Thriller gelesen hat, wird auch als Autor nichts anderes produzieren. Wenn sich ein passionierter Thrillerleser entschließt, selbst zu schreiben, kann ich ihm nur raten, sein Handwerk gründlich zu lernen, damit er Charaktere entwickeln kann, die authentisch sind und deren Handlungen glaubhaft erscheinen.

Wer einen Roman von literarischer Qualität schreiben möchte, übernimmt eine andere Art von Verantwortung. Er bewegt sich auf hauchdünnem Eis, so dünn wie das Papier, auf dem er seine Geschichte schreibt. Mit den Mitteln des Realismus oder der Fantasie setzt er sich mit der Wahrheit auseinander, wie sie sich ihm präsentiert, und lässt auf dem Papier Leben entstehen. Wenn er sein Bestes gibt, haben seine Werke vielleicht über seinen Tod hinaus Bestand, und sein Menschenbild wird zu einem Kulturgut, das an künftige Generationen weitergegeben wird. Es käme einem Sakrileg gleich, diese künftigen Generationen bewusst zu belügen.

Damit sind wir bei der moralischen Verantwortung des Schreibenden. Wer als Schreibender scheinbare Wirklichkeiten erschafft, die lange im Gedächtnis haften, darf, auch wenn er Erfinder und Entdecker zugleich ist und sich selbst und seine Leser von seiner Fantasie an Orte entführen lässt, die er vielleicht nie gesehen hat, das, was er an Einsichten in menschliche Verhaltensweisen gewonnen hat, nicht verfälschen.

Dem Autor anspruchsvoller Literatur geht es in einer Hinsicht fast wie einem Kriminellen. Wenn er stümperhaft zu Werke geht, muss er fürchten, dass man ihn dabei ertappt, und dann wird er, von Kritikern und Lesern geschmäht, in der Versenkung verschwinden. Erica Jong, die mit ihrem Roman *Angst vorm Fliegen* literarischen Ruhm gewonnen hat, ist ihrem eigenen Bekunden nach früh zu der Erkenntnis gekommen, dass man es als Schriftsteller schaffen kann, »wenn man schonungslos ehrlich mit seinen Gefühlen und Ängsten umgeht«. Anspruchsvolle Literatur zu schreiben ist riskant, aufregend und zutiefst befriedigend.

Shakespeare hat uns mehr Wahrheiten über die Natur des Menschen offenbart als irgendein kluger Kopf nach ihm. Marlowe hat uns Melodramen hinterlassen, die kaum je gelesen oder aufgeführt werden. Jeder, der schreibt, redet sich gern ein, dass er seine literarischen Vorbilder frei wählen kann. Ich dagegen sage Ihnen, dass Sie Ihre Wahl schon getroffen haben, wenn feststeht, was Sie selbst am liebsten lesen. Machen Sie das Beste daraus.

10
Wo der Autor irrt

Ich nehme Sie nun mit in das Heiligtum meines Arbeitszimmers und lasse Sie die Gespräche belauschen, die ich mit einer Autorin und einem Autor führe. Die beiden haben einen sehr unterschiedlichen Hintergrund und unterschiedliche Ziele, und beide sind mit einem fertigen Romanentwurf zu mir gekommen. Stellen Sie sich vor, Sie sehen mir bei der Arbeit an den Manuskripten über die Schulter.

Die Autorin, von der die Rede ist, unterrichtet Schreiben an einer namhaften Universität und kämpft mit ihrem Erstlingsroman. Ich habe mich ihrer angenommen, nachdem ich einige ihrer Sachbücher gelesen habe, die hervorragend sind. Ich werde Ihnen sagen, was an ihrem Manuskript gut und was schlecht ist und welchen Überarbeitungsplan ich für sie aufstelle. Vielleicht finden Sie einige Punkte dieses Plans für Ihre eigene Arbeit nützlich.

Das Manuskript, das die Autorin mitgebracht hat, ist ein Historienroman, ein ziemlicher Wälzer. Die Geschichte verläuft ohne klares Ziel im Zickzackkurs. Die Sprache ist übertrieben blumig. Sie benutzt so viele Adjektive, Vergleiche und Metaphern, dass der Leser sich mehr auf den Stil konzentriert, als dass er sich selbstvergessen dem Genuss der Lektüre hingeben kann.

Um eine klare Linie in den Plot zu bringen, rate ich ihr, den Inhalt des Romans auf maximal einer Seite zusammenzufassen. Die besten Romane, die ich im Lauf der Jahre lektoriert habe, konnte man in einem einzigen Absatz zusammenfassen.

Als zweite Aufgabe schlage ich ihr vor, die Geschichte in Szenen zu gliedern. Man spart eine Menge Zeit, wenn man den

Szenenentwurf vor der ersten Rohfassung des Manuskripts macht, aber in diesem Fall muss es eben umgekehrt vonstatten gehen.

Ich bitte sie als Nächstes, die Szenen in der Reihenfolge aufzulisten, in der sie später im Roman erscheinen sollten. Auf diese Weise will ich herausfinden, welche Szenen am stärksten sind, welche den Ansprüchen nicht genügen und überarbeitet oder gestrichen werden müssen und wo es narrative Zusammenfassungen zwischen den Szenen gibt, auf die man verzichten kann.

Wir gehen nun die Szenenliste durch, und ich bitte die Autorin, mir zu sagen, welche Gefühle die einzelnen Szenen beim Leser erzeugen sollen, denn die fiktionale Literatur verfolgt ja das Ziel, den Leser für die Dauer der Lektüre emotional zu fesseln und in die Geschichte einzubinden. Dann überprüfen wir anhand der Liste, ob die Reihenfolge der Szenen stimmt und ob einige der schwächeren Szenen nicht vielleicht überflüssig sind.

Der besagte Roman hat zwei Protagonisten, was in etwa so ist, als wäre man mit zwei Frauen oder mit zwei Männern gleichzeitig verheiratet. Kann man Loyalität und Zuneigung gerecht verteilen? Ich bin entschieden dafür, nur einen Protagonisten zu wählen, da es dem Leser sonst nicht gelingt, seine Gefühle zu fokussieren. Wenn ein Autor sich nicht entscheiden kann, wer die eigentliche Hauptfigur sein soll, muss er sich fragen, welche der Figuren in der Geschichte die einschneidenderen Erfahrungen macht und wer in ihrem Verlauf die signifikantesten Veränderungen durchmacht.

Ich erinnere mich an eine kalifornische Autorin, die an einem Roman schrieb, in dem drei Protagonistinnen auftreten sollten. Es funktionierte nicht. Als sie sich endlich für eine der drei Frauen entschied, begann ihr Roman zu leben. Ich rate auch der Autorin des Historienromans, sich auf eine Hauptfigur zu beschränken. Ich weiß bereits, für wen ich mich entscheiden würde, behalte das aber für mich. Ich will sehen, wie sie selbst sich entscheidet, denn der Denkprozess, der zu der Entscheidung führt, verschafft ihr auch größere Klarheit über die Geschichte, die sie im Kopf hat. Die Überlegung, *wessen* Geschichte es ist, die man schreibt, kann für den Autor eine wichtige Lernerfahrung sein.

Nachdem sie sich für einen Protagonisten entschieden hat, sehen wir uns ihre Szenenliste noch einmal an. Im Idealfall tritt der Protagonist gleich in der ersten Szene in den Vordergrund, damit der Leser nicht im Unklaren bleibt, wer in der Geschichte die Hauptrolle spielen wird. Wenn wir uns als Leser nicht beizeiten darüber im Klaren sind, wessen Geschichte wir nun verfolgen sollen, haben wir es mit einem typischen Anfängerfehler zu tun. Wir werden nicht gerade begeistert sein, wenn wir nach der Hälfte des Romans feststellen, dass wir auf der falschen Fährte waren und uns nun umorientieren müssen.

Anschließend diskutieren wir die Änderungen am ersten Kapitel, die eine wesentliche Verbesserung gegenüber einer früheren Version sind. Einige Fehler gibt es jedoch immer noch, die man beseitigen kann. Ich zähle sie an dieser Stelle lediglich auf, um diejenigen Punkte hervorzuheben, auf die ein Schriftsteller achten sollte.

Der erste und der zweite Satz müssen vertauscht werden, damit der Leser besser nachvollziehen kann, was sich die Autorin unter der Szene vorgestellt hat, als sie sie schrieb.

Sätze oder Teilsätze, die bereits bekannte Informationen wiederholen, müssen gestrichen werden. Ich rate außerdem dazu, Bandwurmsätze in mehrere kurze Sätze aufzulösen, weil das sowohl das Tempo als auch die Spannung steigert.

In manchen eingeflochtenen Anmerkungen der Autorin spiegelt sich ihre eigene Unsicherheit wider, was das Lesevergnügen entschieden beeinträchtigt. Ich schlage ihr vor, diese Stellen zu streichen.

Ich klammere überflüssige Adjektive ein, die gestrichen werden sollen. Diese Streichungen tun den Sätzen ausnahmslos gut.

Ich rate ihr dringend, allzu melodramatische Passagen, in denen eine übertriebene Handlung die Glaubwürdigkeit beeinträchtigt, zu streichen.

Ich weise sie auf Stellen hin, an denen sie als Autorin durchscheint, weil nur sie wissen kann, was gesagt wurde. Der Autor gehört – sofern er nicht der Ich-Erzähler ist – nicht in die Geschichte.

Ich stelle die Frage in den Raum, ob eine bestimmte Nebenfigur unbedingt gleich am Anfang auftreten muss. Die Autorin könnte ein starkes Überraschungsmoment erzeugen, wenn sie diese Figur zum ersten Mal an einer späteren Stelle des Kapitels in Erscheinung treten ließe und auf den ersten, unwichtigen Auftritt verzichten würde.

Ich rege Verbesserungen des Dialogs an. »Ihre Stimme senkte sich zu einem Flüstern« beispielsweise sollte vor dem geflüsterten Satz stehen, nicht danach.

Was Sie hier sehen, ist etwa die Hälfte der Änderungsvorschläge, die ich ihr für ein bereits überarbeitetes erstes Kapitel unterbreitet habe. Das lässt ahnen, wie viel und was der Lektor am Romanmanuskript selbst eines erfahrenen Autors noch tut, der bis dato nur Sachtexte veröffentlicht hat.

Unser zweites Beispiel ist das Werk eines erfolgreichen Anwalts, der zwar noch nicht im Ruhestand ist, sich aber zunehmend dem kreativen Schreiben widmet, was ihm weit mehr Spaß macht als das Verfassen juristischer Texte, mit denen er sich sein ganzes Berufsleben lang beschäftigen musste. Man spürt förmlich seine Freude am Schreiben, was ihn als Autor für mich interessant macht. Noch wichtiger ist allerdings, dass sein Manuskript, ein Thriller, eine Hauptfigur hat, die nicht nur glaubwürdig ist, sondern die man auch ins Herz schließen kann. Und die Mängel der Geschichte, so viele es auch sein mögen, sind alle behebbar. In einem ersten Arbeitsdurchgang, in dem wir uns stellvertretend mit einem einzigen Kapitel befassen, kann ich feststellen, dass der Autor sehr kooperativ ist und offen für Verbesserungsvorschläge, die helfen, die Nebenfiguren besser zu charakterisieren und den Text lesbarer zu machen. Das alles sind günstige Vorzeichen im Hinblick auf eine spätere Veröffentlichung, wenn er es schafft, diesen Standard der Überarbeitung über die Länge des gesamten Manuskripts aufrecht zu erhalten. Er staunt darüber, wie komplex die Kunst des Schreibens sein kann, und lernt mit einem Eifer und einer Begeisterung dazu, die den Lektor für all seine Mühen entschädigen.

Im ersten Entwurf ist zu Anfang der Geschichte schwer zu erkennen, wer der Protagonist ist. Ein neuer Präsident steht kurz vor seiner Vereidigung. Der Protagonist ist ein Mitglied des scheidenden Kabinetts, ein Mann, der kein ausgeprägtes Interesse an der Politik hat und es kaum erwarten kann, sich wieder ins Privatleben zurückzuziehen. Um die Geschichte in Gang zu bringen, schlage ich einen Satz vor: »Das war ihre Amtseinführung, nicht seine.« Die Idee funktioniert und macht mehrere unklare Absätze überflüssig.

Ich rate einem Autor immer dazu, auf jeder Seite seines Romans mindestens ein visuelles Element in Erscheinung treten zu lassen. Im Entwurf wurde in einer narrativen Zusammenfassung über den Mord am Verteidigungsminister berichtet. In der überarbeiteten Fassung haben wir eine Szene daraus gemacht, die für den Leser sichtbar ist.

Der Romanautor muss darauf achten, dass er in einer Geschichte keine Botschaft zu einem realen kontroversen Thema vermittelt. In diesem Manuskript ist Rassismus nicht das zentrale Thema, und die Art, wie der Autor es behandelt, wirkt unbeholfen und unangemessen. Der Autor überarbeitet diesen Teil und präsentiert nach einigen Versuchen einen glaubwürdigen Dialog, der das ersetzt, was wie eine Moralpredigt des Autors daherkam.

Am Anfang des Buches wimmelt es von überflüssigen Worten, die den Fluss der Geschichte hemmen. Ich klammere alle diese Worte ein, und nachdem sie vom Autor gestrichen wurden, gewinnt die Geschichte an Schubkraft. Klischeehafte Formulierungen und Bilder werden verbessert oder herausgenommen. Ein aufdringlicher Reporter ist unrealistisch dargestellt. Auch hier gelingt es dem Autor, durch eine sorgfältige Überarbeitung das Problem zu lösen. Ein Problem, das nach wie vor besteht, ist die katastrophale Explosion, mit der die Geschichte ihren Anfang nimmt. Die Explosion wird beschrieben, nicht gezeigt. Sie muss überarbeitet und mit überzeugenden Details ausgeschmückt werden, damit der Leser das Gefühl hat, das Ereignis mitzuerleben.

In dem Buch gibt es zwei Antagonisten, beides hochrangige Regierungsvertreter. Beide sind überzogen porträtiert. Dadurch wirken sie als Gegenspieler des Protagonisten unglaubwürdig, und der Konflikt, der sich anbahnt, scheint künstlich erzeugt und nicht wie eine spannende Geschichte, an deren Entwicklung der Leser in lebendigen Szenen teilhaben könnte. In der ersten Fassung sehen wir einen der beiden Antagonisten mit einer teuren Prostituierten in einem Hotelzimmer, wo er aus dem Fernsehen von der Explosion erfährt, während die Frau sich die Nägel lackiert. In der Überarbeitung macht der Autor daraus eine amüsante und glaubwürdige Sequenz, indem er die melodramatische Bösartigkeit der Figur reduziert.

Unerfahrene Autoren haben oft Probleme mit den »Beats«. Ein Beat ist normalerweise eine kurze, untergeordnete Handlung, die dazu dient, einen Dialog zu unterbrechen, wenn eine Pause notwendig ist, damit die Szene ein visuelles Element erhält. Früher zündete sich an einer solchen Stelle einer der Akteure eine Zigarette an oder nippte an einem Drink. Das geschah so oft, dass es bald zum Klischee erstarrte und heute eigentlich nur noch ein Zeichen dafür ist, dass hier ein nachlässiger Autor am Werk war. Ich ermutige den Autor, solche klischeehaften Beats durch glaubwürdigere Handlungen zu ersetzen.

Gegen Ende des ersten Kapitels geht der Autor in einer vortragsartigen Rückblende auf den Hintergrund und die Überzeugungen des Protagonisten ein, was nicht im Interesse des Lesers sein kann, der dadurch aus dem Fluss der Geschichte gerissen wird. Das Lesevergnügen löste sich in Luft auf. Ich bringe das

Problem zur Sprache, und es gelingt dem Autor, die erklärende Rückblende auf zwei prägnante Sätze zu reduzieren, die alles Notwendige sagen.

In einer Mordszene muss die Perspektive überarbeitet werden. In diesem Punkt muss sich der Autor größte Selbstdisziplin auferlegen. Die Perspektive muss in sich konsistent sein, sonst verliert der Autor die Kontrolle über seine Geschichte und der Leser die Lust an der Lektüre.

Als genereller Rat wäre zu sagen, dass man eine Szene am besten aus der Sicht desjenigen Akteurs erzählt, der darin am stärksten betroffen ist. Bei einem Mord ist dies das Opfer. Wird die Geschichte in der dritten Person erzählt, so ist die Perspektive des Opfers akzeptabel, nur darf sie nicht weiter verwendet werden, nachdem das Opfer das Bewusstsein verloren hat oder tot ist! Ich erkläre, wie ich mir die Mordszene aus der Perspektive des Opfers vorstellen könnte.

> Der Eindringling rammte Fred das Knie ins Kreuz und drückte sein Gesicht gegen die Wand. Etwas Dünnes, Metallisches schnitt in seinen Hals. Er versuchte sich loszuwinden. Er versuchte zu schreien, während er spürte, wie sich der Draht zuzog. Fred griff nach seiner Kehle, er schlug wild um sich in dem Versuch, seinen unsichtbaren Angreifer zu fassen zu bekommen. Er wand sich und trat um sich. Er bekam keine Luft. *Wer hatte ein Interesse daran, mich zu ermorden?*

In wichtigen Szenen ist es entscheidend, dass man sich auf die Perspektive eines Akteurs beschränkt. In diesem Fall soll es bis zu dem Zeitpunkt, an dem die Bewusstlosigkeit eintritt, die des Opfers, danach die des Mörders sein.

Der Autor führt ein paar »bullige FBI-Agenten« als Schlägertypen mit Trenchcoat und Stoppelhaaren ein. Das ähnelt nicht nur einer Karikatur, sondern es mindert auch die Glaubwürdigkeit der Szenen, in denen sie auftreten. FBI-Agenten, Polizisten, Detektive, sie alle müssen wie jede andere Figur so charakterisiert werden, dass sie als authentische Individuen in Erscheinung treten und nicht stellvertretend für eine bestimmte Berufsgruppe.

Das dritte Kapitel bereitet mir einige Sorgen, weil ich an dieser Stelle der Geschichte nicht sicher bin, wer der Antagonist sein soll. Ich bespreche das Problem mit dem Autor, und es stellt sich heraus, dass ihm tatsächlich mehrere Antagonisten vorschweben, was ihre Wirkung mindern würde. Im Gespräch kristallisiert sich heraus, wer der wichtigste Antagonist ist. Um seine Stellung in dem Roman zu verdeutlichen, müssen seine Szenen umgeschrieben werden. Es ist nicht ungewöhnlich, dass ein unerfahrener Autor seinen Schurken übertrieben finster darstellt, was auch hier der Fall ist. Ich schlage dem Autor vor, sich beide, den Protagonisten und den Antagonisten, als *Antagonisten* vorzustellen, denen die gleiche Aufmerksamkeit gebührt. Das erhöht die Glaubwürdigkeit des Konflikts und kann der Geschichte nur gut tun.

Zu Anfang der Geschichte führt der Autor zwei Hunde ein. Mein erster Gedanke ist, dass sie unnötig vom Wesentlichen ablenken, aber dann komme ich zu dem Schluss, dass der Protagonist in seiner Zuneigung und Sorge um sie menschlicher erscheint. Die Hunde bleiben also.

An einer Stelle verwendet der Autor einen langen Auszug aus einem Gesetzbuch. Im Gespräch wird uns beiden klar, dass sich hier die jahrzehntelange Beschäftigung mit juristischen Texten verselbstständigt hat, für die aber in diesem Buch kein Platz ist. Der Autor reduziert die Passage auf eine kurze Bezugnahme im Rahmen eines Dialogs.

An dieser Stelle ein Tipp: Ich erlebe es oft, dass in einem Roman ungünstige Namen gewählt werden. In unserem Beispiel gibt es eine Frau namens Silvia, während der Protagonist Silver heißt. Weil das zu ähnlich klingt, schlage ich vor, der Frau einen anderen Namen zu geben. Es ist sogar ratsam, zwei wichtigen Figuren Namen zu geben, die nicht mit demselben Buchstaben anfangen, sonst wird der Leser sein Tempo drosseln müssen, um festzustellen, um welche Figur es sich gerade handelt. Am besten vermeidet man jegliche Verwirrung oder Ablenkung, die den Leser aus der Geschichte herausreißen könnte.

Obwohl man sich in einem Roman durchaus namentlich auf bekannte Persönlichkeiten beziehen kann, sollte man seinen Romanfiguren keine Namen existierender Personen geben. In unserem konkreten Beispiel verwendet der Autor Namen, die denen tatsächlich existierender Personen zu offensichtlich nachempfunden sind oder die durch ihren Klang seine eigene Einstellung zu diesen Figuren allzu deutlich werden lassen. Auch diese Namen bitte ich ihn zu ändern.

Ich markierte eine Passage, die er als narrative Zusammenfassung angelegt hat, die sich aber leicht in einen Dialog umwandeln lässt. Ein Dialog ist immer eine »unmittelbare Szene«.

Der vorletzte Absatz des Kapitels wäre ein perfekter Abschluss, doch die Wirkung wird vom tatsächlich letzten Absatz zunichte gemacht. Das Ende eines Kapitels sollte zum nächsten überleiten, indem es eine unbeantwortete Frage in den Raum stellt. Der Autor streicht den letzten Absatz und verbessert so das Buch an einer entscheidenden Stelle.

Ich markiere eine Reihe von Passagen, in denen die Satzstellung geändert werden muss. Auf diesen weit verbreiteten Fehler werden wir im nächsten Kapitel zu sprechen kommen.

Ein Telefongespräch in einem Roman entspricht nicht einem realen Telefongespräch. Es ist wesentlich verkürzt, weil es nur das enthält, was für die Geschichte wichtig ist. Wenn Sie darauf hoffen, Ihren Roman vielleicht einer Filmfirma verkaufen zu können, sollten Sie am besten ganz auf Telefonpassagen verzichten, denn sie sind für den Autor, der aus Ihrem Stoff ein Drehbuch machen soll, immer ein Problem. Im Falle unseres Autors stelle ich die Notwendigkeit eines bestimmten Telefongesprächs in Frage.

Ich weise darauf hin, dass in einer Szene, die spannend sein soll, zuviel vom Angeln die Rede ist. Der Leser weiß, dass ein Mörder den Angler beobachtet. Die Passagen über das Angeln müssen gekürzt werden, damit die Spannung erhalten bleibt. Wenn ich in einem Manuskript die Bemerkung »Wissen wir« an den Rand schreibe, so heißt das, dass der Autor Dinge mitteilt, die dem Leser bereits bekannt sind. Solche Passagen sollten immer gestrichen werden.

Der Autor beginnt fünfmal hintereinander einen Satz mit »Er...«. Einige dieser Sätze müssen umformuliert werden.

Der Autor spricht an einer Stelle von einem »kleinen schwarzen Auto«. Spezifizierungen lassen eine Szene realer erscheinen. Ich schlage also vor, die Automarke zu benennen.

Ich mache dem Autor außerdem den Vorschlag, an einer bestimmten Stelle ein Omen einzubauen, ein Vorzeichen für das, was noch geschehen wird. Ein »Omen« ist nicht mit einer »Andeutung« zu verwechseln, die weniger subtil ist und den Leser schon im Vorfeld wissen lässt, was ihn erwartet.

Ich weise den Autor darauf hin, dass seine Figuren ständig lächeln. Auch Kopfschütteln ist überproportional oft vertreten.

Wird eine für den Roman wichtige Figur ermordet und die Leiche gefunden, so reicht es nicht, in einem Nebensatz darüber zu berichten. Ich schlage dem Autor also vor, eine realistische Szene daraus zu machen, die dem Leser den Leichenfund bildhafter vor Augen führt.

Ich weise den Autor auf ein paar gelungene Plot-Einfälle hin, an deren Beispiel er weniger gelungene verbessern kann.

In einem späteren Kapitel störe ich mich an einer Diskussion. Diskussionen sind im Roman im Gegensatz zu Konfrontationen und Streitgesprächen nicht angebracht. Ich habe einmal den Roman eines angesehenen Arztes lektoriert, in dem die handelnden Figuren – Ärzte und Krankenhauspersonal natürlich – ständig in langen Sitzungen über medizinische Probleme und Verwaltungsangelegenheiten diskutierten. Es war sterbenslangweilig. Wenn das, was in einer solchen Sitzung passiert, für die Geschichte wichtig ist, sucht man sich einen Moment heraus, in dem es zu Spannungen zwischen den Akteuren kommt, und vergisst den Rest. Ein Sitzungsprotokoll, selbst wenn es gekürzt ist, hat nichts in einem Roman verloren.

Bei einer zweiten Durchsicht der ersten Kapitel fällt mir auf, dass sich einige Begriffe zu oft in Synonymen wiederholen.

Nachdem die überflüssigen Wiederholungen entfernt wurden, sind die Sätze ausdrucksstärker.

Die präzise Wahl der Worte ist selbstverständlich von größter Bedeutung. Im spannungsgeladenen ersten Kapitel stoße ich zweimal auf eine Tür, die »bereits geöffnet war«. Das »bereits geöffnet« ist ein Wechsel der Zeit, der ablenkend wirkt. Die Tür »war unverschlossen« oder »stand offen« wäre hier die adäquate Formulierung.

An einer Stelle, an der das Geschehen unübersichtlich wird, fordere ich den Autor auf, sich vorzustellen, dass er sich, mit einer Videokamera bewaffnet, in der Szene befindet, um dann in chronologischer Folge zu erzählen, was er mit der Kamera aufgenommen hatte. Das löst im Allgemeinen das Problem.

Ich rate dem Autor dringend, Sätze wie »Es war John Smith...« zu vermeiden. Wenn es sich dabei nicht um den aus der Sicht einer Figur geäußerten Gedanken derselben handelt, tönt uns aus einer solche Aussage nur die Stimme des Autors entgegen. Der Autor gehört an seinen Schreibtisch, nicht in sein Buch.

In einer Szene denkt der Akteur, nachdem er mit einer Frau geschlafen hat, verallgemeinernd daran, »es noch mal zu machen«. Ich schlage vor, ihn an dieser Stelle etwas an der Frau sehen zu lassen, das er so erotisch findet, dass ihm spontan das »das nächste Mal« in den Kopf kommt.

Ich weise auf einen Dialogsatz hin, der aus dem Mund der Person, die ihn sagt, zu logisch klingt.

An einer Stelle ist von einem Universitätskurs die Rede, den eine der Figuren besucht. Das veranlasst mich, laut über das Alter der betreffenden Figur nachzudenken. Es erweist sich, dass die Stelle gestrichen werden muss, weil die Figur zu alt ist für den beschriebenen Kurs. Solche Dinge fallen normalerweise dem redigierenden Lektor auf, nachdem das Manuskript bereits vom Verlag angenommen wurde. Ich rate Autoren immer, solche Fehler bereits im Vorfeld zu erkennen und zu beheben, da sich ihre negative Gesamtwirkung akkumuliert, je mehr es davon gibt.

Der Autor lässt jemanden durch ein Büro spurten. Das fällt selbst in einem geräumigen Büro einigermaßen schwer. Das »Spurten« muss also durch ein passenderes Wort ersetzt werden. In einer Szene kreist ein Hubschrauber mit Fernsehreportern über einem Tatort und stört einen Polizeihubschrauber beim Start. Als die Besatzung des Fernsehhubschraubers nicht sofort auf die Aufforderung, zu verschwinden, reagiert, feuert ein ranghoher Polizeibeamter eine Salve in die Luft, um die Reporter zu vertreiben. Das wirkt melodramatisch und wenig glaubhaft. Die Drohung des Polizisten: »Wenn Sie uns behindern, schießen wir Ihren Hubschrauber ab«, würde an dieser Stelle ausreichen.

Ich machte dem Autor ein Kompliment hinsichtlich einer Szene, die im Leser den Wunsch weckt, den Protagonisten anzufeuern. Das ist gut für den Leser. Gut für den Autor ist es, wenn ihn jemand, in diesem Fall der Lektor, auf Stellen hinweist, die beim Leser eine emotionale Reaktion bewirken. So hat er Beispiele, auf die er sich bei seiner weiteren Arbeit stützen kann.

Der Autor kennt die Namen seiner Charaktere besser als jeder Leser. An einer Stelle wird eine Figur mit den Worten beschrieben, sie habe eine »vor der Zeit ergraute Haarmähne«, aber der Name der Figur bleibt unerwähnt. Das stößt den Leser vor den Kopf. Es ist leicht, den Namen einer Figur einzubauen, besonders in einem Dialog.

Ich weise den Autor auf eine Stelle hin, an der er sich wiederholt hatte. Das ist ein häufiger Fehler. Ich gebrauche gern eine Formel: Eins plus eins ist die Hälfte. Diese Formel soll den Autor daran erinnern, dass die Wiederholung einen Sachverhalt nicht verstärkt, sondern die Wirkung des Gesagten mindert.

Zitiert wird in der wörtlichen Rede, nicht in Gedanken. Wenn die Perspektive einer Figur etabliert ist, brauche ich dann deren Gedanken mit den Worten »Er dachte« anzukündigen? Lassen Sie sie einfach denken. Zum Beispiel: Würde er es schaffen? Wie würde es sich auf Jane auswirken? Und was war mit den Mädchen?

Wenn die Erzählperspektive die der denkenden Figur ist, wird der Leser verstehen, dass es sich um deren Gedanken handelt. Dazu muss er natürlich mit den Zusammenhängen vertraut sein.

An einer Stelle fällt mir auf, dass eine im Dialog gemachte Äußerung des Antagonisten zu direkt und aggressiv ist. Darüber hinaus ist die Beschreibung seines Äußeren zu negativ befrachtet. Die Figur wird als »schmierig, pockennarbig, stinkend«, mit einer »fleckigen Krawatte« und einem »Bierbauch« beschrieben. Ich rate dem Autor, der Figur ein angenehmeres Erscheinungsbild zu geben, was seine Rivalität zum Helden viel wirkungsvoller werden lässt. Schurken, denen man ihre Gemeinheit auf den ersten Blick ansieht, sind ein Hollywood-Klischee. Ein Schurke dagegen, der im Gewand des Biedermanns daherkommt, ist glaubwürdig und beeindruckend.

Ich fordere den Autor auf, sich den Protagonisten und den Antagonisten als zwei Antagonisten vorzustellen, anstatt als Held und Bösewicht. Auf diese Weise wird die Rivalität zwischen den beiden nicht von vornherein offenkundig. Je stärker der Bösewicht charakterisiert ist, um so mehr Bedeutung gewinnt seine Rivalität zum Protagonisten und um so eindrucksvoller gerät am Ende der Sieg des Helden.

Ich möchte noch hinzufügen, dass ich einige Wochen nach unserer Arbeitssitzung, deren Zeuge Sie soeben waren, das vom Autor überarbeitete Manuskript erhielt und begeistert war. Der Lektorist dazu da, den Autor bei der Verwirklichung seiner Absichten zu unterstützen, und in unserem Fall hat diese Bemühung lohnende Früchte getragen. Wenn der Autor, von dem hier die Rede war, auf dem eingeschlagenen Weg weiter geht, kann es gut sein, dass aus seinem Manuskript demnächst sein erster veröffentlichter Roman geworden sein wird.

11
Wie man die Worte präzise setzt

Sie sitzen in einer Maschine einer Fluggesellschaft, deren Namen ich nicht nennen werde. Wenn die Tür zum Cockpit offen stünde, würden Sie im linken Sitz den Piloten sehen, der seine Startvorbereitungen trifft. Er fingert an den Einstellungen eines Instruments herum, das sich rechts vor ihm befindet, und stellt es auf einundsiebzig ein, ändert dann seine Meinung und stellt es auf dreiundsiebzig. Als ihm der Kopilot einen befremdeten Blick zuwirft, stellt er das Instrument wieder auf einundsiebzig. Er legt Schalter eins, zwei und drei von oben nach unten um und, als er einen erneuten kritischen Blick des Kopiloten erntet, Schalter zwei wieder zurück in seine Ausgangsstellung. Das bringt ihm einen noch giftigeren Blick des Kopiloten ein, der siebzehn Jahre jünger ist und keinen Hehl daraus macht, was er von ihm hält, obwohl er noch kein einziges Wort gesagt hat. »Schon gut, schon gut«, sagt der Pilot und legt Schalter zwei abermals um und Schalter drei zurück in seine ursprüngliche Position. Der Kopilot quittiert die Korrektur mit einem tiefen Seufzer. Nachdem er mit den Kippschaltern fertig ist, aktiviert der Pilot sein Mikrofon und die Kabinenlautsprecher und verkündet: »Wir sind jetzt bereit für den Start.« Diesmal kann der Kopilot nicht länger an sich halten und sagt: »Jack, wir hängen immer noch an der Fluggastbrücke! Soll ich die Maschine fliegen?«
Wären Sie gerne an Bord dieser Maschine? Oder wären Sie lieber an Bord einer Maschine, deren Pilot sich an seine Checkliste hält und weiß, was er tut? Wie oft haben Sie schon ein Buch

zur Hand genommen und sich nach wenigen Seiten gefragt, ob der Autor eigentlich weiß, was er tut? Anstatt eine Geschichte zu genießen, quälen Sie sich mit einem verschwommenen Stil, fehlerhaften Satzkonstruktionen und einer falschen Wortwahl herum. Zum Glück für diejenigen unter uns, die gern reisen, machen Piloten offensichtlich weniger Fehler als Schriftsteller, die ihre Leser zwingen, den Sinn ihrer Worte mühsam zu entschlüsseln.

Wenn wir ein Buch zur Hand nehmen, werden wir immer dem Autor den Vorzug geben, der weiß, was er tut, und uns nicht nötigt, jeden Satz zweimal zu lesen, bevor wir ihn verstehen. Wenn die Mängel überhand nehmen, wird sich der Leser nicht auf die Reise mit Ihnen einlassen. Er wird Ihr Buch in die Ecke legen und sich einem Autor zuwenden, der seine Arbeit sorgfältiger gemacht hat.

Manchmal ärgern sich talentierte und kluge Autoren, die sich auf die Figuren und den Plot ihres Romans konzentrieren, wenn sie sehen, wie penibel ihr Lektor jede sprachliche Ungenauigkeit aufspürt. In seiner Autobiografie sagt Elia Kazan:

> Alles, was ich über das Nachbearbeiten eines Films gelernt hatte, half mir nicht weiter, als es ans Überarbeiten meines ersten Buches ging. Stein erbarmte sich meiner; ihm blieb gar nichts anderes übrig. Erst fragte er, dann machte er Vorschläge, die er später beharrlich verteidigte, und schließlich fegte er hemmungslos (fand ich jedenfalls) ganze Brocken aus meinem Buch heraus. ... Es schien ihm besonderen Spaß zu machen, Passagen mit roter Tinte einzukreisen und sie, indem er die rote Linie fortsetzte, an eine andere Stelle im Text zu transferieren. Mein Manuskript sah aus, als hätte eine Bombe darin eingeschlagen: bis zur Unkenntlichkeit mit Strichen, Schnörkeln, Pfeilen, Kreisen und Bögen verschandelt.

Ich bekenne mich schuldig. Zum Glück hatte Kazan einen erstklassigen Sekretär, der alle meine Hieroglyphen entziffern konnte und eine saubere Abschrift von dem Manuskript anfertigte. Im Zeitalter des Computers sind solche massiven Eingriffe in ein Manuskript zumindest technisch kein Problem mehr, und ich erlebe es viel seltener, dass sich ein Autor über meine Änderungen beschwert – oder dass er vor eigenen Verbesserungen in einem viel früheren Entwurfsstadium zurückscheut.

Der Fehler, der mir in Manuskripten, auch dann, wenn ihre Verfasser echte Profis sind, am häufigsten begegnet, sind Wörter, Sätze, Teilsätze und ganze Absätze, die falsch oder unlogisch angeordnet sind. Wenn wir die Dinge so aufschreiben, wie sie uns in den Sinn kommen, können wir nur schwer beurteilen, ob die Reihenfolge stimmt. Mit der Zeit und etwas Übung lernt man, die falsch platzierten Textteile bei der Überarbeitung aufzuspüren und zu korrigieren.

Was meine ich, wenn ich von der falschen Reihenfolge spreche? Sehen wir uns ein Beispiel an, eine Winzigkeit, die lediglich das Tempo der Geschichte verlangsamt. (»Lediglich« ist vielleicht das falsche Wort, wenn es um die Arbeit an einem Buch geht, das erfolgreich sein soll.)

Vor mir liegt das abgegriffene Manuskript eines Romans, der bei seinem Erscheinen zur Nummer eins auf den Bestsellerlisten geworden ist: *Das Arrangement* von Elia Kazan. Auf der zweiten Seite stand ursprünglich: »Florence, meine Frau, und ich ließen jedes verheiratete Paar in Beverly Hills und Bradshaw Park vor Neid erblassen.« Die Kommata bremsen das Lesetempo. Die einfache und naheliegende Variante lautet: »Meine Frau Florence und ich...« Ich habe Autoren unzählige Male sagen hören: »Diesen Kram überlasse ich den Lektoren, die das Manuskript redigieren«, oder etwas Ähnliches in diesem Sinn. Ich kann dem nur entgegen halten, dass der erste Leser, den Sie ausbremsen, der Verleger ist. Und der entscheidet, ob er Ihr Buch kauft oder nicht!

Sehen wir uns ein zweites Beispiel an: »Wenn sie hereinkam, ließ sie die Tür zuschnappen und schloss sie ab...« Warum nicht einfach: »... schloss sie die Tür ab...«? Damit entledigt man sich der Hälfte der Wörter und wird mühelos das überschüssige Fett los, alle überflüssigen Wörter nämlich, die den Satz nur abschwächen.

Manchmal muss man einen Satz geringfügig umstellen, um seine Wirkung zu verstärken. In *Das Arrangement* sagt Eddie beispielsweise, als er über die Anfänge seiner Beziehung zu seiner Frau spricht, in der ursprünglichen Fassung: »Als wir uns begegneten, ging es mir dreckig, ich hockte zusammengekauert mit dem Rücken an der Wand, mit gebleckten Zähnen und funkelnden Augen in meiner kleinen Höhle, bereit, aufzuspringen und jeden anzufallen, der mir zu nah kam.« Ich nahm das «aufzuspringen« heraus, weil es überflüssig war und beim Lesen unnötig aufhielt, und ich verschob die »gebleckten Zähne« und die »funkelnden Augen« an die Stelle, an die sie der Logik nach gehörten. Mit diesen geringfügigen Änderungen verstärkte ich die Wirkung eines ohnehin starken Satzes noch, der nun in der neuen Fassung so lautete: »Als wir uns begegneten, ging es mir dreckig, ich hockte zusammengekauert mit dem Rücken an der Wand in meiner kleinen Höhle, bereit, jeden mit gebleckten Zähnen und funkelnden Augen anzufallen, der mir zu nah kam.«

Ich machte in jedem Stadium der Überarbeitung Hunderte solcher Änderungsvorschläge, und jede Fassung wurde, wie der Autor widerstrebend zugab, durch die Änderungen besser. Zur Kunst des Schreibens gehört es, dass wir lernen, Worte, Sätze, Teilsätze und Absätze in die richtige Reihenfolge zu bringen.

Sie wollen wissen, ob mir Fehler dieser Art auch unterlaufen? Hemingway hat die erste Entwurfsfassung seiner Romane einmal recht drastisch mit Exkrementen verglichen. Eine ähnliche Erfahrung macht jeder Autor, da bin ich keine Ausnahme. Gerade ist mir beispielsweise eine notwendige Änderung in einem früheren Kapitel dieses Buches aufgefallen. Da gab es einen Satz, der lautete ursprünglich: »Genauso schreien wir im richtigen Leben nicht herum, wenn es sich vermeiden lässt.« Ich strich das »Genauso«, weil es überflüssig war, und stellte den restlichen Satz so um, dass er jetzt heißt: »Im richtigen Leben schreien wir nicht herum, wenn es sich vermeiden lässt.« So liegt die Betonung auf der richtigen Stelle.

Sehen wir uns ein weiteres Beispiel aus einem späteren Kapitel dieses Buches an:

> Dem Schriftsteller fehlt etwas, er spürt eine Leere, eine Sehnsucht in sich in Zeiten, in denen er durch äußere Umstände am Schreiben gehindert wird.

Ich stellte den Satz um. Hier ist das verbesserte Ergebnis:

> In Zeiten, in denen er durch äußere Umstände am Schreiben gehindert wird, fehlt dem Schriftsteller etwas, er spürt eine Leere, eine Sehnsucht in sich.

Kazan zitiert mich in seiner Autobiografie mit einer Formel, die ich erfunden habe, um Autoren daran zu erinnern, dass sie die Wirkung ihres Texts abschwächen, wenn sie dieselbe Aussage in neuem Gewand noch einmal wiederholen: »Eins plus eins ist die Hälfte.« Bei Kazan stieß ich auf der zweiten Seite seines Manuskripts auf ein anschauliches Beispiel für die Richtigkeit dieser Formel:

> Und mir war klar, dass ich Gwen aufgeben musste. Mir war klar, dass der Moment gekommen war, der Moment, in dem man gerade noch aussteigen und frisch und frei und ohne bleibende Verletzung auf der einen oder der anderen Seite gehen kann, während es im nächsten Moment einem von beiden unweigerlich weh tun würde.

Wissen Sie, welches Wort in diesem Satz überflüssig ist, weil es nur die Aussage eines anderen Wortes verdoppelt? Es ist nicht der »Moment«, denn dieses Wort wird durch die mehrfache Wiederholung absichtlich betont. Das Wort, auf das ich hinaus will, ist »aussteigen«. »Mir war klar, dass der Moment gekommen war, der Moment, in dem man gerade noch frisch und frei und ohne bleibende Verletzung auf der einen oder der anderen Seite gehen kann« – im »gehen« ist hier das »aussteigen« eindeutig impliziert.

> Und mir war klar, dass ich Gwen aufgeben musste. Mir war klar, dass der Moment gekommen war, der Moment, in dem man gerade noch frisch und frei und ohne bleibende Verletzung

auf der einen oder der anderen Seite gehen kann, während es im nächsten Moment einem von beiden unweigerlich weh tun würde.

Wenn Sie der Meinung sind, dass es sich nicht lohnt, sich wegen solcher Kleinigkeiten den Kopf zu zerbrechen, warum sind Sie dann so besorgt, wenn es um einen Piloten geht, der es mit seinen Schaltern nicht so genau nimmt? Weil es Ihr Leben in Gefahr bringt? Glauben Sie mir, wenn Sie diese »banalen Kleinigkeiten« übergehen, ist Ihr Manuskript genauso in Gefahr. In Zeiten, in denen die Lektorate personell immer dünner besetzt sind und den meisten Verlagen die sorgfältige Bearbeitung eines Manuskripts, die früher eine Selbstverständlichkeit war, zu teuer geworden ist, ist jeder Autor gut beraten, wenn er auch die kleinsten Schnitzer selbst zu beheben versucht.

In einem Romanmanuskript stelle ich mit schöner Regelmäßigkeit längere Passagen und ganze Absätze um. Im Moment redigiere ich gerade das Buch eines erfolgreichen Journalisten, dessen Bücher und Reportagen Sie vielleicht kennen. Ich bin an der Stelle seines Manuskripts, an der er beschreibt, wie ihm seine Vorliebe für ein bestimmtes Gericht das Leben gerettet hat. Hätte er weniger gegessen, so wäre er früher an dem Ort eingetroffen, an dem er nach dem Essen verabredet war – und wäre ins Zentrum eines der verheerendsten Bombenanschläge in der Geschichte der Vereinigten Staaten geraten. So erlebte er das Ausmaß der Zerstörung als Zuschauer von der Straße aus und eilte zu seinem Sender zurück, um einen ersten Augenzeugenbericht der Katastrophe zu senden. Auf dem Weg dorthin wurde er von einem Angehörigen der zum Unglücksort gerufenen Armeeeinheit aufgehalten, schaffte es aber rechtzeitig, ihn abzuschütteln und seinen historischen Bericht zu senden. Was ist verkehrt?
Die Reihenfolge, in der er die Fakten präsentiert: Zuerst berichtet er über die Explosion, dann erzählt er, wie er vor den Trümmern stand, wie er von dem Armeeangehörigen aufgehal-

ten wurde und wie er den Rundfunksender gerade noch rechtzeitig erreichte, dann kehrt er wieder zu seinem Augenzeugenbericht zurück und erwähnt anschließend die Tatsache, dass er nicht in die Luft gesprengt wurde, weil er sich nicht von einem seiner Leibgerichte trennen konnte. Damit eine Erzählung wie diese spannend bleibt, muss ihr Autor *in der Reihenfolge über die Ereignisse berichten, in der er sie erlebt hat, sonst können wir, die Leser, seine Erfahrung nicht nachvollziehen.* Interessanterweise akzeptieren die Leser, solange sie die Fakten erfahren, die falsche chronologische Reihenfolge der Ereignisse in einer Reportage eher als im Roman, in dem alle Spannung dahin ist, wenn wir erst darüber nachgrübeln müssen, in welcher Reihenfolge sich die Ereignisse eigentlich abspielen. Dann ist uns der Spaß an der Geschichte – auch zum Nachteil des Autors – verdorben.

Sehen wir uns als Beispiel die Beschreibung einer kurzen Szene an, in der die Ereignisse in der falschen Reihenfolge wiedergegeben sind. Sie glauben nicht, wie oft ich Fehler dieser Art in den Manuskripten auch der erfolgreichsten Autoren finde. Zum Glück werden sie meist vom Lektor entdeckt, bevor es zu spät ist, aber denken Sie daran, dass der Agent, der Verleger oder der Programmleiter, Ihre ersten Leser, das Manuskript in die Hände bekommen, bevor es vom Lektor bearbeitet wurde. Schon aus diesem Grund ist es wichtig, dass Sie beim Überarbeiten Ihres Textes solche Mängel finden und beseitigen. Selbst der schnellste Leser nimmt die Ereignisse einer Szene nicht gleichzeitig, sondern aufeinanderfolgend wahr. Sehen wir uns also an, was am folgenden Satz nicht stimmt.

> Beim Überqueren der Madison Avenue wurde Henry von einem dieser New Yorker Fahrradkuriere über den Haufen gefahren, für die rote Ampeln nicht existieren und die plötzlich in rasantem Tempo zwischen den Autos hervor auf die Fußgänger zuschießen, die bei grün über die Ampel gehen.

In diesem schwerfälligen Bandwurmsatz stimmt die Wahrnehmung nicht. Wenn die Szene aus Henrys Perspektive geschildert wird, muss sie so ablaufen, dass Henry zuerst die grüne Ampel sieht, abwartet, ob die Autos wirklich an der roten Ampel anhalten, dann losgeht und gleich darauf von einem Fahrradkurier über den Haufen gefahren wird.

Es gibt mehrere Möglichkeiten, es richtig zu machen. Wenn es sich um ein komplexes Ereignis handelt, beschreiben Sie es am besten in mehreren kurzen Sätzen. Dies könnte für unser Beispiel so aussehen:

> Henry stand auf dem Bürgersteig und wartete darauf, dass die Ampel für Fußgänger grün wurde. Als sie umsprang, schaute er, ob die Autos auch anhielten, und trat auf die Straße, als er plötzlich aus den Augenwinkeln einen Fahrradkurier sah, der zwischen den haltenden Autos hindurch genau auf ihn zugeschossen kam.

Hier wird die Szene von Anfang bis Ende aus Henrys Perspektive beschrieben. Fällt Ihnen auf, dass Sie sich die Szene jetzt auf Anhieb vorstellen können? Sie ist visuell, die Beschreibung liefert Ihnen ein Bild der Ereignisse. Auf diese Weise kann der Leser am Geschehen teilhaben.

Ein warnender Hinweis am Rande: In nichtfiktionalen Texten wird die Folge von Ereignissen oder Sachverhalten oft durch Worte wie »ersteres« und »letzteres« deutlich gemacht. Im Roman empfiehlt sich das nicht, wenn Sie nicht möchten, dass Ihre Leser das Gefühl haben, an eine wissenschaftliche Abhandlung geraten zu sein, anstatt an eine spannende Unterhaltungslektüre. Es gibt immer eine Möglichkeit, eine Szene so zu ordnen, dass sich dem Leser die chronologische Folge der Ereignisse ganz von selbst erschließt.

Auch Fußnoten, ob am Ende einer Seite oder in einem Anhang am Schluss des Buches, sind eher störend als erhellend. Wenn Sie meinen, aus Gründen der Genauigkeit nicht auf Fußnoten verzichten zu können, dann sehen Sie sich einmal an, wie Bertram D. Wolfe in seiner meisterhaften Biografie *Lenin, Trotzki, Stalin. Drei, die eine Revolution machten* Quelleninformationen so geschickt in den Text integriert hat, dass er auf Fußnoten verzichten konnte. Sofern Sie also nicht nur für einen kleinen, auserwählten Kreis wissenschaftlicher Experten schreiben, die ein Werk nur ernst nehmen, wenn ihnen auf jeder Seite mindestens drei Fußnoten entgegenspringen, machen Sie es wie Wolfe und verzichten Sie auf solche Kommentare.

Bei sämtlichen Ratschlägen, die ich hier erteile, geht es um ein Prinzip: Der Autor eines Romans muss es seinen Lesern so leicht wie möglich machen, an seiner Geschichte teilzuhaben. Der Leser muss den Sinn dessen, was er liest, begreifen können, ohne darüber nachzudenken, er muss sich ihm automatisch erschließen. Mit diesem Anspruch sollte sich der Autor in seinem Manuskript auf die Fehlersuche begeben. Das bedeutet Arbeit für den Autor, aber es ist Arbeit, die er seinen Lesern abnimmt, was ihm diese sicher danken werden.

Kehren wir für einen Augenblick noch einmal zu unserem Flugzeug zurück. Wenn der Pilot über die Bordlautsprecher vor drohenden Turbulenzen warnt und die Passagiere bittet, auf ihre Plätze zurückzukehren und sich anzuschnallen, dann zählt nicht nur der Inhalt seiner Worte, sondern auch die Autorität seiner Stimme. Ein schriller, näselnder, stockender, heiserer oder salbungsvoller Ton wirkt nicht vertrauenerweckend auf die Passagiere. Ein Pilot dagegen, der in ruhigem, natürlichem Ton zu uns spricht, gibt uns das Gefühl, dass im Cockpit ein Mensch sitzt, dem wir uns unbesorgt anvertrauen können. Als besonders angenehm empfinden wir es, wenn die Stimme des Piloten einen humorvollen Beiklang hat und sich nicht anhört, als würde er einen auswendig gelernten Text herunterleiern. Auch die Stimme des Autors hat eine bestimmte Wirkung auf sein Publikum. Sie kann eine positive oder eine negative Reaktion hervorrufen, und manchmal kann sie auch wie die Stimme eines anderen klingen.

Eine vielbeschäftigte freie Lektorin hat mir einmal gesagt, dass sie gerade den noch unerfahrenen Romanautoren – auch denen, die ein feines literarisches Gespür haben – oft helfen muss, ihre eigene Stimme zu finden, damit sie nicht wie ein Abklatsch von Danielle Steele oder Dean Koontz klingen. Was ist zu tun? Zuerst müssen wir verstehen, was »Stimme« in diesem Zusammenhang heißt. Die Stimme eines Autors ist die Gesamtheit dessen, was ihn von allen anderen Autoren unterscheiden. Ein Autor findet seine Stimme meist erst dann, wenn er gelernt hat, jedes Wort auf die Goldwaage zu legen, sich zu fragen, ob es notwendig, präzise und klar ist, und es, wenn dies nicht der Fall ist, zu streichen oder durch ein besseres zu ersetzen. Die Stimme eines Autors ist umso deutlicher zu erkennen, je besser er in der Lage ist, das zu sagen, was er wirklich denkt, ohne sich darum zu kümmern, was andere davon halten. Sie wird auch dann unverwechselbarer, wenn sich der Autor bemüht, neue Metaphern zu finden, die dem Leser stimmig und interessant erscheinen. Wenn ihm das gelingt, erkennt der Leser seine Stimme ebenso leicht wie die eines guten Bekannten am Telefon.

Gibt es einen schnellen Weg, die eigene Stimme zu finden? Verzichten Sie auf Klischees, erfinden Sie lebendige Bilder, vermeiden Sie den gestelzten, gekünstelten Stil, der sich beim ersten Entwurf oft einschleicht, ohne dass wir es bemerken. Es gibt einen kleinen Trick, der Ihnen dabei helfen kann: Sprechen Sie die erste Seite Ihrer Geschichte, ohne dabei abzulesen, auf Kassette, als würden Sie sie Ihrem besten Freund erzählen. Zensieren Sie sich nicht selbst. Gebrauchen Sie umgangssprachliche Formulierungen, auch Kraftausdrücke, wenn es sein muss, alles das, was Ihnen spontan einfällt, wenn Sie versuchen, die Geschichte wiederzugeben. Achten Sie nicht auf Bandwurmsätze, Interpunktion und Gliederung, erzählen Sie einfach. Danach fertigen Sie eine Abschrift der Bandaufnahme an. Versuchen Sie dies mehrere Male mit verschiedenen kurzen Abschnitten Ihrer Geschichte. Vielleicht gelingt es Ihnen auf diese Weise, Ihre eigene, unverwechselbare Stimme schneller zu finden.

12
Sie haben alle Zeit der Welt

Ein Schriftsteller ist einer, dem es unmöglich ist, nicht zu schreiben. Diese Definition kennen Sie bereits aus der Einleitung dieses Buchs.

Wenn Sie fest entschlossen sind zu schreiben, stellt sich die Frage, wann Sie schreiben. Immer dann, wenn Sie können natürlich. Ich hatte einmal eine Schülerin, die in der Küche im Stehen schrieb, während das Essen auf dem Herd schmorte. Am besten schreibt man natürlich, wenn Ort und Zeit günstig und keine unerwünschten Störungen zu erwarten sind. Beim Schreiben hantieren wir mit Ideen wie ein Jongleur, der versucht, die Bälle in der Luft zu halten. Störungen in einem solchen Moment können gesundheitsgefährdend für den Störenden sein oder für einen guten Gedanken, der sich verflüchtigt.

Es empfiehlt sich auch, jeden Tag zur selben Zeit zu schreiben. So gewöhnen wir uns einen natürlichen Rhythmus an. Wer ein typischer Morgenmensch ist, fängt am besten gleich nach dem Aufstehen mit dem Schreiben an, auch wenn er dafür unter Umständen den Wecker noch früher stellen muss als sonst. Nachtaktive Autoren sind am produktivsten, wenn andere Leute schlafen. Aber ob Frühaufsteher oder Nachteule, Sie werden feststellen, dass Ihnen das Schreiben immer leichter fällt, wenn Sie stets zur selben Zeit schreiben, besonders, wenn Sie aufhören, solange es gut läuft, und sich die Einfälle, die Sie noch haben, in kurzen Stichworten für den nächsten Tag notieren.

Zugegeben, es gibt Umstände, unter denen es fast unmöglich scheint zu schreiben, zum Beispiel in den ersten Wochen nach der Geburt eines Kindes, wenn die Eltern wahrscheinlich unter

Schlafmangel leiden. Oder wenn man krank ist. Oder während einer Urlaubsreise, obwohl es ja heute Laptops gibt, die auch im leichtesten Gepäck unterzubringen sind.

Ich kenne die Probleme. Ich habe siebenundzwanzig Jahre lang einen Verlag geleitet, der im Schnitt hundert Titel pro Jahr veröffentlicht hat. In dieser Zeit habe ich zusätzlich neun Romane geschrieben und noch einige Dinge mehr getan. Wenn sich Autoren bei mir beklagen, dass dieses oder jenes sie vom Schreiben abhält, verweise ich auf einen meiner Autoren, Christy Brown, dessen Lebensgeschichte in dem Film *Mein linker Fuß* erzählt wird. Wenn einer einen Grund hätte zu behaupten, dass ihn die Umstände am Schreiben hindern, dann er. Und doch hat dieser Autor, der nur den kleinen Zeh seines linken Fußes gebrauchen kann, auf einer speziell für ihn entwickelten IBM-Schreibmaschine in einem Jahrzehnt fünf Bücher geschrieben, darunter den Bestseller *Ein Fass voll Leben*, und außerdem noch die Zeit für Gastauftritte in Fernsehshows und Interviews in England gefunden, das alles im Rollstuhl sitzend, an den er seit seiner Kindheit gefesselt ist. Was, sagten Sie, war Ihr Problem?

13
Die Überarbeitung:
Chance und Risiko

Als mir ein Lektor, den ich sehr schätze, zu Weihnachten eine Gesamtausgabe der Werke von Bernard Malamud schenkte, legte ich die anderen Bücher, die ich zu der Zeit las, erst einmal beiseite. Malamud, der für seine Werke neben vielen anderen Literaturpreisen die Golden Medal for Fiction der US-amerikanischen Akademie der Künste erhalten hat, ist nach eigener Aussage der Meinung, dass ein Autor sich selbst betrügt, wenn er nur einen einzigen Entwurf zu einem Buch schreibt. »Der erste Entwurf«, meint er, »dient dem Autor dazu herauszufinden, worum es in seiner Geschichte oder seinem Roman geht. In der Überarbeitung baut er seine Idee aus und gibt ihr eine neue Struktur. D. H. Lawrence beispielsweise hat *The Rainbow* nicht weniger als achtmal umgeschrieben. Beim ersten Entwurf eines Buches ist man noch unsicher – man braucht den Mut, die Fähigkeit, das Unvollkommene so lange zu akzeptieren, bis etwas Besseres kommt. In der Überarbeitung«, fügt er hinzu, »liegt die eigentliche Befriedigung des Schreibens.«
John Fowles schrieb die erste Fassung des Romans *The Collector*, mit dem er seinen literarischen Durchbruch erzielte, in weniger als einem Monat, und das heißt, dass er täglich bis zu 10 000 Wörter produzierte. Er sagt: »Natürlich war vieles davon schlecht geschrieben und musste ständig korrigiert und überarbeitet werden. Das Schreiben der Erstfassung und das Überarbeiten sind zwei grundverschiedene Tätigkeiten. Ich ›recherchiere‹ erst, wenn die erste Fassung steht, weil es mir dabei

ausschließlich auf den Fluss der Geschichte, auf das Erzählen selbst ankommt. Wenn ich es in diesem Stadium schon mit recherchiertem Material zu tun hätte, käme ich mir vor, als würde ich mit der Zwangsjacke schwimmen gehen.«

Fowles schrieb wie im Fieberwahn, um seine Geschichte zu Papier zu bringen, aber bevor Sie voreilige Schlüsse ziehen, hören Sie ihm noch einen Moment zu: »Beim Überarbeiten erlege ich mir eine gewisse Disziplin auf. Ich zwinge mich, an meinem Manuskript zu arbeiten, ob ich Lust habe oder nicht; in mancher Hinsicht ist es sogar von Vorteil, wenn man unwillig und lustlos an diese Aufgabe herangeht – dann ist man sich selbst gegenüber nämlich kritischer. Ich habe immer dann am besten korrigiert, wenn mir das Schreiben zum Hals heraushing.«

Ich habe Malamud und Fowles, zwei Meister ihres Fachs, aber doch sehr verschieden, hier zitiert, weil so viele unerfahrene Autoren eine vollkommen falsche Vorstellung vom Prozess des Schreibens haben. Manchmal meldet sich bei mir, wie gerade erst vor einer Woche geschehen, ein Autor, der noch nie etwas veröffentlicht hat, aber dennoch hundertprozentig sicher ist, dass das Manuskript, das er mir anbietet, jeden Agenten und Verleger umhauen wird. In einen Autor, der so überzeugt ist von einer noch unredigierten Romanfassung – dazu fällt mir nur das Wort *unprofessionell* ein –, muss man als Lektor im Allgemeinen mehr Arbeit investieren, als ich bereit war, für einen Menschen mit Panzer und Heiligenschein zu leisten.

Zum Glück gibt es unter meinen Autoren auch solche, die so versessen sind auf die Korrekturvorschläge des Lektors, als würde ihr Glück und ihre Zukunft davon abhängen, dass sie an ihrem Manuskript weiter arbeiten dürfen. Mit ihnen arbeite ich sehr gern. Selbst einem erfahrenen und erfolgreichen Profi können peinliche Schnitzer unterlaufen. Aber ein wirklicher Profi zeichnet sich dadurch aus, dass er sich, nach dem anfänglichen Schock über die Kritik an seiner Arbeit, sehr schnell fängt und dann beherzt die Ärmel hochkrempelt.

Der Autor und Literaturkritiker Leslie Fiedler, dessen Rezensionen dem *New York Times Book Review* nicht nur einmal die Titelseite wert waren und der mehr über das Schreiben weiß als die meisten von uns, hat einmal eine achtstündige Fahrt von Buffalo zu mir in Kauf genommen, um sich mit mir persönlich über meine Einschätzung seines neuesten Romans zu unterhalten. Das Gespräch war eine heikle Angelegenheit. Mein Kommentar zu seinem Manuskript war knapp. Ich sagte zu ihm: »Leslie, dein Roman beginnt auf Seite 129.« Seine Reaktion war nicht gerade eitel Freude. Die Röte, die ihm ins Gesicht schoss, und die momentane Erschütterung in seinen Augen waren Ausdruck der harten Arbeit, die er viele Monate lang in die Seiten 1 bis 128 gesteckt hatte. Er bat mich um eine Flasche Bourbon und ein Glas, dann nahm er sein Manuskript und verschwand damit für die nächsten paar Stunden in meiner Bibliothek. Als er endlich wieder auftauchte, war sein Kommentar so knapp wie meiner zuvor. »Du hast Recht«, sagte er. Ich stieß mit ihm auf die überarbeitete Fassung an, die sehr gut wurde und die ich mit Freuden verlegte.

Ein anderes Erlebnis hatte ich mit Elia Kazan, als er mit dem Manuskript seines dritten Romans zu mir kam, nachdem ich schon seine ersten beiden sehr erfolgreichen Bücher lektoriert und verlegt hatte. »Diesmal«, erklärte er, »möchte ich, dass du mir alles auf einmal sagst.« Ich las sein Manuskript sehr gewissenhaft und gab ihm schließlich zusammen mit seinem mit Randbemerkungen versehenen Manuskript einen ganzen Stapel maschinengeschriebener Änderungsvorschläge. Einige Wochen später kam er mit der überarbeiteten Fassung zurück. Wir standen auf der Terrasse vor dem Wohnzimmer, als ich ihm verkündete, dass ich noch eine ganze Reihe von Dingen zu seinem Manuskript zu sagen hatte. »Was!?«, rief er und sah dabei aus, als würde er mich am liebsten erwürgen. »Ich hatte dich doch gebeten, mir alles auf einmal zu sagen!«

Als sich seine erste Empörung dann gelegt hatte und wir friedlich zusammen in der Sonne saßen, erklärte ich ihm meine Beweggründe: Hätte ich ihm *alle* meine Einwände auf einmal aufgetischt, hätte er das Manuskript vielleicht entmutigt in den Papierkorb geworfen. Darum hatte ich entgegen seiner Bitte meine Kommentare in zwei verdauliche Portionen aufgeteilt. Ein guter Lektor kann meist abschätzen, wieviel Kritik auf einmal ein Autor vertragen kann. Wenn Sie dagegen ohne Lektor Ihr Manuskript bearbeiten, kann es passieren, dass Sie Ihre Kritik an Ihrem eigenen Entwurf nicht aushalten können. In diesem Fall hilft dieselbe Strategie: Nehmen Sie die Veränderungen schrittweise vor, versuchen Sie nicht, alle Fehler auf einmal zu beseitigen. Nach dem ersten Korrekturdurchgang gehen Sie wieder das gesamte, nunmehr veränderte Manuskript mit den Augen des Lektors durch und suchen die Stellen, die immer noch einer Verbesserung bedürfen.

Vor kurzem hat mich ein Autor angerufen, der sich nicht so anhörte, als wäre er auf die Hilfe eines Lektors angewiesen. Sein letzter Roman hatte sich über viermillionen Mal verkauft, war erfolgreich verfilmt worden und als Taschenbuch inzwischen in der fünfundachtzigsten Auflage. Diesmal hatte er ein Sachbuch geschrieben. Er hatte das Manuskript noch keinem Menschen gezeigt, und weil er ziemlich unsicher war, wie es aufgenommen würde (unsicher, bei vier Millionen verkauften Exemplaren?), bat er mich um mein Urteil. Ich hatte zu dieser Zeit ein Romanmanuskript auf dem Schreibtisch und arbeitete außerdem an diesem Buch, also sagte ich ihm, dass ich mir im Augenblick keine neue Arbeit aufladen könne. Dieser Autor erwies sich allerdings als geschickter Verkäufer. Am nächsten Tag brachte ein Federal-Express-Bote sein Manuskript. Außer dem Manuskript enthielt das Paket ein mit einer Widmung versehenes Exemplar seines Viermillionen-Bestsellers. Ich machte es mir in einem gemütlichen Sessel bequem und fing an zu lesen.

Zwei Tage später faxte ich ihm, womit ich selbst nicht gerechnet hatte, einen fünfseitigen, mit einzeiligem Abstand ausgedruckten Kommentar. Die erste Hälfte des Manuskripts taugte größtenteils nichts. Die zweite Hälfte war großartig und machte deutlich, wie die erste hätte aussehen müssen. Das nächste, was ich von diesem Autor hörte, war, dass er in einem wahren Rausch der Begeisterung jede Nacht bis vier Uhr an seinem Buch arbeitete. Der Mann ist ein Profi, der seit Jahrzehnten schreibt, lektoriert und Bücher veröffentlicht. Ein weniger erfahrener Autor hätte sich vermutlich einfach einen weniger kritischen Lektor gesucht.

Vor Jahren, in meiner Zeit als Verleger, wurde mir einmal von einem Agenten das Vorkaufsrecht am Manuskript eines Autors angeboten, der unter dem Pseudonym Oliver Lange schrieb. An das Vorkaufsrecht war die Bedingung geknüpft, dass ich das Manuskript (das er mir durch einen Boten bringen lassen wollte) persönlich und noch in derselben Nacht lesen sollte. Mit der ersten Bedingung war ich einverstanden, aber für die Lektüre bat ich mir zwei Nächte aus, weil ich an diesem Abend Gäste eingeladen hatte. Zwei Tage später rief ich den Agenten an, fragte ihn, was er für das Buch haben wollte, er nannte mir einen Preis, ich war einverstanden, und dann erfuhr ich den Haken an der Sache. Der Autor, der zuvor in New York gelebt hatte, war mit Frau und Kindern in die Berge bei Santa Fe gezogen, wo er nun ohne Strom und fließendes Wasser und fünfzehn Kilometer vom nächsten Telefon entfernt lebte. Im übrigen hatte er kein Interesse daran, sich von irgendeinem Lektor irgendetwas sagen zu lassen, mit anderen Worten, er wollte nicht einmal von der Möglichkeit einer notwendigen Überarbeitung etwas wissen.

Der Roman war brillant, hatte aber meiner Meinung nach eine Passage, die sich dahinschleppte. Sie musste stark gestrafft werden, entweder vom Autor selbst oder von einem Lektor. So, wie sie jetzt war, verdarb sie jedenfalls das Buch, und dafür war es zu gut. Es bedurfte aller Überredungskunst des Agenten, bis sich der Autor unwillig in seinen VW schwang und sich auf den weiten Weg nach New York machte. Als er ankam, führte ich ihn ohne große Umstände in mein Arbeitszimmer, ein kleines Refugium, von dem aus man nach drei Seiten einen herrlichen

Ausblick ins Grüne hatte. Lange nahm auf meinem Schreibtischstuhl Platz, drehte sich zu mir um und sagte: »Schießen Sie los.«

Ich sprach ein paar Minuten mit ihm über das Problem und machte einige Vorschläge, wie die Passage zu retten sei. Sein Kommentar lautete in etwa: »Ist das alles?« Dann wandte er sich meiner Schreibmaschine zu (damals hatte man noch keinen Computer), spannte einen leeren Bogen ein und schickte mich hinaus.

Von Zeit zu Zeit hörte ich, wie er in die Tasten der Schreibmaschine hämmerte. Irgendwann kam er mit den fertigen Seiten aus dem Arbeitszimmer, und ich stellte schon beim ersten Überfliegen fest, dass die Passage jetzt perfekt war. Lange bat um eine Flasche Wein. Als meine Frau die Flasche brachte, sagte er: »Können Sie sie für mich entkorken?«, und dann stieg er, in der einen Hand die Weinflasche und mit der anderen zum Abschied winkend, in seinen VW und entschwand. Der Roman, *Vandenberg* und in einer späteren Ausgabe in *Defiance* umbenannt, wurde als Auswahltitel in den Book-of-the-Month-Buchclub aufgenommen, erzielte in der Taschenbuchausgabe sechsstellige Verkaufszahlen und schaffte es in die Bestsellerliste der *New York Times*.

Manche Autoren betrachten die Erstfassung ihres Romans als eine heilige Kuh, die nicht entweiht werden darf. Aber eine Überarbeitung hat mit Entweihung nichts zu tun. Mittlerweile müsste Ihnen klar sein, dass Hemingway mit seiner drastischen Bemerkung über den ersten Entwurf eines Romans Recht hatte. *Die Überarbeitung ist selbst für ein Genie der entscheidende Part beim Schreiben.* Die Erstfassung ist ein Dokument, das darauf wartet, geändert und mit strengem Auge geprüft zu werden. Den meisten Autoren, die ich kenne, ist der erste Entwurf eines neuen Buchs peinlich, und sie brennen darauf, ihn zu überarbeiten, weil sie in jedem Arbeitsdurchgang eine Chance zur Verbesserung sehen. Unerfahrenere Autoren brennen vielleicht so sehr darauf, dass sie mit dem Überarbeiten beginnen, kaum, dass die erste Fassung fertig ist. »Immer mit der Ruhe!«, kann ich dazu nur sagen. Nehmen Sie sich genügend Zeit, um Distanz zu gewinnen. Nur so können Sie das, was Sie geschrieben haben, objektiv betrachten, aus der Sicht des Lesers, nicht des Autors.

Und wenn Sie nun einen Termin einhalten müssen, wenn man Sie zur Abgabe des Manuskriptes drängt oder es einen anderen triftigen Grund gibt, diese Wartephase zu überspringen? Ein Roman sollte nicht unter Termindruck geschrieben werden, aber auch wenn Sie nicht die Zeit haben, die Erstfassung lange genug liegen zu lassen, gibt es Möglichkeiten, Distanz und somit Objektivität zu gewinnen. Beispielsweise, indem man das Medium wechselt. Haben Sie Ihre erste Fassung am Computer geschrieben, können Sie ihn mit objektiverem Blick überarbeiten, wenn Sie einen Papierausdruck davon machen, anstatt ihn am Bildschirm zu korrigieren.

Und noch etwas können Sie tun: Sprechen Sie die erste Seite Ihres Manuskripts auf Band, sprechen Sie dabei nicht für Hollywood vor, sondern lesen Sie den Text so monoton wie möglich vom Blatt ab. Fällt es Ihnen schwer, den Schauspieler in sich zu unterdrücken, so bitten Sie einen Freund, den Text an Ihrer Stelle zu lesen. Achten Sie darauf, dass er ihn direkt, ohne ihn zu kennen, vom Blatt abliest. Wenn er sich räuspert, hüstelt oder stockt, um so besser. Je schlechter er liest, um so mehr profitiert Ihre Überarbeitung davon. Hören Sie ihm beim Lesen nicht zu. Bereiten Sie alles vor und gehen Sie dann aus dem Zimmer, sobald die Aufnahme läuft. Wenn er fertig ist, danken Sie ihm, und auf die Frage: »Willst du es dir nicht anhören?«, antworten Sie ihm: »Später.« Er wird Sie vielleicht drängen, zu prüfen, ob mit der Aufnahme alles geklappt hat. In diesem Fall hören Sie sich einen Satz an und zeigen Sie ihrem Freund, dass Sie sehr zufrieden sind. Und nun warten Sie, bis sich Ihr Freund verabschiedet hat. Erst dann hören Sie sich die Aufnahme an und achten dabei nicht auf den Ausdruck oder die Betonung, sondern einzig und allein auf die Worte.

Wahrscheinlich wird Ihr Freund, nachdem er diese eine Seite aufgenommen hat, Sie fragen, ob er das ganze Kapitel oder, Gott bewahre, das ganze Manuskript lesen darf. Vorsicht! Hier wird es gefährlich. Freunde und Familienangehörige sind als objektive Kritiker Ihrer Arbeit völlig ungeeignet. Sie mögen Sie. Vielleicht lieben sie Sie sogar. Sie werden Sie mit Ihrem begeisterten Lob in die Irre führen. Für sie ist die Lektüre schon deshalb ein emotionales Erlebnis, weil sie wissen, dass es Ihr Text ist. Ihre Leser dagegen, die noch nicht Ihre Freunde sind, werden Ihr Buch danach beurteilen, ob sein Inhalt und seine Sprache selbst sie emotional berühren.

Wenn es sich nicht vermeiden lässt, dass ein Freund oder ein Familienmitglied Ihr Manuskript liest, bitten Sie den Betreffenden um Folgendes: Er soll die Stellen, die ihm gefallen, mit einem Häkchen oder, wenn sie ihm besonders gut gefallen, mit einem Doppelhäkchen markieren, und er soll ein Kreuz oder ein Doppelkreuz neben diejenigen Passagen setzen, die er nicht besonders oder überhaupt nicht gelungen findet. Das schränkt den Schaden ein, den er anrichten kann, und für Sie ist es durchaus hilfreich zu wissen, welche Stellen auf Anhieb gut ankommen und welche nicht, auch wenn das nicht unbedingt etwas über die Qualität des Geschriebenen aussagt. Dieses Vorgehen schützt Sie auch vor dem nicht besonders hilfreichen Kommentar Ihres Freundes: »Es hat mir gefallen«, oder: »Es hat mir nicht gefallen.« Solche nichtssagenden Reaktionen können, wenn Sie sich auf Ihr Manuskript oder auch nur auf ein Kapitel oder einen Abschnitt beziehen, in ihrer Unbestimmtheit destruktiv sein. Denken Sie daran, dass ein wohlmeinender Leser Ihnen zwar normalerweise sagen kann, wo etwas nicht stimmt (»hier hängt es ein bisschen durch«), dass aber Kommentare zur Lösung des Problems meist nicht hilfreich sind. Wenn es sich bei Ihrem Verwandten oder Freund nicht gerade um einen erfahrenen Lektor handelt, müssen Sie das Problem allein lösen. Ich spreche hier nicht im Namen irgendeiner Lektorengewerkschaft, sondern aus der Erfahrung heraus, dass das Redigieren eines Erzähltexts eine Kunst ist, die das Wissen und die Erfahrung jahrelanger Praxis voraussetzt und nicht durch das intuitive Urteil eines uns wohlgesonnenen Freundes oder Verwandten zu ersetzen ist.

Natürlich können Sie, sofern Sie keinem Ihrer Freunde zutrauen, den Text für Sie auf Band zu sprechen, oder falls gerade niemand zur Verfügung steht und Sie es eilig haben, das Lesen selbst übernehmen, aber denken Sie daran, dass die Worte aus sich heraus die Bedeutung vermitteln und Gefühle wecken müssen. Wenn Sie fertig sind, holen Sie tief Luft und machen Sie einen ausgedehnten Spaziergang. Oder tun Sie irgendetwas, um sich die Zeit zu vertreiben, spülen Sie Geschirr, polieren Sie die Möbel. Erst dann, wenn einige Zeit verstrichen ist, hören Sie sich die Kassette, auf der Sie Ihren Text aufgenommen haben, aufmerksam an. Der Wechsel vom Geschriebenen zum Gehörten verschafft Ihnen Distanz. Mit hoher Wahrscheinlichkeit werden Sie im ersten Moment entsetzt sein, denn die Erstfassung eines Romans ist eine Fundgrube der Plumpheiten, ungenauen Bilder, überflüssigen Worte und vernebelten Absichten. Keine Sorge. Das Überarbeiten gehört zum Beruf des Schriftstellers wie das Hobeln zu dem des Schreiners.

Viele Autoren machen den Fehler, ihr Manuskript von der ersten bis zur letzten Seite chronologisch durchzuarbeiten. Das ist insofern uneffizient, als man unter Umständen im hinteren Teil des Texts auf Probleme stößt, deren Behebung Änderungen an früherer Stelle erforderlich macht, die man dann mühsam im Rückwärtsgang wieder auffinden muss. Überdies stumpft man gewissermaßen, wenn man das Manuskript von Anfang bis Ende durchliest, seinem eigenen Werk gegenüber ab und ist mit jedem Lesen weniger in der Lage, vernünftig zu urteilen. Um diese Probleme zu vermeiden, habe ich eine Methode der Überarbeitung entwickelt, die ich, in Anlehnung an das Auswahlverfahren bei der Behandlung Verwundeter in Kriegszeiten, »Triage« nenne. Bei diesem Vorgehen wird den wichtigsten Problemen Priorität eingeräumt, und erst wenn sie aus der Welt

geschafft sind, geht man Schritt für Schritt zu den jeweils unter-
geordneten über. Den Prozess der Manuskriptbearbeitung nach
dem Prinzip der Triage habe ich in meinem Buch *Über das
Schreiben* ausführlich erklärt. Ich empfehle Ihnen die Lektüre
des entsprechenden Kapitels.

»Verschlimmbesserung« nennt man die eine große Gefahr, die
beim Überarbeiten eines Texts immer lauert. Um sie zu vermeiden, müssen Sie unbedingt jede einschneidende Veränderung gewissenhaft prüfen, bevor Sie diese am Text vornehmen.
Verschlimmbesserungen haben bei Theaterstücken und Drehbüchern gravierendere Folgen als bei einem Roman, weil der
Romanautor immer noch die Möglichkeit hat, seinen Fehler im
Fahnenstadium wieder rückgängig zu machen. Ich rate allerdings davon ab, mit solchen Korrekturen zu warten, bis die
Druckfahnen kommen, weil der Autor für Änderungen, die über
einen bestimmten Umfang hinausgehen, zur Kasse gebeten wird
und, was noch wichtiger ist, weil diese unkorrigierte Version
unter Umständen schon als Vorabdruck an die wichtigsten Rezensenten verschickt wird. Das kann zur Folge haben, dass der
Autor aufgrund von Fehlern, die zwar während der Fahnen-
korrektur entdeckt werden, aber in der Kopie des Rezensenten
noch vorhanden sind, schlechte Kritiken erntet. Zwar werden
unkorrigierte Rezensionsexemplare vom Verlag immer als solche gekennzeichnet, aber Tatsache ist, dass ein Rezensent, der
meist ohnehin unter Termindruck steht, das fertige Buch keines
Blickes mehr würdigt, wenn er es einmal als mit Fehlern be-
haftet verworfen hat.

Manchmal lässt man sich von den gut gemeinten, aber unqualifizierten Ratschlägen von Freunden oder Verwandten zu Korrekturen verleiten, die keine Verbesserung, sondern eine Ver-
schlechterung sind. Auch ein Mensch, der von Berufs wegen mit
dem Manuskript zu tun hat, kann ein schlechter Ratgeber für
einen verunsicherten Autor sein. Ich war beispielsweise sehr
weit von zu Hause entfernt, als ich die Fahnen des Romans *Um*

Leib und Leben bekam und zu meiner Bestürzung feststellen musste, dass mein Lektor, ohne mich zu fragen, vierzehn Abschnitte des Buches kursiv hatte setzen lassen. Lange kursiv gesetzte Passagen sind schwer zu lesen und für einen Roman im Allgemeinen ungeeignet. Ich wusste, dass es teuer werden und den Erscheinungstermin verzögern würde, wenn alle entsprechenden Passagen neu gesetzt werden müßten. Zum Glück war der Verlagschef ein alter Freund von mir, und ein Anruf bei ihm brachte die Sache wieder ins Lot, bevor Schaden entstehen konnte. Meist hat man als Autor diese Möglichkeit der Einflussnahme nicht, aber wenn man einen guten Agenten hat, kann dieser möglicherweise im Fall eines solchen Konflikts intervenieren.

Ich erinnere mich an eine Gelegenheit, bei der ich weniger Glück hatte, und ich erwähne die Sache hier, weil sie beispielhaft dafür ist, welche verheerenden Folgen die Verschlimmbesserung eines geschriebenen Textes haben kann. Zu der Zeit, als sich die Ereignisse, von denen ich rede, abspielten, schrieb ich vor allem Bühnenstücke und erlebte gerade die aufregende Phase, in der eines meiner Stücke geprobt wurde und bald danach auf Tournee gehen sollte, bevor es dann am Broadway gezeigt wurde.

Bühnenautoren haben gegenüber Romanautoren den Vorteil, dass ihr Werk schon bei seinen ersten Gehversuchen ein lebendiges Publikum hat. Aber das birgt auch seine Gefahren. Wirkung und Erfolg des Stückes hängen von Regisseuren, Schauspielern, Bühnenbildnern, Kulissenschiebern und Produzenten ab, nicht zu vergessen den buntgemischten Haufen von Leuten, die mit der Produktion eigentlich nichts zu tun haben, aber bei keiner Probe fehlen und alle Beteiligten mit ihren unqualifizierten Kommentaren nervös machen und verunsichern.

Das Stück, von dem hier die Rede ist, wurde von dem renommierten Trio Roger Stevens, Alfred deLiagre und Hume Cronyn produziert. Paul Muni sollte die Hauptrolle spielen, musste aber wegen einer schweren Augenerkrankung im letzten Moment absagen, worauf Ed Begley, der schon einmal mit großem Erfolg für ihn eingesprungen war, die Rolle übernahm. An einer Stelle seines Texts wurde Katmandu, die Hauptstadt von Nepal, erwähnt. Das Wort war Begley fremd, und er kam damit nicht zurecht. Der Regisseur erklärte ihm zwar, was Katmandu ist, aber jedes Mal, wenn Begley an diese Stelle kam, begann er herumzualbern und Faxen zu machen. Er konnte das ihm unbekannte Wort einfach nicht mit ernster Miene über die Lippen bringen. Irgendwann während einer Probe setzte sich der bekannte Architekt und Bühnenbildner Donald Oenslager, der auch in dieser Produktion für das Bühnenbild verantwortlich war, neben mich. »Sei vorsichtig«, flüsterte er, »als Nächstes werden sie dir diese Textstelle streichen. Es ist eine der besten im ganzen Stück.«

Rechtlich gesehen hat der Autor das letzte Wort. Aber was macht man mit einem Star, der ein ihm unbekanntes Wort nicht aussprechen kann, ohne einen Lachanfall zu bekommen? Gar nichts. Die Textstelle wurde gestrichen. Und es sollte noch schlimmer kommen.

Zu einer der Proben wurden ein paar Vertreter der New Dramatists, einer Vereinigung junger Bühnenautoren, eingeladen. Nach der Probe erklärte einer von ihnen, der zwar ein Überredungskünstler war, meines Wissens aber selbst nie ein erfolgreiches Stück geschrieben hat, dass die zentrale Frage meines Stücks falsch gestellt sei: Es müsse nicht heißen, »warum ist es geschehen«, sondern »wer war es«. Bei einer solchen anderen Interpretation waren massive Änderungen am Text notwendig, eine Vorstellung, die ich erschreckend fand, zumal sich das Stück schon in einem fortgeschrittenen Probenstadium befand. Aber dem Mann gelang es, andere für seine Idee zu begeistern, und ich war zu unerfahren, um mich angemessen zur Wehr zu setzen. Ich war also gezwungen, in kürzester Zeit drastische Änderungen im Text und an der Szenenfolge vorzunehmen, und die Schauspieler mussten ihren neuen Text lernen, während sie in acht Vorstellungen pro Woche auf der Bühne standen. Bald wurde allen Beteiligten klar, dass die Änderung ein großer Fehler war. Nun mussten die armen Schauspieler sich blitzschnell wieder auf die ursprüngliche Fassung umstellen, und dann ging das Stück auch schon zur Premiere ans National Theater in Washington und von da aus an den Broadway. Zwar wurde es von namhaften Kritikern wie Richard Rovere und Eric Bentley gelobt, aber es hielt sich nicht lange am Broadway. Diese Erfahrung war mir eine Lehre. Heute vergesse ich bei meiner Arbeit einen Grundsatz nie: *Ändere so viel du willst, aber pass auf, dass es keine Verschlimmbesserung ist.* Füge dem Patienten keinen Schaden zu, würde Hippokrates sagen.

Während ich noch an diesem Kapitel schrieb, habe ich eine Veranstaltung der erwähnten Autorenvereinigung New Dramatists in New York besucht. Neben so illustren Autoren wie Robert Anderson und Joe Masteroff, von dem das Buch zu *Cabaret* stammt, war auch der Mann anwesend, der mir mehr als vier Jahrzehnte zuvor mit seinem Ratschlag einen so schlechten Dienst erwiesen hatte. Er sah mich, ich sah ihn, wir gingen aufeinander zu, ich konnte seine Gedanken lesen, er konnte vermutlich auch meine lesen. Wir trugen keine Revolver an der Hüfte. Die Zeit kühlt auch die hitzigsten Gemüter. Er war immer noch von seiner miserablen Idee von damals überzeugt. Glücklicherweise bin ich mittlerweile auf einem gewissen Ohr taub.

Eine Verschlimmbesserung anderer Art habe ich in Hollywood erlebt, als ein Bestseller, den ich als Lektor betreut hatte, verfilmt wurde. Ich war bei einigen der Drehs anwesend, und einmal hatte mir der Regisseur erlaubt, mit dem Kameramann auf einem Aufnahmekran Position zu beziehen, von wo aus ich einen wunderbaren Blick auf die spektakuläre Einstellung eines Unfalls zwischen einem Pkw und einem Lkw hatte, in der die Kamera in eine Großaufnahme des linken Pkw-Vorderrads zoomte. Es war viel beeindruckender zu sehen, wie die Stahlfelge wie ein Pfannkuchen zerdrückt wurde, als wenn man den ganzen Unfall in einer Totale gezeigt hätte. Aber der Regisseur war gleich darauf von einer aufgeregten Schar von Mitarbeitern der Produktionsfirma umringt, die ihm zu verstehen gaben, dass man nicht gewillt sei, so viel Geld für einen Unfall zu verschwenden, von dem dann nur ein einzelnes Rad zu sehen war! Da der Produzent nun einmal der Herr über das Budget ist und den Film finanziert, gab der Regisseur, ein Oscar-Preisträger, klein bei, und es wurde eine ganz konventionelle Unfallszene gedreht, die nicht annähernd so beeindruckend war wie seine cineastische Einstellung zuvor.

Angesichts der Unternehmensstrukturen bei Theater und Film hat der Autor nur geringen Einfluss darauf, wie eine Produktion vorbereitet wird. Das Schreiben eines Stücks oder eines Romans ist dagegen ein einsames Geschäft, mit allen Vorteilen und Verantwortungen, die das mit sich bringt. Der Schriftsteller muß sein Werk allein, höchstens von einem Lektor beraten, zur Vollendung führen. Wenn ein Autor das Geschriebene nur darum akzeptabel findet, weil es aus seiner eigenen Feder stammt, dann hat er ein Problem. Er muss das Manuskript mit den Augen eines Kritikers und eines Lektors sehen, vielleicht sogar eines strengen Oberlehrers, der entschlossen ist, die Fehler aufzuspüren und gnadenlos rauszuschmeißen. Mit seinem anderen Ich muss er wiederum sein Manuskript verteidigen, damit »dem Patient kein Schaden zugefügt wird«. Und all das muss er tun, bevor ein Agent oder ein Verleger das Manuskript zum ersten Mal zu sehen bekommt.

14
Einige Grundregeln für Emigranten
aus der Sachliteratur

Jeder Romanautor ist ein Emigrant aus der Sachliteratur, und das kann uns zum Verhängnis werden, weil alte Gewohnheiten bekanntlich haften.

Zumindest hat jeder von uns schon einmal eine Nachricht an einen Freund oder einen Brief geschrieben. Bevor wir daran denken, etwas Literarisches zu Papier zu bringen, dient das Schreiben in unserer Vorstellung vor allem dem Übermitteln von Informationen. Wenn wir dagegen eine Geschichte schreiben, wollen wir beim Leser Emotionen wecken. Die Umstellung, die das erfordert, kann ein schwieriger Prozess sein.

Wer, aus einem anderen Metier kommend, seiner Berufung zum Schriftsteller folgt, hat viele Hindernisse zu überwinden. Ärzte, Anwälte oder Wissenschaftler bedienen sich in ihrem Beruf einer Sprache, die vorgeblich dazu angetan ist, Dinge präzise zu benennen, die aber in Wirklichkeit oft gebraucht wird, um die Bedeutung des Gesagten vor Laien zu verschleiern. Von diesem Fachjargon müssen sie sich lösen, wenn sie literarische Ambitionen verfolgen. In der erzählenden Literatur ist Klarheit gefordert. Wenn wir beim Lesen innehalten müssen, um darüber nachzugrübeln, was im Text eigentlich gesagt wird, verlieren wir für einen Augenblick den Faden der Geschichte. Ein Pfarrer ist oft auf eine Reaktion seiner Zuhörer angewiesen, die auf deren tief verwurzeltem Glauben basiert. Die Erzählkunst lebt von Originalität. »Novelle« leitet sich von neu ab. Der Romanautor erschafft die Welt neu, in der wir als Leser für die

Dauer unserer Lektüre leben. Das unterscheidet ihn von den Vertretern anderer Professionen, die es gewohnt sind, Langeweile als Bestandteil der Kommunikation zu akzeptieren. In der Welt der Literatur ist Langeweile eine Todsünde.

Wer aus anderen Bereichen der schreibenden Zunft ins erzählende Fach überwechselt, sieht sich mit anderen Problemen konfrontiert. Journalisten beispielsweise sind in ihrem Beruf daran gewöhnt, ihre Texte schnell zu produzieren, und sie bekommen die redigierte Endfassung oft erst zu sehen, wenn ihr Artikel gedruckt ist. Der lange und mühsame Prozess des Schaffens, Neuschaffens und Überarbeitens, der dem Moment vorausgeht, in dem der Lektor auch nur einen ersten Blick auf das Manuskript wirft, ist ihnen fremd, für sie ist die Erstfassung immer zugleich das fertige Produkt. Selbst wenn sie sich beim Schreiben ihrer Reportagen eines literarischen Stils bedienen, was heute sehr verbreitet ist, ist ihre Welt doch die der Fakten und der wahrheitsgetreuen Berichterstattung. In der Welt der Geschichtenerfinder dagegen wird das, was sie erschaffen – wenn es gut genug ist – für andere zur Wahrheit.

Die erzählende Literatur ist kein Gewerbe, in das man sich hineinstürzt, um geradewegs zum Erfolg zu schwimmen. Dazu gilt es nicht nur ein komplexes Handwerk zu erlernen, sondern man muss auch von dem festen Willen getrieben sein, etwas zu schaffen, das für andere ein Erlebnis ist. Zum Glück ist jedes Handwerk erlernbar. Die folgende Zusammenfassung ist als kleine Hilfestellung für solche Autoren gedacht, die ihre Schreiberfahrung in anderen Bereichen als der erzählenden Literatur gesammelt haben. Sie umfasst elf Punkte, die man beachten sollte, bevor man anfängt zu schreiben, dreiundzwanzig, die man während des Schreibens zu Rate ziehen kann, sechs Lösungsmöglichkeiten für den Fall, dass man einmal stecken bleibt, und zweiundzwanzig Punkte, die es bei der Überarbeitung zu beachten gilt.

Bevor Sie anfangen zu schreiben

▶ Was möchte Ihr Protagonist unbedingt erreichen?

▶ Ist es etwas, das die Leser nachvollziehen oder womit sie sich identifizieren können?

▶ Wer oder was steht Ihrem Protagonisten im Weg? (Eine Person schafft größere dramatische Spannung.)

▶ Schreiben Sie für jede Ihrer Hauptfiguren eine Charakterskizze, die mehr Details enthält, als Sie später brauchen werden.

▶ Versetzen Sie sich in Charaktere hinein, die anders sind als Sie.

▶ Warum würden Sie die Gesellschaft der Person suchen, die Sie als Protagonisten gewählt haben?

▶ Wie sehen Ihre Charaktere sich gegenseitig? Skizzieren Sie kurz die Ansichten jeder Figur zu den Tugenden, Schwächen und Torheiten der anderen wichtigen Figuren. Bewahren Sie diese Notizen auf, um sich später daran orientieren zu können.

▶ Wessen Perspektive dominiert?

▶ Wodurch wollen Sie die Aufmerksamkeit des Lesers auf Seite eins fesseln?

▶ Überlegen Sie, ob Sie mit einer Szene beginnen können, die den Leser in ein bereits laufendes Geschehen hineinversetzt.

▶ Welche dramatischen Konflikte stehen im Zentrum der einzelnen Kapitel?

Während Sie schreiben

▶ Der »Motor« Ihrer Geschichte, der Moment also, in dem der Leser so in die Geschichte hineingezogen wird, dass er das Buch nicht mehr aus der Hand legen kann, muss möglichst schnell anspringen.

▶ Die Handlung muss für den Leser »sichtbar« sein.

▶ Schinden Sie keine Zeit; treiben Sie die Geschichte erbarmungslos voran.

❱ Ist Ihr Held aktiv, oder lässt er die Dinge einfach mit sich geschehen?

❱ Ersetzen Sie Abstraktionen und Verallgemeinerungen durch konkrete Beschreibungen.

❱ Benutzen Sie Überraschungen (ein unerwartetes Hindernis beispielsweise), um Spannung zu erzeugen.

❱ Formulieren Sie in Dialogen allzu korrekt gebildete Sätze um.

❱ Unterbrechen Sie lange Dialogpassagen durch Handlungselemente oder eingeschobene Gedanken.

❱ Gestalten Sie Dialoge provokativ, argumentativ und kämpferisch.

❱ Charakterisieren Sie Figuren durch das, was sie sagen. Ordnen Sie den Figuren unterschiedliche Sprachmuster zu.

❱ Achten Sie darauf, dass jede Seite ein visuelles Element enthält.

❱ Erzählen Sie uns nicht, wie ein Akteur sich fühlt. Lassen Sie es uns anhand dessen, was er sagt und tut, selbst herausfinden.

❱ Zögern Sie Problemlösungen hinaus, das erhält die Spannung.

❱ Manipulieren Sie die Emotionen des Lesers?

❱ Türmen sich im Verlauf der Geschichte immer größere Hindernisse vor dem Protagonisten auf?

❱ Haben Sie Stresssituationen für Ihre Figuren geschaffen?

❱ Werden die Dialoge aufschlussreicher, wenn die Figuren unter Stress stehen?

❱ Halten Sie die Perspektive konsequent durch?

❱ Vermeiden Sie narrative Zusammenfassungen. Wenn diese unumgänglich sind, halten Sie sie kurz.

❱ Beziehen Sie die Sinne der Leser, Augen, Ohren, Nase, Tastsinn, ein.

❱ Bleibt Ihre Geschichte in Bewegung, wenn Sie Schauplätze beschreiben?

❱ Beenden Sie Szenen und Kapitel mit einer überraschenden

Wendung, die den Leser neugierig darauf macht, was als nächstes passiert.

▶ Lassen Sie den Leser im Unklaren über Dinge, die er wissen möchte; das steigert sein Interesse.

Wenn Sie stecken bleiben

▶ Schlagen Sie ein Wörterbuch an einer x-beliebigen Stelle auf. Lassen Sie Ihren Gedanken zu jedem Wort auf der Seite freien Lauf, bis Ihre Fantasie in Gang kommt.

▶ Gehen Sie die vorangegangene Checkliste Punkt für Punkt durch.

▶ Denken Sie sich für den nächsten Absatz eine unerwartete Wendung der Ereignisse aus.

▶ Nehmen Sie einen Roman, der Ihnen sehr gefallen hat, schlagen Sie ihn auf einer beliebigen Seite außer der ersten auf und beginnen Sie langsam zu lesen.

▶ Unterbrechen Sie die Szene an der Sie schreiben durch ein absurdes Ereignis.

▶ Nehmen Sie das letzte Substantiv, das Sie geschrieben haben, beginnen Sie dann frei zu assoziieren und schreiben Sie jedes Wort auf, das Ihnen in den Sinn kommt, bis Ihr Motor wieder anspringt.

Beim Überarbeiten des Manuskripts

▶ Lösen Sie die wichtigsten Probleme zuerst.

▶ Specken Sie den Text ab, streichen Sie Wiederholungen und unwichtige Adjektive und Adverbien.

▶ Haben Sie daran gedacht, dem Helden eine Schwäche, eine verwundbare Stelle zu geben?

▶ Ist der Bösewicht charmant, interessant und stark?

▶ Wenn Ihnen jemand das, was die Figuren in Ihrer Geschichte tun, als eigenes Erlebnis erzählen würde, würden Sie ihm glauben?

❱ Sind die Beweggründe, aus denen heraus die einzelnen Figuren so handeln, wie sie es tun, glaubwürdig?

❱ Offenbaren sich Ihre Charaktere aus sich heraus, oder tun Sie es für sie?

❱ Kürzen oder unterbrechen Sie Dialogpassagen, die mehr als drei Sätze lang sind.

❱ Wenn die Akteure durchgängig in vollständigen, wohlartikulierten Sätzen sprechen, überarbeiten Sie die Dialoge.

❱ Sind die Antworten in den Dialogen eher hintergründig als direkt?

❱ Ersetzen Sie »er sagte« und »sie sagte« durch Wörter, die deutlich machen, wie etwas gesagt wurde. Wählen Sie Wörter und Wortfolgen, die aus sich selbst heraus verraten, wie etwas gesagt wird.

❱ Gibt es Dialoge und Dialogpassagen, die eine stärkere Konfrontation enthalten oder kontroverser sein könnten?

❱ Werfen Sie überflüssigen Ballast ab, um das Tempo und die Spannung zu steigern.

❱ Kürzen oder streichen Sie narrative Zusammenfassungen zwischen den Szenen.

❱ Ist die Geschichte so geschrieben, dass jedes Wort zählt?

❱ Prüfen Sie überall, wo das Wort »sehr« auftaucht, ob das Adjektiv oder Adverb, mit dem es assoziiert ist, stärker wird, wenn Sie das »sehr« streichen.

❱ Wenn Sie das Gleiche zweimal auf verschiedene Weise gesagt haben, entscheiden Sie sich für die bessere Variante und streichen Sie die andere.

❱ Gibt es Bilder oder Sätze, die Sie lieben, die aber in dem Zusammenhang, in dem sie hier auftauchen, fehl am Platz sind? Weg damit.

❱ Sollten Sie auf einer Seite ein Substantiv mehr als einmal wiederholt haben, suchen Sie nach Synonymen.

❱ Haben Sie alle Klischees radikal beseitigt?

❱ Könnte die Geschichte auch anders enden?

❱ Haben Sie darauf geachtet, dass keine Ihrer Änderungen eine Verschlimmbesserung ist?

❱ Wenn Sie nicht sicher sind, lassen Sie es so, wie es ursprünglich war.

Die folgenden Fragen werden von Autoren, die zum ersten Mal einen Roman schreiben, häufig gestellt:

❱ *Es heißt immer, man soll die Aufmerksamkeit des Lesers gleich auf der ersten Seite fesseln. Wie mache ich das, ohne zuerst die Figur und die Situation, in der sie sich befindet zu beschreiben?* – Zeigen Sie die Figur in Aktion, am besten bei etwas, das für sie wichtig ist. Versorgen Sie den Leser im Rahmen der Aktion und ohne diese zu unterbrechen mit den wichtigsten Informationen zur Situation. Beschreiben Sie die äußere Erscheinung der Figur anhand eines nicht alltäglichen Details, das charakteristisch ist für sie. Zum Beispiel:»Trotz ihres Stotterns wirkte Carol elegant und weltgewandt.« Oder:»Wenn George zur Tür herein kam, hatte man das Gefühl, man wird gleich von einem Sattelschlepper überrollt.« Lassen Sie der Fantasie Ihrer Leser Raum. Sie können später im Rahmen der Handlung auf weitere charakteristische Merkmale der Figur eingehen, aber achten Sie darauf, dass Sie den Erzählfluss nicht mit unnötigen und klischeehaften Beschreibungen ihrer Kleidung und ihres Körperbaus unterbrechen. Bemühen Sie stattdessen Eigenschaften, die in Bezug zur Geschichte stehen, beispielsweise:»Er behandelte seine Freunde wie Dienstboten«, oder:»Wenn er langsam den Raum durchquerte, ließen ihn sein Alter und seine Arthritis zerbrechlich wirken, aber sobald er sprach — wo und über was auch immer —, hielten die Menschen inne und hörten ihm zu, als wäre Moses erneut mit den Zehn Geboten vom Berg herabgestiegen.«

❱ *Wie finde ich Überraschungsmomente, die dem Leser gefallen?* – Denken Sie an den wahrscheinlichen Verlauf der Handlung und lassen Sie das Gegenteil geschehen! Achten Sie darauf, dass die Überraschung glaubhaft und begründet ist.

▶ *Meine Dialoge klingen manchmal hölzern. Wie kann ich sie lebendiger gestalten?* – Vermeiden Sie vollständige Sätze in den Dialogen, legen Sie Ihren Akteuren gelegentlich eine unlogische Äußerung in den Mund, beschränken Sie sich auf maximal drei Sätze für eine Dialogpassage. Der Dialog ist eine Interaktion. Am wirkungsvollsten ist ein kontroverser Dialog. Der Dialog ist wie eine Fremdsprache, die man lernen muss. Beginnen Sie mit dem Lernen, indem Sie das siebte Kapitel noch einmal durchlesen.

▶ *Wie definiert sich das Kapitel eines Romans? Woher weiß ich, wann ich ein Kapitel beenden und das nächste beginnen soll?* – Ein Kapitel besteht aus einer oder mehreren Szenen und darüber hinaus möglichst wenig. Lassen Sie ein Kapitel immer so enden, dass der Leser neugierig ist, was im nächsten Kapitel passieren wird, und führen Sie ihn am Anfang dieses nächsten Kapitels nicht dahin, wohin er will.

▶ *Jemand, auf dessen Urteil ich vertraue, hat mir gesagt, meine Protagonistin sei ein typischer Durchschnittsmensch. Wie kann ich sie interessanter machen?* – Geben Sie ihr ein ungewöhnliches Merkmal, am besten eines, das im Zusammenhang mit der Geschichte steht. Geben Sie ihr etwas, das sie sich herbeiwünscht. Sie läuft jeden Tag zum Briefkasten. Was sie erwartet, ist noch nicht angekommen. Sie würde durch ihre Frisur oder ihre Kleidung in einer Menschenmenge auffallen. Überlegen Sie, welche ihrer Eigenschaften Sie so interessant finden, dass Sie mit ihr auf eine zweiwöchige Reise gehen würden.

▶ *Meine Lieblingsbücher verschlinge ich geradezu, aber bei meinen eigenen Geschichten ist das nicht der Fall. Liegt das daran, dass ich sie geschrieben habe? Falls nicht, wie kann ich sie interessanter machen?* – Steigern Sie die Neugier des Lesers ständig, anstatt sie umgehend zu befriedigen.

▶ *Man hat mir gesagt, dass mein Plot an manchen Stellen unglaubwürdig sei. Für mich scheint er in Ordnung, wie behebe ich also den Fehler?* – Ein Autor kann normalerweise nur schlecht beurteilen, wo seine eigene Geschichte unglaubwürdig ist. Sehen Sie sich die Stellen, die andere unglaubwürdig finden, noch einmal genau an. Würden Sie sich so verhalten wie Ihre Figuren an dieser Stelle? Unter welchen Umständen? Hat der betreffende Akteur einen triftigen Grund, so zu handeln, wie er es tut? Wirkt die Handlung übertrieben oder klischeehaft? Ändern Sie die Stelle so, dass die Handlung realistisch wird. Einer der erfolgreichsten Autoren, mit denen ich je zusammengearbeitet habe, beschreibt in einem Buch, wie ein Mann einen anderen über ein Geländer wirft. Um einen Menschen von achtzig Kilo hochzuwuchten, muss man schon ein Ringer oder Gewichtheber sein. Streichen oder ändern Sie alle Handlungselemente, die Ihnen bei genauerer Betrachtung unglaubwürdig erscheinen. Sie beizubehalten ist ein Zeichen von Nachlässigkeit oder Bequemlichkeit.

▶ *Was bezeichnet man in einer Geschichte als »Umschlag«, und warum finden ihn manche Schriftsteller so wichtig?* – Wenn Sie einen Brief erhalten, kann Ihnen der Absender auf dem Umschlag etwas über dessen Inhalt mitteilen. Genauso verhält es sich mit dem Umschlag in einer Geschichte. Er ist ein Behältnis, das Ihre Fantasie mit allen möglichen Dingen füllen kann. »Großmutter saß am Fenster und starrte hinaus.« Das ist ein Bild ohne jede Erklärung im Detail, aber der Leser ist in der Lage, aus dem Kontext zu schließen, was sie sehen könnte.

▶ *Warum soll man keine Rückblenden verwenden, wenn man Informationen über den Hintergrund einer Figur oder über zurückliegende Ereignisse vermitteln möchte?* – Es erfordert viel Erfahrung, Rückblenden so einzuflechten, dass sie nicht aufdringlich und störend wirken. Informationen, die man in einer Rückblende vermittelt, kann man im Allgemeinen auch in die Gegenwartserzählung einfließen lassen. Wenn eine Rückblende absolut unvermeidlich ist, leiten Sie schnell und unauffällig zu ihr über und behandeln Sie sie so, als wäre es ein gegenwärtiges Ereignis.

▶ *Wenn die Geschichte wichtiger ist als der Titel, warum wird dann so viel Wind darum gemacht, einen guten Titel zu finden, bevor man ein Manuskript einreicht?* – Der Titel ist die Tür zu Ihrem Buch. Ein guter Titel reizt den potentiellen Leser, ein Buch zur Hand zu nehmen und den Klappentext zu lesen.

▶ *Ich höre ständig, dass es meinem Buch an Action fehlt. Ich persönlich hasse Actionfilme, Verfolgungsjagden und dergleichen, warum also brauche ich mehr Action?* – Sie missinterpretieren die Bedeutung des Wortes »Action«, das im Zusammenhang mit einem Roman im Sinne von Handlung gebraucht wird. Ein Dialog ist Action. Zögern ist Action. Wegsehen ist Action.

▶ *Ich hatte einen Lehrer, der ständig davon faselte, dass die »Diktion« einer Geschichte Qualität verleiht. Ich dachte, Diktion bedeutet die richtige Betonung eines Wortes. Was hat das mit der Qualität des Schreibens zu tun?* – Diktion hat im Zusammenhang mit dem Schreiben nichts mit der Betonung von Wörtern zu tun. Mit Diktion meint man die Ausdrucksweise eines Autors, seinen Stil, die Fähigkeit, die richtigen Worte und Metaphern im richtigen Moment zu verwenden. Das macht die Qualität einer Geschichte aus und gibt der Stimme eines Autors etwas Unverwechselbares.

▶ *Ich habe das Gefühl, in der Zwickmühle zu stecken. Ich weiß, dass ich zu wortreich schreibe, aber wenn ich sehr viel streiche, kommt mir mein Manuskript immer zu kurz vor. Was soll ich machen?* – Manuskripte von Autoren, die ihren ersten Roman schreiben, sind für das, was sie enthalten, fast immer zu lang. Lektoren haben viel Erfahrung mit dem Kürzen von Texten, aber die Arbeitszeit der Lektoren ist für den Verlag teuer. Und da auch Papier teuer ist, gilt – zumindest heutzutage – der Grundsatz: kürzer ist besser. Viele der Romane, die ich in diesem Buch erwähne, sind kürzer als der Durchschnitt. Ich rate dazu, alle überflüssigen Worte zu eliminieren, besonders Adjektive und Adverbien, und Sie werden feststellen, wie sich das Tempo ihrer Geschichte automatisch steigert. Streichen

Sie die schwächste Szene, das ist eine einfache und effiziente Methode, eine Geschichte zu straffen. Dann sehen Sie sich die Szene an, die nunmehr die schwächste ist. Vielleicht sollte sie ebenfalls gestrichen werden. Es kann Ihren Roman nur aufwerten, wenn Sie die schwachen oder überflüssigen Szenen darin streichen.

15
Wege zum ewigen Leben

Wenn ein Autor vom Verlag ein Vorausexemplar seines ersten gedruckten Romans erhält, wird sein Herz vermutlich Luftsprünge machen. Es ist eine Geburt. Der Autor wiegt das Buch in den Händen, bewundert den Einband, blättert die Seiten um, als wolle er sich selbst beweisen, dass dieses Ding, das als Manuskript jahrelang im Zentrum seiner Aufmerksamkeit stand, nun, oh welcher Triumph, wirklich und wahrhaftig ein veröffentlichtes Buch ist.

Wenn sich dieser Autor auf Unterhaltungsliteratur spezialisiert und noch keine treue Lesergemeinde hat, weiß er, dass die überwältigende Mehrheit seiner potentiellen Leser ein Jahr warten werden, um dann das handliche Taschenbuch zu erwerben, dessen Seiten mit der Zeit vergilben und auseinanderfallen. Aber er hält jetzt die gebundene Ausgabe in Händen, und er wird das Buch zumindest ein paar Wochen lang irgendwo aufbewahren, vielleicht etwas entfernt von allen anderen Büchern, wo er es oft sieht. Trivialliteratur ist wie ein One-Night-Stand, Sex als Unterhaltung. Wenn die Unterhaltung gut ist, kommt man wieder. Der Autor arbeitet vielleicht schon an einem Folgeroman, vielleicht mit demselben Protagonisten, und hofft darauf, eine treue Anhängerschaft um sich zu scharen.

Dieses Kapitel richtet sich an den Autor einer anderen Art von Buch, eines, das mit den Gefühlen, dem Geist und dem Gedächtnis des Lesers verschmilzt wie die ineinander verschlungenen Stränge der DNS. Dieser Autor schreibt in der Hoffnung, dass zwischen seinem Buch und dem Leser eine Bindung entsteht, die sich mit dem Verb »lieben« beschreiben lässt. Solch ein Buch, so hofft der Autor, verdient seinen festen Einband und das säurefreie Papier, auf das es gedruckt ist, es verdient, dass ihm, so Gott und die Rezensenten es wollen, über das erste Jahr nach seinem Erscheinen hinaus ein langes Leben beschert ist, dass es einen festen Platz im Gedächtnis des Lesers einnimmt, dass es bei guter Behandlung als Erbstück an die nächste Generation weitergegeben wird. *Lies das, es war ein wundervolles Buch.*

Die Romanautorin und Dichterin Erica Jong hat es einmal so formuliert:»Als Leserin möchte ich, dass ein Buch mich in seine Welt entführt. Seine Welt muss meine so genannte reale Welt ärmlich erscheinen lassen. Seine Welt muss mich verlocken, wiederzukommen. Wenn ich das Buch schließe, muss ich mich fühlen, als sei mir etwas weggenommen worden.« Wodurch zeichnet sich ein solches Buch aus?

Manche Romane haben die Generation überlebt, in deren Zeit sie geschrieben wurden, weil ihre Thematik noch lange in uns nachhallt, wenn wir das Buch längst geschlossen haben. Herman Melvilles *Moby Dick*, Arthur Koestlers *Sonnenfinsternis* und die wichtigsten Romane von Graham Greene kommen uns vielleicht als Beispiele in den Sinn. In den meisten großen Erzählwerken spiegelt sich eine tiefe Einsicht in die menschliche Natur und die Funktionsweise unserer Gefühle. Es geht darin nicht um die Vermittlung von Botschaften und Fakten. Vielmehr wird in ihnen eine Welt erschaffen, in der wir etwas über den Umgang der Menschen miteinander lernen. Sie wollen uns nicht auf schulmeisterliche Art belehren. Die Einsicht soll durch die Geschichte selbst vermittelt und nicht vom Autor gepredigt werden.

Kapitän Ahab, der im Kampf mit dem großen weißen Wal Moby Dick ein Bein verloren hat, führt in seinem unstillbaren Rachedurst einen Feldzug gegen die Bestie, die in seinen Augen das abgrundtief Böse verkörpert, und führt damit seinen eigenen tragischen Untergang herbei.

Mit *Sonnenfinsternis* hat Arthur Koestler einen der wenigen großen Romane geschaffen, die sich mit einer Erscheinung beschäftigen, die im 20. Jahrhundert einen Teil der Welt geprägt hat, dem stalinistischen Totalitarismus der Sowjetunion. George Orwell erreichte mit dem Roman *1984*, in dem es um ein ganz ähnliches Thema geht, ein noch größeres Publikum. Vergessen wir auch nicht, welche Wirkung die maschinengeschriebenen, von Hand zu Hand weitergereichten Bücher des Moskauer Samisdat wie Solschenizyns *Im ersten Kreis* beispielsweise im eigenen Land und später durch ihre Veröffentlichung in Europa und den USA hatten.

Graham Greenes Thema war die Verderbtheit des Menschen, die er aus der Sicht eines exzentrischen Katholizismus betrachtete.

Autoren wie die genannten vermitteln Einsichten *indirekt* durch ihre starken Geschichten. Sie haben etwas Wichtiges zu sagen, und sie tun dies nicht durch wortreiche Erklärungen, sondern durch die Handlungen und Gedanken ihrer Figuren. Huckleberry Finn ist ein Junge, der sich nach Freiheit sehnt und diese durch sein Handeln definiert. Ein Fehler, der mir in vielen Romanmanuskripten begegnet, ist die Direktheit, mit welcher der Autor sein Anliegen vorbringt, anstatt es durch die Handlungen seiner Figuren zu vermitteln.

Schöngeistige Literatur hat größere Chancen, ihre Zeit zu überdauern, wenn sie dem Leser auf kluge Weise zu Einsichten verhilft. Romane dieser Art zeichnen sich durch die Resonanz aus, die in ihrer Geschichte schwingt. Der Leser hat das Gefühl, an etwas Größerem teilzuhaben als nur an dem, was sich vordergründig in der Geschichte abspielt. Das ist in Scott Fitzgeralds *Der große Gatsby* so, und es trifft auch auf die oben genannten Romane zu. Die Vielzahl an Techniken, mit denen Resonanz erzeugt werden kann, ist in meinem Buch *Über das Schreiben* in einem eigenen Kapitel beschrieben.

Romane, die Bestand haben, zeichnen sich durch stilistische Sorgfalt, durch eine überlegte und präzise Wahl der Worte aus.

Einen besseren Indikator für literarische Qualität kann man kaum finden. Das Schöpfen treffender Vergleiche und Metaphern trägt dazu bei, dass ein Roman Größe und Format hat; der schöpferische Prozess selbst gehört zu den Freuden des Schreibens. Gute Literatur lebt vom *Spezifischen*, von treffend beobachteten Details anstelle von Allgemeinheiten. Auch exzentrische Figuren, die dem Leser in Erinnerung bleiben und auf deren Gesellschaft er nicht verzichten möchte, tragen zum langen Leben eines Romans bei.

Ein Autor, der etwas schreiben will, das Bestand hat, sollte nicht nur gute zeitgenössische Romane lesen, sondern auch solche, die mit der Zeit zu Klassikern geworden sind. Ich erinnere an Mark Twains Worte: »Ein Mensch, der keine guten Bücher liest, ist nicht besser dran als einer, der sie nicht lesen kann.« Im nächsten Kapitel treffen wir auf solche Menschen, und wir werden sehen, in welch erschreckendem Maß sie das Resultat der Arbeit eines Autors beeinflussen können.

Wofür der Verlag
verantwortlich ist

16
Was uns erwartet

Bisher habe ich in diesem Buch Wissen und Erfahrungen weitergegeben, die Autoren über ihr Handwerk zusammengetragen haben und die notwendig sind, wenn ein Roman Aussicht auf Veröffentlichung und Erfolg haben soll. Schreiben ist kein isoliertes Handwerk, und im besten Fall ist es Kunst. Von der Arbeit der Schreibenden ist die Multimilliardenindustrie der Verlage abhängig. Ohne Geschriebenes gibt es für die Verleger nichts zu verlegen. Darum wende ich mich nun, nachdem ich über die Pflicht des Autors gesprochen habe, sein Werk zu vervollkommnen, den Pflichten der Verleger zu, und ich erläutere in diesem Zusammenhang einige der Stolpersteine des Verlagswesens, die sowohl die Autoren als auch die Verleger betreffen.

Stellen wir uns die bange Frage, die jeden Autor quält, wenn er bereit ist, seine Arbeit der Öffentlichkeit zu präsentieren: *Wer wird mein Manuskript beurteilen? Wer entscheidet, ob es angenommen oder abgelehnt wird?* Die Frage geht gestandenen Autoren ebenso nah wie solchen, die ihre erste Arbeit anbieten, und sie scheint für den Verfasser eines Erzählwerks wichtiger als für jeden anderen Autor.

Die Antwort ist, wie schon gesagt, erschreckend.

Früher wurde die Entscheidung, welches Buch angenommen und welches abgelehnt werden sollte, von Lektoren und Verlegern getroffen, die mit Leib und Seele Buchmenschen waren, Männern und Frauen also, deren Leben die Literatur vergangener und gegenwärtiger Zeiten war, für die Lesen eine Offenbarung bedeutete und in deren Zuhause Bücher so unentbehrlich waren wie Wände. Publizieren heißt veröffentlichen, der

Öffentlichkeit etwas bekannt machen. Heute wird die Entscheidung darüber, was publiziert wird und, vor allem, inwieweit es »der Öffentlichkeit bekannt gemacht« wird, von Vertriebs- und Marketingstrategen getroffen, die man, an ihren Prioritäten gemessen, nicht als »Buchmenschen« bezeichnen kann.

Die Menschen, die in den Verlagen den direkten Kontakt zu den Autoren pflegen, sind die Lektoren, von denen die meisten noch empfänglich sind für das aufregende Erlebnis, mit einem neu eingereichten Manuskript vielleicht ein gutes Buch in Händen zu halten. Ein erfahrener Lektor wird sich fragen, ob ein bestimmtes Buch ins Verlagsprogramm passt, er wird abwägen, wie groß die potentielle Leserschaft für dieses Buch ist und wie man diese potentiellen Leser am besten erreicht. Die Leute im Vertrieb und in den Marketingabteilungen haben jedoch eine wirtschaftliche Priorität: *Was verkauft sich zur Zeit am besten?* Die meisten von ihnen verlassen sich nicht auf ihren über die Jahre entwickelten Geschmack, sondern auf aktuelle Statistiken. Ihre Strategie orientiert sich an der Frage: *Wie kommen wir an Bücher heran, die so sind wie diejenigen, die sich im letzten Jahr so gut verkauft haben? Ist dieses Buch so wie Buch X oder Y oder Z?*

Die Prioritäten der Marketingleute beruhen auf der Annahme, dass die Leser im nächsten und in den darauf folgenden Jahren (Bücher werden manchmal Jahre vor ihrem Erscheinen ausgewählt) die gleichen Vorlieben haben werden wie in den Jahren zuvor. In den Verlagssitzungen pochen die Marketingleute auf ihre Richtlinien: *Wie hat sich das letzte Buch dieser Art verkauft? Wie hat sich das letzte Buch dieses Autors verkauft? Mit welchem aktuellen Bestseller ist es vergleichbar?* Kurzlebige Bücher – Unterhaltungsromane von Autoren, deren letztes Werk Eingang in die Bestsellerlisten gefunden hat, Diätbücher, seichte psychologische Ratgeber – verkaufen sich im Jahr ihres Erscheinens am besten, weil sie aufwendig beworben werden, verschwinden aber schon im Folgejahr von den Einkaufslisten der Leser. Und so bringt kurzlebige Literatur ebensolche hervor, die

Lebensspanne von Büchern wird immer kürzer, die Literatur verliert so schnell ihre Aktualität wie eine Zeitung oder ein Magazin, sie ist nicht mehr der Ort, an dem die Kultur einer Nation gespeichert wird. Der Boden, auf den die Verlage bauen, ist immer weniger das felsenfeste Fundament einer soliden Backlist, sondern der Sand der schnelllebigen Verkaufserfolge.

Das Marketingmanagement unterstützt eine Verlagspolitik, die von astronomischen Voraushonoraren für die momentanen Erfolgsautoren geprägt ist, selbst wenn diese Autoren nichts anderes als Hardcovermagazine produzieren, und die Verantwortlichen nehmen dabei in Kauf, dass sie das Verlagswesen immer weiter in eine Risikozone manövrieren, in der Unmengen von Remittenden einkalkuliert sind und hohe Voraushonorare an Autoren mit einem Achselzucken als Totalverluste abgeschrieben werden. Sie machen denselben Fehler wie die Verantwortlichen anderer Industriezweige, die den Blick nicht ein einziges Mal von den Verkaufszahlen des nächsten Quartals heben, um ein wenig weiter in die Zukunft zu schauen. Indem sie die traditionelle Rolle der Verlage unterminieren, könnten diese Marketingexperten auch deren Zukunft als solider Wirtschaftszweig gefährden. Das Verlagswesen muss in der Lage sein, wirtschaftliche Flauten und Veränderungen im Geschmack der Leser mit einem starken Backlistprogramm an Büchern aufzufangen, für die seit Jahren oder Jahrzehnten eine anhaltende Nachfrage besteht.

Indem sich Marketingleute und Großeinkäufer von Buchhandelsketten in einer Branche, die pro Jahr fünfzigtausend neue Titel hervorbringt, auf den schnellen Abverkauf einiger weniger Titel konzentrieren, stellen sie nicht nur Datenbanken über das Urteils- und Erinnerungsvermögen, sondern sie verändern die fundamentalste Rolle der Literatur, das Bewahren des kulturellen Erbes für künftige Generationen. Sie stellen Imitationen dessen, was sich gestern verkauft hat, in den Mittelpunkt ihres Interesses und verwandeln so die solide wirtschaftliche Grundlage des Backlistgeschäfts in einen Abklatsch der Filmindustrie, die ständig auf der Jagd nach dem Kassenschlager ist, der die hohen Verluste aus den verfehlten Erwartungen anderer Millionenprojekte wettmachen soll.

Glücklicherweise gibt es Gegenkräfte. In denselben Bestsellerlisten, die die Begehrlichkeiten der Marketingleute lenken, erscheinen immer wieder geschichtliche, biografische, wissenschaftliche oder belletristische Titel, *die kein bloßer Abklatsch der erfolgreichen Bücher von gestern sind.* Kleine Buchläden werden zunehmend von Großbuchhandlungen verdrängt. Die unabhängigen Buchhändler, die sich im Geschäft halten, vertrauen auf ihre Literaturkenntnis und eine feste Stammkundschaft, nicht auf die Launen des Bestsellertums. Sie sind darauf angewiesen, dass weiterhin Bücher produziert werden, die nicht vom Interesse an Maximalrenditen motiviert sind. Vielleicht haben die Vertriebsstrategen den Wert aus den Augen verloren, der ein Buch von einer Zeitschrift oder einem Film unterscheidet.

Um den Marketingleuten die Augen zu öffnen und den Schriftstellern Hoffnung zu geben, möchte ich von einer Jahrzehnte zurückliegenden eigenen Erfahrung berichten, die vielleicht angetan ist, den Autoren Mut zu machen und die Marketingleute zum Nachdenken anzuregen.

In meiner Anfangszeit als Verleger hatte ich wenig Ahnung von Bestsellerlisten und der Vermarktung von Büchern. Ich wusste allerdings, was ich persönlich gern las. In meiner Naivität und dem Wunsch, Schönes zu teilen, begann ich, unbeleckt von verkäuferischem Know-how, eine Reihe von Büchern in sehr ungewöhnlichem Format zu verlegen. Was geschah, bestätigte meine Annahme dessen, was zum Überleben eines Buches beitragen kann. Ich habe damals noch keine belletristischen Werke publiziert, weshalb sämtliche Beispiele, die ich im Folgenden anführe, aus dem Bereich der Sachliteratur stammen, aber alle diese Bücher sind exemplarisch für die von mir genannten Prinzipien.

In den vierziger und frühen fünfziger Jahren wurden Taschenbücher hauptsächlich über Zeitungskioske vertrieben. Bei der überwältigenden Mehrzahl handelte es sich um Trivialromane, nicht um Bücher von längerfristigem Interesse. In den fünfziger Jahren zeigte sich jedoch für das, was ich als meine Art von Büchern bezeichne, ein Hoffnungsstreif am Horizont des kommerziellen Verlagswesens. Zwei Lektoren mit ungewöhnlicher Weitsicht, Jason Epstein, damals bei Doubleday, und Nathan Glazer, später ordentlicher Professor in Harvard, planten eine Taschenbuchreihe mit Werken von literarischer Qualität, die hauptsächlich in Buchhandlungen verkauft werden sollten.

Ich arrangierte ein Treffen mit Glazer, den ich persönlich kannte, und nannte ihm einige Bücher, die ich mir im Programm der Anchor Books, wie die Reihe später heißen sollte, vorstellen konnte. Mein erster Vorschlag zielte auf die Wiederbelebung eines Scheintoten: *Lenin, Trotzki, Stalin. Drei, die eine Revolution machten* von Bertram D. Wolfe, ein Buch, das Jahre zuvor bei Dial Press erfolglos veröffentlicht worden und mit etwa tausend verkauften Exemplaren kümmerlich eingegangen war. Ich hatte zuvor für einige überregionale Zeitschriften Essays von Wolfe redigiert, außerdem die Hörspiele desselben Autors für den staatlichen Rundfunksender Voice of America. Aufgrund meiner Überzeugung, dass ein Buch, das gut ist und sich beim ersten Versuch schlecht verkauft, Ansporn für Autor und Verleger sein sollte, es auf einem anderen Weg zu versuchen, war ich begierig darauf, den Titel in die Anchor-Reihe aufzunehmen. Glazer hielt ihn für ungeeignet. Er meinte, man müsse, weil er so umfangreich sei, drei Taschenbücher daraus machen und mindestens fünfunddreißigtausend Exemplare davon verkaufen, um die Kosten wieder hereinzuholen. Ich war verzweifelt. Sollte ein wichtiges Buch für immer in der Versenkung verschwinden, nur weil es zu dick war?

Innerhalb weniger Tage war die Idee in mir gereift, solche Bücher im Offsetverfahren zu reproduzieren und in etwa der gleichen Größe wie das Original, aber als kostengünstigeres Paperback wieder aufzulegen. Mit diesem Verfahren rückte die Neuauflage guter Bücher in den Bereich des wirtschaftlich

Machbaren. Solche Bücher rentierten sich bereits bei einer Auflage von weniger als zehntausend Stück, was es möglich machte, einer viel größeren Anzahl von Titeln, die es verdient hatten, eine zweite Chance zu geben. Mein Plan sah außerdem vor, die entsprechenden Titel gleichzeitig als Hardcover für Rezensenten und Bibliotheken sowie als großformatiges Paperback für Studenten und andere Leser, die nicht so viel Geld ausgeben wollten, herauszubringen.

Ich habe es mir schon früh zur Gewohnheit gemacht, Gegner bei einem gemeinsamen Essen an einen Tisch zu bringen und ihnen so die Gelegenheit zu geben, sich von einer persönlicheren Seite kennen zu lernen. Zu Zeit der McCarthy-Ära brachte ich mit James Rorty und Moshe Decter einen Republikaner und einen Demokraten zusammen, die in der Folge gemeinsam ein Buch schrieben, das bei Beacon Press erschien und sich dreizehn Wochen auf der Bestsellerliste der *New York Times* hielt. Beacon Press schien mir auch der geeignete Ansprechpartner für meine neue Idee.

Ich rief Melvin Arnold, den Verlagsleiter bei Beacon Press in Boston, an, einen experimentierfreudigen Intellektuellen, der keinen Konflikt scheute. Ich hatte damals eine Eieruhr auf meinem Schreibtisch, um die Dauer meiner Ferngespräche besser kontrollieren zu können. Innerhalb von drei Minuten erklärte sich Arnold bereit, nach New York zu kommen und sich mit mir über meinen Vorschlag zu unterhalten. Kurze Zeit später hielt ich einen Vertrag als Urheber und leitender Herausgeber der Reihe in Händen, und nach wenigen Monaten sah sich ein sehr nervöser junger Mann, der noch nie eine Vertretersitzung besucht hatte, vor der versammelten Mannschaft der Vertriebsexperten, um ihnen die Liste der ersten vier Titel zu präsentieren.

Ich zeigte ihnen die Einbände. Ich zeigte ihnen das Layout unseres Paperbacks im Bibliothekenformat, wie wir es anfangs nannten, ein Name, der sich allerdings nicht lange halten sollte. Die Vertreter lachten und taten die ganze Idee als Unsinn ab. Sie meinten, die Paperbacks in Hardcovergröße sähen aus wie europäische Bücher, nicht wie amerikanische; Paperbacks seien Taschenbücher, und wie, zum Teufel, sollte man dieses Format in einer Jackentasche unterbringen? Hinzu kam erschwerend, dass eines der Bücher, Wolfes *Lenin, Trotzki, Stalin. Drei, die eine Revolution machten*, schon als Hardcover durchgefallen war, warum es also neu auflegen – einen Achthundert-Seiten-Wälzer, auch noch mit Abbildungen? Man würde für das Buch 2,95 Dollar verlangen müssen. Kein Mensch würde bereit sein, 2,95 Dollar für ein Paperback auszugeben. (1999 kostete das gleiche Buch übrigens 14,95 Dollar.) Ich hatte oben auf den vorderen Umschlag ein Zitat des renommierten Kritikers Edmund Wilson setzen lassen, der *Lenin, Trotzki, Stalin. Drei, die eine Revolution machten* als »das beste Buch« bezeichnete, »das über dieses Thema in irgendeiner Sprache je geschrieben wurde«. Ich hatte das Zitat gewählt, weil Edmund Wilson selbst ein Buch über das Thema geschrieben hatte und er damit praktisch sagte, dass Wolfes Buch besser sei als sein eigenes.

Die Vertreter waren noch nicht überzeugt. Zwei der vier Titel auf meiner Liste waren Essaysammlungen, die nach meinem Plan zeitgleich als Hardcover und als Paperback erscheinen sollten. Essaysammlungen galten als schwer verkäuflich. Es hätte mich in dem Moment, als ich die Bücher vorstellte, nicht gewundert, wenn jemand aus den Kulissen geschossen wäre, um mich von der Bühne zu zerren.

Damals entschieden letztendlich, anders als heute, der Cheflektor oder der »lesende« Verleger und nicht die Verkaufs- und Marketingabteilung darüber, ob etwas publiziert wurde oder nicht. Melvin Arnold gab mir grünes Licht für die Reihe. Die ersten vier Bücher erschienen 1955. Wolfes Buch, von dem zuvor keine tausend Exemplare über den Ladentisch gegangen waren, verkaufte sich innerhalb von fünf Jahren eine halbe Million Mal und wurde zum festen Bestandteil der Seminarbibliotheken fast aller Universitäten im Land. Der erste Essayband der Reihe war James Baldwins *Notes of a Native Son*, mit dem sich Baldwin in der breiten Öffentlichkeit einen Namen machte und der 1999 von einer illustren Kritiker-Jury in die Liste der hundert besten englischsprachigen Sachbücher des 20. Jahrhunderts gewählt wurde. Der zweite Essayband war Leslie Fiedlers *An End to Innocence*, das ebenfalls den guten Ruf seines Autors begründete. Ich habe im Laufe einiger Jahrzehnte siebzehn Bücher von Leslie Fiedler lektoriert und verlegt, darunter eine überarbeitete Fassung seines Meisterwerks *Love and Death in the American Novel*. Ich setzte für beide Essaybände einen hohen inhaltlichen Maßstab an. Jung und intolerant wie ich war, weigerte ich mich auch gegen die Wünsche der Autoren standhaft, irgendetwas in die beiden Bände aufzunehmen, das meinen hochgesteckten Ansprüchen nicht gerecht wurde. Beide Essaybände sind heute, fünfundvierzig Jahre später, immer noch lieferbar.

Gegen alle Erwartung wurde ich nicht aus kommerziellen Erwägungen gefeuert, und so konnte ich die Reihe der in meinen Augen außergewöhnlichen Bücher bei Beacon fortführen. Unter den vier ersten Titeln der Reihe war nur einer, der, vielleicht gerade wegen seiner Aktualität, nicht zum Klassiker geworden ist, nämlich *Ein Jahrhundert des totalen Kriegs* von Raymond Aron, dem französischen Philosophen, der 1999 in der *New York Times* als »der führende Kommentator seines Landes in Sachen Schönheit und Zerbrechlichkeit der liberalen Gesellschaft« bezeichnet wurde.

Sechs Monate später, beim zweiten Verkaufsmeeting, lachten die Vertreter und Marketingexperten nicht mehr. Man nahm mich, als ich mein zweites Programm präsentierte, ernster als beim ersten Mal. Dieser neuen Art von Paperback war bei Beacon Press ein so durchschlagender Erfolg beschieden, dass der Verlag Harper & Row (heute Harper/Collins) Melvin Arnold bat, eine ähnliche Reihe zu konzipieren. Er wurde später dort Verlagsleiter, bevor er sich auf sein Altenteil in Oregon zurückzog, wo er, als ich ihn, über achtzigjährig, das letzte Mal besuchte, immer noch Gewichte stemmte und gute Laune verbreitete. Er pflegte mir von jedem Titel dieser neuen Paperbacks, den Kindern meiner Kinder, ein Belegexemplar zu schicken, bis meine Regale unter ihrem Gewicht schier zusammenzubrechen drohten.

In den vergangenen Jahrzehnten haben wir erlebt, dass es eine starke Klientel gebildeter Leser gibt, für die Bücher wichtig und die bereit sind, für qualitativ hochwertige Taschenbücher Geld auszugeben. Die Verkaufszahlen belegen diese Entwicklung. Die Vertriebsexperten von damals haben sich geirrt und werden sich vielleicht wieder irren. Ich hoffe, dass ich den Lesern dieses Buchs, die auch Schreibende sind, nicht nur die Ingredienzien mitgebe, die notwendig sind, damit einem Buch ein langes Leben beschieden ist, sondern die interessante Momentaufnahme einer innovativen verlegerischen Idee, die mit dafür gesorgt hat, dass gute Bücher einer breiten Öffentlichkeit zu niedrigen Preisen zugänglich gemacht wurden. Der Erfolg unserer großformatigen Paperback-Sachbücher ermutigte mich, mit Andre Malraux' *Die Eroberer* auch einen Roman in die Reihe aufzunehmen. Heute sind literarisch hochwertige Bücher im großen Paperbackformat, gedruckt auf teurerem Papier und mit teilweise aufwendigem Cover, ein gewohnter Anblick in den Regalen der Buchhandlungen. Was zuerst als Torheit belächelt wurde, ist mittlerweile ein wichtiger Bestandteil der Verlagsprogramme für anspruchsvolle Leser.

Ich werde mit jedem Jahr ein Jahr älter, aber ich habe mir bis heute den Optimismus des jungen Autors/Lektors/Verlegers bewahrt, der sich von den notorischen Schwarzsehern und Bremsern in seiner Begeisterung für das Innovative nicht irremachen lässt. Vor einiger Zeit hat Calvin Trilling die »Verfallsgrenze neuer Bücher irgendwo zwischen der von Milch und Joghurt« angesetzt. In jüngster Zeit hat die technische Entwicklung das Publishing on Demand zu einem vertretbaren Preis möglich gemacht. Damit ist vieles für diejenigen Bücher gerettet, die ein längeres Leben verdient haben. Oder, anders ausgedrückt: Das Gute setzt sich auf lange Sicht durch.

17

Der Eintritt in die Welt

Können Sie sich einen Industriebetrieb vorstellen, der Jahr für Jahr Hunderte von neuen Produkten auf den Markt bringt? Eine verrückte Vorstellung! Im Großen und Ganzen lebt die Industrie von bewährten Produkten und betreibt vor der Einführung neuer Erzeugnisse intensive Marktstudien. Das Verlagsgewerbe hingegen produziert jährlich vierzig- bis fünfzigtausend neue Bücher, die den Konsumenten meist angeboten werden, ohne dass ihre Qualität auf einem anderen Prüfstand als der Intuition und der Erfahrung unterbezahlter Lektoren getestet würde, die sich mit der Lektüre der Manuskripte Abende und Nächte um die Ohren schlagen, weil während eines normalen Arbeitstages einfach keine Zeit dafür ist. Weil die Vielfalt der Bücher so groß ist, verlässt sich der Verleger eher auf den subjektiven Eindruck als auf Markterfahrung, die zu wenig vorausschauend ist. Fast jedes Buch, das gedruckt wird, ist im Grunde ein neues Produkt, und die halb- oder vierteljährlichen Verlagsprogramme bergen ein unternehmerisches Risiko, wie es in keinem anderen Wirtschaftszweig zu finden ist. Auch die Autoren dieser Neuerscheinungen gehen ein hohes Risiko ein, wenn sie Jahre ihres Lebens an der Fertigstellung eines Produkts arbeiten, dessen Markterfolg völlig im Dunkeln für sie liegt.

Auf diesem merkwürdigen Terrain herrscht eine noch merkwürdigere Feindschaft. Fragen Sie zehn Autoren Ihrer Wahl nach ihrer Meinung über Verleger, und neun von ihnen werden etwas Ähnliches sagen wie Mark Twain, als er über einen Verleger sprach, der seit einem Vierteljahrhundert tot und begraben war: »Meine Verbitterung gegen ihn ist allmählich verblasst. Heute empfinde ich nur noch Mitleid mit ihm, und wenn ich ihm einen Ventilator schicken könnte, würde ich es tun.« Auf diesem Schlachtfeld zwischen Schriftstellern und Verlegern stehe ich zwischen den Fronten. Ich war mein ganzes Leben lang Schriftsteller, und mehr als mein halbes Leben lang habe ich die Bücher anderer Leute verlegt. Als Friedensstifter, der ich gern sein würde, fühle ich mich manchmal so hilflos wie ein Abgesandter der Vereinten Nationen, der in Bosnien zwischen Serben und Muslimen vermitteln soll. Wenn ich einer der Parteien erzähle, was die andere tut, und dabei vielleicht Dinge verrate, die diese lieber geheim halten würde, dann stehe ich selbst im Niemandsland.

Als Verleger war ich der Meinung, dass ein Autor, auch wenn wir etwa hundert Titel pro Jahr herausbrachten, nur mit einer Neuerscheinung in den regelmäßigen Ankündigungen vertreten sein sollte, und ich fühlte mich persönlich dafür verantwortlich, dass die potentiellen Leser dieses Buches von seiner Existenz erfuhren. Darüber hinaus waren Bücher bei uns länger lieferbar, als es aus ökonomischer Sicht angeraten schien.

Die meisten Buchhandlungen, besonders wenn sie zu einer der großen Ketten gehören, pflegen Bücher, die sie nach ein paar Monaten oder sogar Wochen nicht verkauft haben, zurückzuschicken. Es ist eine kostspielige Angelegenheit für einen Verlag, Bücher, die sich nur schleppend verkaufen, sozusagen auf Halde liegen zu lassen, aber als unverbesserlicher Optimist hoffte ich immer auf Gelegenheiten, den Lesern ein Buch durch neuerliche Werbung wieder in Erinnerung zu rufen. Wir hatten beispielsweise ein Buch mit dem Titel *Deafness* (Taubheit) von David Wright im Programm, kein Ratgeber im eigentlichen Sinne, sondern eher ein Erfahrungsbericht persönlich Betroffener, von dem ich dachte, er könnte für Freunde und Verwandte eines Tauben, von denen es Millionen gibt, hilfreich sein. Das Buch verkaufte sich sechs Jahre lang schlecht. Aber ich sträubte mich dagegen, den Bestand als Restposten zu verramschen. Vielleicht lag das unter anderem daran, dass ich selbst auf dem linken Ohr taub bin und wusste, wie nützlich ein solches Buch für viele Menschen sein kann.

Manchmal erlebt man eine angenehme Überraschung. Im siebten Jahr nach dem Erscheinen des Titels schrieb ein Arzt in seiner in mehreren Zeitschriften abgedruckten Kolumne etwas über dieses Buch. Als sie erschien, hatten wir, wie ich mich erinnere, siebentausend Exemplare auf Lager, die im Nu ausverkauft waren. Der Agent des Autors, dem klar war, dass die Kosten für die sechsjährige Lagerung des Buchs den Verkaufserlös der siebentausend Exemplare weit überstiegen, rief mich an, um mir für meine Beharrlichkeit zu danken. Würde ein Verlagsleiter heutzutage darauf bestehen, einen Titel, der sich nicht oder nur schwer verkauft, sechs Jahre im Programm zu behalten? Bei dem ständigen Wechsel im Management der marktführenden Unternehmen, deren höchste Priorität im Erreichen der Gewinnzone liegt, ist ein Buch wie ein neugeborenes Kind, das nur leben darf, wenn es die ersten paar Monate aus eigener Kraft übersteht.

Meine Rolle als Vermittler zwischen Autoren und Verlegern wird im Übrigen auch durch die dritte Tätigkeit, die ich ausübe, beeinträchtigt. Ich habe fast mein ganzes Erwachsenenleben lang als Lektor gearbeitet. Obwohl ein Lektor seinen Verlag vertritt, entwickelt sich zwischen Autor und Lektor oft eine so enge Bindung, dass ein Ehepartner, sofern es einen gibt, fast Grund haben könnte, eifersüchtig zu sein. Viele Autoren leben ohnehin nur für ihre Arbeit. Mit einigem Glück finden sie in ihrem Lektor einen strengen und fordernden Lehrer, aber auch einen klugen, verständnisvollen, händchenhaltenden Ratgeber, der dem Autor in guten wie in schlechten Zeiten zur Seite steht, solange sich sein Buch im Druck befindet. Die engste Verbindung habe ich als Autor mit Tony Godwin, einem in die Vereinigten Staaten verpflanzten britischen Urgewächs, erlebt, der stellvertretender Verlagsleiter und Lektor bei Harcourt Brace war. Tony wurde von seinen Autoren verehrt. Dieser kleine, schmächtige

Mann spielte in meinem Leben eine gigantische Rolle, und als er mit nur sechsundfünfzig Jahren völlig unerwartet starb, war ich so erschüttert, als hätte ich Mutter und Vater verloren. Als Lektor war Tony für mein schriftstellerisches Schaffen unersetzlich, und er war es auch, der mich unermüdlich antrieb, das Buch zu schreiben, das sich als das beste und erfolgreichste meiner Karriere erweisen sollte.

Janus, der römische Gott des Anfangs, des Ein- und Ausgangs und des glücklichen Endes, hat zwei Gesichter, mit denen er in entgegengesetzte Richtungen blickt. Als Schriftsteller, Lektor und Verleger habe ich sogar ein Gesicht mehr als Janus. Kann ich dazu beitragen, dass Autor und Verleger, die beiden zerstrittenen Partner im selben Geschäft, lernen, ihre jeweilige Rolle und ihre gegenseitige Abhängigkeit zu verstehen und zu akzeptieren? Können die Autoren, die größte Hoffnungen in ihre Arbeit setzen, die Wahrheit der Prozesse und Strukturen im Verlagsalltag ertragen? Sind sich die Verleger, die eher Geschäftsleute als Buchmenschen sind, über die Konsequenzen dessen, wozu sie sich im Namen ihrer Unternehmensgruppe oder Firmeninhaber verpflichtet fühlen, im Klaren?

Angesichts des rauhen Windes, der heute durch die Verlage weht, möchte ich eine ernste Warnung aussprechen. Wenn Sie noch nie etwas veröffentlicht haben, könnte es sein, dass Sie von einer Krankheit befallen werden, die ich als »Kapitulationssyndrom« bezeichne. Ich sehe die Symptome ständig. Die Opfer dieser Krankheit sind so versessen darauf, ihr Buch gedruckt zu sehen, dass ihnen die Höhe des Voraushonorars egal ist. Sie würden, um die Wahrheit zu sagen, auch ganz auf das Voraushonorar verzichten oder dem Verlag sogar noch Geld dafür bezahlen, dass er ihr Werk veröffentlicht. Macht sich die Krankheit bei einem Autor bemerkbar, dann opfert er seinen wichtigsten Trumpf, die Höhe des Voraushonorars, im Tausch gegen die Tantiemen, die er später erhalten wird. Aber die Höhe des im Voraus bezahlten Honorars bestimmt, welchen Platz das Buch in den Vorankündigungen einnehmen wird, welche Anstrengungen unternommen werden, um möglichst viele Exemplare davon in die Buchläden zu bringen, welcher Werbeaufwand für das Buch betrieben wird, und vieles mehr. Der Verleger wird Sie diesbezüglich anlügen. Er wird Ihnen sagen, dass es auf die Höhe des Vorschusses nicht ankommt, dass Ihr Buch bei einer niedrigen Vorauszahlung genauso intensiv beworben wird wie bei einer hohen. Glauben Sie ihm kein Wort.

Der Verlag ist daran interessiert, das Voraushonorar des Autors durch die Verkaufszahlen und die Vergabe von Nebenrechten wieder hereinzuholen. Gelingt das nicht, muss die verbleibende Differenz unter dem Strich als Verlust verbucht werden. Der Verleger muss also zwangsläufig um so größere Anstrengungen unternehmen, ein Buch erfolgreich zu verkaufen, je höher die Summe ist, die er als Vorauszahlung an den Autor leisten muss. Ansonsten bliebe ihm nur die Alternative, bittere Zuflucht in dem Ratschlag zu suchen, den man gelegentlich zu hören bekommt: »Wirf dem schlechten Geld kein gutes nach.«

Fairerweise muss man sagen, dass das Voraushonorar eine völlig einseitige Verpflichtung ist. Der Verleger zahlt die gleiche vertraglich festgelegte Summe, gleichgültig, ob das Buch ein Renner oder ein Flop wird. Wird es aber ein Verkaufsschlager und es werden auch noch unerwartet Rechte an Dritte veräußert, so erhält der Autor für alles, was mit der Vorauszahlung nicht abgegolten ist, Tantiemen. Wenn also der Nettoverkaufserlös eines Titels geringer ist als das Voraushonorar des Autors, trägt der Verleger allein das Risiko. Auch der Lagerbestand ist ein Problem, das nur den Verlag belastet. Lassen Sie sich von den vielgepriesenen Möglichkeiten des Publishing on Demand in zehn, fünfzig oder hundert Exemplaren nicht täuschen. Um die Druckkosten so niedrig zu halten, dass ein Buch zu einem vertretbaren Preis verkauft werden kann, muss der Verleger mehrere tausend Exemplare auf einmal produzieren lassen. Und damit nicht genug – er muss sie drucken lassen, bevor er die Erfolgsaussichten dieses Buchs wirklich abschätzen kann, denn wenn die Rezensionen erscheinen und die Mund-zu-Mund-

Propaganda einsetzt, müssen sie in den Buchhandlungen liegen. Es ist ein Ding der Unmöglichkeit, alle Bücher in allen Buchläden unterzubringen. Die Besitzer der Buchhandlungen oder ihre Einkäufer können nicht von jedem angekündigten Buch das Vorausexemplar lesen. Ihre Entscheidung darüber, welche Stückzahl sie ordern, richtet sich nach der Höhe der Auflage, dem Namen des Autors, der Thematik des Buches und so weiter. Die Angaben des Verlags zur Auflagenhöhe sind nicht sonderlich verlässlich, hier wird meist eine größere Stückzahl genannt als geplant. Wären die Verleger gezwungen, die Richtigkeit ihrer diesbezüglichen Angaben unter Eid zu beschwören, so würden sie wahrscheinlich alle wegen Meineids ins Gefängnis wandern. Mit der Entscheidung über die Höhe der ersten Auflage eines Buchs ist eines der ganz großen Risiken im Verlagsgeschäft verbunden. Die einmaligen Herstellungskosten (für Satz, Druck und Papier zum Beispiel) schlagen sich bei der ersten Auflage im Verkaufspreis des einzelnen Buches nieder oder sollten es zumindest, denn der Verleger kann nicht wissen, ob es weitere Auflagen geben wird. Die Herstellungskosten treiben den Verkaufspreis in die Höhe, eine größere Auflage senkt ihn wiederum. Der Verleger steckt in einer Zwickmühle. Je höher die Auflage, desto niedriger die Produktionskosten und desto größer die Gewinnspanne pro Buch. Aber auch das Risiko eines Verlusts durch nicht verkaufte Bücher steigt. Unverkaufte Exemplare gehen zurück an den Verlag, der Schadensbegrenzung betreibt, indem er sie, meist mit Verlust, an den Restebuchhandel verkauft (der kein Rückgaberecht hat). Je höher die Auflage, umso größer die Gefahr, dass einige Exemplare mit Verlust verkauft werden müssen. Selbst die Restbestände von Bestsellern werden, wenn der Absatz nach der soundsovielten Auflage stagniert, an moderne Antiquariate verkauft.

Eines der wichtigsten Kriterien, nach denen sich die Entscheidung über die Auflagenhöhe eines Buchs richtet, ist die Frage, ob und in welchen Mengen es von den großen Buchhandelsketten eingekauft werden wird. Diese Ketten beschäftigen für jedes Segment des Buchmarktes – Hardcoverroman, anspruchs- voller Paperbackroman, Trivialliteratur – eigene Einkäufer. Die Einkäufer für den Sachbuchbereich sind auf Einzelgebiete wie Biografien, Geschichte, Wirtschaft und so weiter spezialisiert, wobei ein Einkäufer gewöhnlich mehrere Kategorien oder Un- terkategorien betreut. Diese gestressten und angesichts des Wis- sens, das für ihren Beruf notwendig ist, meist unterbezahlten Menschen, erleichtern sich die Qual der Wahl, indem sie die unvermeidlichen Fragen stellen: Wie viele Exemplare der bei- den letzten Bücher desselben Autors wurden in den Firmenfilia- len verkauft, wie viele Exemplare eines vergleichbaren Buchs von einem anderen Autor wurden verkauft, wie hoch ist der vom Verlag angegebene Werbeetat für das Buch, und welcher Pro- zentsatz davon ist als realistisch anzunehmen?

Wie kann der Verlag sein Risiko minimieren? Er kann dem Autor ein niedriges Voraushonorar zahlen, und er kann weniger Exemplare drucken. Beide Risikofaktoren sind von der Höhe der Vorauszahlung abhängig. Es ist unsinnig, einen hohen Vor- schuss zu zahlen, um dann eine kleine Auflage zu drucken.

Zu guter Letzt: Der Verlag kann nicht für jedes angekündigte Buch denselben Werbeaufwand betreiben, und das ist einer der Gründe, warum über den Erfolg eines Buchs oft schon ent- schieden ist, bevor noch die erste Rezension dazu erscheint. Im nächsten Kapitel erfahren Sie mehr zu diesem Thema.

18
Die »Midlist« und andere Legenden
im Buchgeschäft

Stellen Sie sich ein großes Wohnhaus vor, zehn Stockwerke hoch, im obersten Stock ein Penthouse, ganz unten das Erdgeschoss *und nichts dazwischen.* Es ist unmöglich, das Penthouse würde herunterstürzen. Genauso verhält es sich mit der Liste der Neuerscheinungen eines Verlags. Wenn diese Liste von einem oder mehreren Bestsellerautoren angeführt wird, und am unteren Ende finden sich ein paar Bücher, die sich aller Voraussicht nach nur an Bibliotheken verkaufen lassen, so ist dieses Programm für ein Verlagsunternehmen wirtschaftlich untragbar. Ein Verlagsbetrieb mit allen seinen komplexen Funktionen kann nicht ausschließlich auf einen oder mehrere Bestseller bauen, denn der Verlust, der durch überzogene Vorauszahlungen an den Autor und hohe Restauflagen droht, ist gewaltig, wenn ein Titel die in ihn gesetzten Erwartungen nicht erfüllt. Die Liste der Neuerscheinungen muss, je nach Größe des Verlags und der Höhe seines Budgets, pro Erscheinungszeitraum fünfzig, hundert, zweihundert oder noch mehr Titel umfassen. Dennoch gilt im Sprachgebrauch des Literaturbetriebs das Wort »Midlist«, das alle Titel umfasst, die sich irgendwo im breiten Mittelfeld zwischen der Spitze und dem unteren Ende bewegen, als der gefürchtetste, verächtlichste und abwertendste Begriff überhaupt. Die Midlist ist etwas, das es in jedem Verlag gibt und das jeder Autor hasst.

Die Midlist ist ein in der gesamten Branche und bei den Autoren, auf die diese Branche angewiesen ist, verpönter Begriff. Er geht einher mit den Veränderungen, die im Verlagswesen in den vergangenen Jahrzehnten stattgefunden haben, in denen die Macht zunehmend an Menschen übergegangen ist, für die Bücher nur noch eine Handelsware sind wie andere Produkte auch und nicht Träger der Kultur eines Landes, die von Generation zu Generation weitergegeben wird. Ich habe den Begriff »Midlist« noch in keinem Wörterbuch gefunden, aber er dient den Verlagen als Argument den Autoren gegenüber, deren Bücher sie ablehnen, obwohl jeder vernünftig denkende Entscheidungsträger weiß, dass es diese Midlist nicht nur geben muss, sondern dass die Mehrheit aller Bücher in einem Verlagsprogramm in diese Kategorie fallen.

Ein Autor lebt von seiner Hoffnung. Wenn sich seine Hoffnung an der harten Realität des Buchmarkts zerschlägt, richtet er seine Enttäuschung oft gegen sich selbst. Damit trifft er allerdings das falsche Ziel. Das Schicksal seines Buchs ist meist schon durch den Verlag besiegelt, bevor der erste Rezensent sein Urteil dazu abgibt. Sehen wir uns einmal genau an, wie das vor sich geht.

Die ersten, denen ein Buch schmackhaft gemacht werden muss, sind die Verlagsvertreter, die es landesweit den Buchhändlern in ihrem Gebiet vorstellen. Je nachdem, ob der Verlag das Jahr in zwei oder drei Erscheinungszeiträume unterteilt, finden jährlich zwei bis drei Vertretersitzungen statt und zwar einige Wochen vor Beginn des neuen Erscheinungszeitraums. Bei dieser Gelegenheit stellen die einzelnen Lektoren die neuen Titel vor, für die sie verantwortlich sind.

Die Titel der aufgrund ihres Erfolgs oder ihrer Stellung innerhalb des Verlags einflussreichsten Lektoren werden mit der größten Aufmerksamkeit bedacht. Die Vertreter sind bei diesen Veranstaltungen das Publikum, und wie es für ein Publikum üblich ist, hängt ihre Reaktion auch davon ab, wie geschickt und überzeugend ihnen eine Neuerscheinung präsentiert wird. Das größte Gewicht aber hat die Position eines Titels auf der Programmliste, die vor der Vertretersitzung intern festgelegt wird. Ausschlaggebend für die Position eines Titels sind mehrere Faktoren. Wenn der Verlag dem Autor für ein Manuskript ein kleines Vermögen als Vorschuss bezahlt hat, wird dieser Titel automatisch die Liste der Neuerscheinungen dieses Erscheinungszeitraums anführen. Auch das Buch eines bekannten Autors, der als Garant für einen Bestseller gilt, wird an der Spitze der Liste zu finden sein, ebenso die Bücher von irgendwelchen Prominenten, die in den Medien immer auf große Resonanz stoßen. Ein Buch kann auf der Liste nach oben rutschen, wenn es den richtigen Leuten mit der nötigen Kaufkraft gefällt, zum Beispiel, wenn die beiden wichtigsten Buchklubs des Landes darum streiten, es in ihr Programm aufnehmen zu dürfen, wenn der Verkauf der Taschenbuchrechte dem Verlag eine hohe Summe eingebracht hat, wenn sich eine Produktionsfirma für viel Geld die Filmrechte gesichert oder ein ausländischer Verlag Interesse an der Lizenz angemeldet hat.

Früher konnte der Verkauf der Taschenbuchrechte schon deshalb dazu führen, dass einer Neuerscheinung ein besserer Platz in der Programmliste zugeordnet wurde, weil sich der Verlag dem Lizenznehmer gegenüber vertraglich verpflichtet hatte, ein hohes Werbebudget für den Titel anzusetzen. Die Taschenbuchverlage konkurrierten erbittert gegeneinander und zahlten bereitwillig jede Summe, um der Konkurrenz einen Titel vor der Nase wegzuschnappen. Heute hat jeder größere Verlag seine eigene Taschenbuchsparte, sodass der Lizenzverkauf an andere Häuser seltener geworden ist und für die Stellung eines Buchs innerhalb des Programms keine so wesentliche Rolle mehr spielt.

Über die Prioritätensetzung in der Liste der Neuerscheinungen entscheidet eine Gruppe, die sich in der Regel aus dem Marketingdirektor, dem Vertriebsleiter, dem Pressechef, vielleicht noch dem Cheflektor und – ebenfalls vielleicht – dem Verleger zusammensetzt. Das letzte Wort haben in den meisten Verlagen der Marketingdirektor und der Vertriebsleiter. Könnte ein unerfahrener Autor zufällig eine solche Sitzung belauschen, würde er vermutlich den Eindruck gewinnen, dass diese netten Menschen im Grunde über Leben und Tod eines Buchs entscheiden, oder zumindest darüber, welches Buch sich in großer Stückzahl verkaufen wird und welches als Schlusslicht im Programm ohne jeden Presserummel, ohne Werbefeldzüge und ohne sonstige Bemühung, die Öffentlichkeit von der Existenz dieses Buches auch nur in Kenntnis zu setzen, zu einem Schattendasein als künftiger Ladenhüter verdammt ist.

Das war nicht immer so. Wenn vor einigen Jahrzehnten ein Lektor sein Herz an ein Buch verloren hatte und alles daran setzte, es im günstigsten Licht zu präsentieren, konnte er die Entscheidung durchaus mit beeinflussen. Aber als dann allmählich das Profitinteresse die Liebe zum Buch verdrängte, veränderte sich das Bild. Jetzt zählte nur noch das Geld, das dem Autor vertraglich zugesichert worden war und das durch hohe Verkaufszahlen wieder eingenommen werden musste. Das ist heute die treibende Kraft, die hinter der Verteilung des Werbebudgets und der Stellung eines Buchs im Verlagsprogramm steht.

Den Vertretern werden die Titel, die einen Spitzenplatz auf der Programmliste einnehmen, mit Pauken und Trompeten vorgestellt. Man wird ihnen die Höhe der ersten Auflage nennen, die für sie selbst und ihre Buchhändlerkunden ein wichtiger Indikator dafür sind, in welchem Maße sich der Verlag für das Buch engagieren wird und welche Verkaufzahlen man für die erste Zeit nach dem Erscheinen erwartet. Als nächstes werden die Werbestrategien erläutert und Zeitpläne und Werbematerialien ausgeteilt. Wenn der Autor auf Lesereise gehen soll, wird eine Liste der Städte mit den vorläufigen Daten ausgegeben. Vielleicht hat man im Vorfeld erfolgreiche Autoren um ihre Meinung zu dem Buch gebeten und deren Kommentare zusammengestellt. Möglicherweise hat der Verlag auch Vorausexemplare in Form von gebundenen Fahnen im großen Paperbackformat vorbereitet, die nicht einmal gelesen werden müssen; allein die Tatsache, dass sie gedruckt vorliegen, wird ausreichen, die Buchhändler von den ernsthaften Bemühungen des Verlags um dieses Buch zu überzeugen. Manchmal werden Buchhändler auf diese Weise auf einen außergewöhnlichen Roman aufmerksam gemacht. Sie erkundigen sich dann, was sonst noch für das Buch getan wird, und machen es von der Antwort abhängig, ob sie genügend Exemplare ordern, um einen Sondertisch damit zu bestücken.

In unserer Vertretersitzung, in der man mittlerweile weiter unten in der Liste angelangt ist, stellen die Lektoren unterdessen abwechselnd ihre Titel vor, nennen Autor, angeblich geplante Auflagenhöhe und Ladenpreis und geben eine kurze Zusammenfassung des Inhalts. Ein Lektor erwähnt vielleicht, dass dieser oder jener Autor in seiner Heimatregion Lesungen halten oder ein Zeitungsinterview geben wird. Das geht über die Köpfe der Vertreter hinweg, die nur heraushören, dass keine landesweite Werbekampagne geplant ist, mit der auch die Leser in ihrem Gebiet auf das Buch aufmerksam gemacht würden.

Ob es Ausnahmen gibt, wollen Sie wissen? Natürlich. Wenn Oprah Winfrey ein Buch bespricht, ist das ein Signal an den Verleger, eine Million Exemplare zu drucken und es mit allen Mitteln zu fördern. Manchmal ist ein einflussreicher Kritiker von einem lange verkannten Buch so angetan, dass er es durch eine überschwängliche Rezension aus seinem Dornröschenschlaf weckt. Es kommt auch vor, dass ein Buchhändler seinen Kunden persönlich ein Buch ans Herz legt, weil es ihm besonders gut gefällt, obwohl auf diese Weise natürlich kein Millionenseller daraus wird. Bücher ohne jeden literarischen Wert verkaufen sich unter Umständen, nur weil ihr Autor es auf sich nimmt, in jede kleine Stadt der USA zu reisen, in deren Umgebung zwar keine Autoren heimisch sind, wohl aber eine Buchhandlung, deren Inhaber oder Chefverkäufer man für das Buch begeistern kann. Jaqueline Suzanne hat es in den sechziger Jahren mit *Valley of the Dolls* so gemacht, und Robert James Waller ist ihrem Beispiel in den neunziger Jahren mit *Die Brücken am Fluss* gefolgt.

Es gibt auch besondere Glücksfälle. Ein Buch über einen bestimmten Feldzug im Zweiten Weltkrieg verkaufte sich in Texas so gut wie kein anderer Titel, überall sonst dagegen eher mäßig. Als man den Grund dafür suchte, stellte sich heraus, dass der für Texas zuständige Verlagsvertreter an eben diesem Feldzug teilgenommen hatte und den Kunden nun aus seiner persönlichen Erfahrung heraus ein anschauliches Bild der Ereignisse geben konnte, die dem Buch zugrunde lagen.

So kann es also passieren, dass auch ein vom Verlag wenig beachteter, aber guter Roman oder ein Sachbuch durch eine glückliche Fügung eine Chance erhalten. Das Überleben der Literatur ist gesichert.

Lange, bevor ein Buch in Druck geht, sammeln die Verlagsvertreter bereits Buchhändlerbestellungen. Meist kommen sie angesichts der Fülle der Neuerscheinungen, die sie vorzustellen haben, nicht dazu, viel mehr zu lesen als die Bücher, die der Verlag als Toptitel eingestuft hat. Bei allen anderen muss er auf die Informationen zurückgreifen, die er der Verlagsvorschau entnehmen kann oder die der verantwortliche Lektor während der Vertretersitzung geliefert hat. Der Vertreter hat pro Buch etwa dreißig Sekunden Zeit, um Angaben über Titel, Autor, Preis, Auflagenhöhe und Inhalt zu machen. Hat der Autor bereits Erfolge vorzuweisen, so wird er den Kunden darauf aufmerksam machen.

Es ist völlig klar, dass dem Vertreter, nachdem er die Werbekampagne für die Toptitel erläutert hat, keine Zeit mehr bleibt, den restlichen fünfzig, hundert oder zweihundert Titeln gerecht zu werden, bevor die Aufnahmefähigkeit seines Zuhörers erschöpft ist. Daher klammert der Vertreter von sich aus einige Titel schon im Vorfeld aus. Diesen Büchern, die üblicherweise am unteren Ende des Verlagsprogramms zu finden sind, entzieht er also kaltlächelnd die Lebensgrundlage. Sie werden in dieser Buchhandlung nie verkauft werden, außer es geschieht andernorts ein Wunder und die Buchhandlung erfährt davon.

Die meisten Bucheinkäufer orientieren sich mit der Zahl ihrer

Bestellungen an der Position eines Titels im Verlagsprogramm. Die ganz kleinen Läden können nur die Toptitel ordern oder spezielle Bücher, für die es in ihren Kundenkreisen feste Abnehmer gibt. Größere Buchhandlungen, die es sich leisten können, ein umfangreicheres Sortiment zu führen, legen die Titel, von denen sie die meisten Exemplare bestellt haben, auf Sondertischen so aus, dass die Käufer den Umschlag mit einem Blick sehen können. Von allen anderen Neuerscheinungen sieht der Betrachter nur den Rücken in den Regalen, was deren Chancen, von einem unentschlossenen potentiellen Leser entdeckt zu werden, nicht gerade steigert. Das sind im Allgemeinen die Bücher, die mit schöner Regelmäßigkeit an den Verlag zurückgehen, was sie mit den Neuerscheinungen von Bestsellerautoren gemein haben, die aufgrund übersteigerter Erwartungen in zu großer Zahl bestellt wurden. Durch die Eröffnung von Buchläden in Einkaufszentren und Buchabteilungen in Kaufhäusern haben viele Menschen, die sich nicht trauen, eine Buchhandlung zu betreten, weil sie Angst haben, auf die Frage nach ihren Wünschen keine Antwort zu wissen, ihre Scheu vor dem Bücherkauf verloren. Aber in diesen Geschäften und Kaufhausabteilungen gehen nur die »großen« Bücher, die auf Tischen am Eingang oder auf Displaypyramiden präsentiert werden, in hoher Stückzahl über den Ladentisch. Diese Displaypyramiden sind übrigens, falls Ihnen das nicht bekannt ist, von den Verlagen angemietet und stehen deshalb nur für die Toptitel zur Verfügung, für die eine spezielle Werbung innerhalb der Geschäfte vorgesehen ist.

In Wirklichkeit sind nicht nur die Werbeflächen gemietet, auch die Bücher selbst sind eher gemietet als gekauft, denn sie können normalerweise innerhalb eines Jahres vom Kaufdatum an problemlos zurückgegeben werden. Wenn also ein Verlag behauptet, ein Buch habe sich 10000-mal »verkauft«, so heißt das in Wirklichkeit, dass 10000 Stück an den Buchhandel ausgeliefert wurden und jederzeit zurückkommen können. Und die bittere Wahrheit ist, dass etwa vierzig Prozent der ausgelieferten

Neuerscheinungen — vor allem Romane — tatsächlich zurückgegeben und dann als Restauflage verramscht werden, für die der Autor nie einen Pfennig Tantiemen sieht.

Die Angaben des Verlags zur Auflagenhöhe einer Neuerscheinung sind oft maßlos übertrieben. Der Einkäufer fällt nicht immer darauf herein. Am meisten wird bei den »größten« Büchern mit den Zahlen jongliert.

Das Gleiche gilt für den Werbeetat oder das Marketingbudget. Die Bücher, die sich auch am besten verkaufen, sind diejenigen, die vom Verlag am intensivsten beworben werden, und die Entscheidung darüber, welche Titel das sind, ist beim Erscheinen derselben längst gefallen. Wenn für sein Buch keinerlei Verlagswerbung gemacht wird, ist das für einen Autor kränkender als schlechte Verkaufszahlen. Nur wenige Bücher verkaufen sich aufgrund von allgemeinen Verlagsankündigungen. Die Verkaufsförderung für ein Buch muss da stattfinden, wo es der potentielle Käufer sehen und spontan mit nach Hause nehmen kann.

Gibt es andere äußere Einflüsse, die sich auf die Priorität eines Buches im Verlagsprogramm auswirken können? Ja, es gibt sie. Die Lizenzvergabe an die großen Buchklubs findet etwa vier Monate vor dem Erscheinungstermin statt. Schafft es ein Titel, ins Programm einer dieser Buchklubs aufgenommen zu werden, kann sich dies auf seinen Platz auf der Liste der Neuerscheinungen positiv auswirken. Oft beißt sich hier jedoch die Katze in den Schwanz, weil die Titel, die von den Buchklubs übernommen werden, auch diejenigen sind, die von den Verlagen ohnehin an die Spitze ihrer Prioritätenliste gesetzt wurden. Schließlich haben Bücher, die mit großem Werbeaufwand angepriesen werden, auch in den Buchklubs bessere Aussichten, gekauft zu werden.

Gibt es, da Sie nun wissen, wie entscheidend die Stellung eines Buchs innerhalb des Verlagsprogramms für den Erfolg ist, irgendetwas, das Sie tun können, um diese Stellung zu verbessern? Wir haben gesehen, dass es bei der Vorauszahlung, die der Autor vom Verlag erhält, um mehr geht als um das Geld selbst, und dass der Verlag seine Autoren darüber gern im Unklaren lässt. Sind Autoren in dieser Hinsicht vielleicht zu naiv? Ja. Sogar erfahrene Autoren? Ja. Und Agenten? Denken Sie daran, dass ein Agent irgendwie auch die Funktion eines Therapeuten übernimmt. Auch wenn er für den Autor nichts weiter als einen bescheidenen Vorschuss aushandeln kann, möchte er doch, dass dieser glücklich ist, und darum bestärkt er ihn darin, dem Verleger zu glauben und darauf zu hoffen, dass seinem Buch eine größere Zukunft winkt, als dies durch die Höhe der Vorauszahlung bereits vorbestimmt ist.

Wenn man Ihnen verspricht, für Ihr Buch die Werbetrommel zu rühren und Anzeigen zu schalten, sollten Sie dies zumindest als allgemeinen Passus in Ihren Vertrag aufnehmen lassen. Lektoren sind vielbeschäftigte Menschen, und für die mündlichen Zusagen, die Ihnen ein zerstreuter Lektor vor Jahr und Tag gemacht hat, gilt: aus den Augen aus dem Sinn. Seien Sie aber nicht allzu überrascht, wenn es selbst dem besten Agenten nicht gelingt, eine solche Vertragsklausel für Sie auszuhandeln, da dies leider immer noch nicht zu den Gepflogenheiten der Verlage gehört.

Ihr Agent kann versuchen, die Taschenbuchrechte freizuhalten, damit sie an den Meistbietenden vergeben werden können. Wenn zwei Taschenbuchverlage das Buch gut genug finden, sich gegenseitig zu überbieten, um die Rechte daran zu erwerben, kann dies den Preis in die Höhe treiben. Das wiederum könnte den lizenzgebenden Verlag – vielleicht – veranlassen, die Position Ihres Buchs in der Liste der Neuerscheinungen nach oben zu korrigieren.

Es gab eine Zeit, in der man sich darauf verlassen konnte, dass ein Lektor »sein« Buch durch den gesamten Entstehungsprozess hindurch bis zum Erscheinen liebevoll begleitet. Auf das Urteil dieser Lektoren, die auch im eigenen Haus einen guten Ruf besaßen, verließen sich auch andere Vertreter des Buchgewerbes. Heute geht der entscheidende Einfluss meist von der Verkaufsabteilung der Verlage aus. Es gibt jedoch immer noch Lektoren, denen es mit Charme und Überredungskunst gelingt, die Leute vom Verkauf dazu zu bringen, dass sie einen Blick in ein Manuskript werfen, das ihnen am Herzen liegt. Manch ein Marketingdirektor liest sogar ein ganzes Manuskript durch, wenn ihm der Lektor, den er schätzt, begeistert davon vorschwärmt. Es gibt sie immer noch, die Lektoren, deren Wort in ihrem Verlag einen großen Einfluss hat. Wenn es Ihnen oder Ihrem Agenten gelingt, einen solchen Menschen von Ihrem Manuskript zu überzeugen, steht es gut um Ihre Erfolgsaussichten. Vieles hängt davon ab, welcher Lektor Ihr Manuskript in die Hände bekommt. Manche Agenten ziehen es vor, ein Manuskript dem ihm persönlich bekannten Cheflektor eines Verlages anzubieten, was aber sehr oft darauf hinausläuft, dass es auf dem Schreibtisch eines Lektoratsassistenten landet, der innerhalb der Verlagsstruktur über keinen oder nur einen geringen Einfluss verfügt. Man könnte also sagen, dass über die Stellung eines Buchs in der Rangordnung des Verlagsprogramms sogar schon in dem Moment entschieden wird, in dem es der Agent zur Ansicht einreicht. Tatsächlich hängt Ihr Erfolg auch von dem Ruf ab, den Ihr Agent in der Verlagslandschaft genießt, denn wenn er ein Mensch ist, der sich als verlässlicher Geschäftspartner einen Namen gemacht hat, wird der Lektor ein Manuskript, das ihm von dieser Seite angeboten wird, bevorzugt prüfen.

Vergessen Sie nie, dass Publicity das A und O des Markterfolgs ist, der einem Buch beschieden ist. Die potentiellen Käufer müssen wissen, dass dieses Buch existiert. Nichts hindert einen entschlossenen, selbstbewussten Autor daran, selbst tatkräftig die Werbetrommel für sein Buch zu rühren, wenn er das Gefühl hat, dass sein Verlag nicht genug dafür tut. Dieses Gefühl hat zwar fast jeder Autor, aber in den meisten Fällen hat er auch nicht Unrecht damit.

Praktische Ratschläge

19
Willkommen im 21. Jahrhundert

Stellen Sie sich vor, Sie machen eine gemütliche Spazierfahrt auf einer vertrauten Route, und alle paar Minuten kommt Ihnen in hohem Tempo ein riesiger Sattelschlepper entgegen und rauscht mit einem heftigen Luftstoß vorbei, bevor Sie ihn richtig gesehen haben. Diesen Eindruck hatte ich als Schriftsteller von der Technik. Sie sind vermutlich um einiges jünger als ich, lassen Sie mich Ihnen also erzählen, wie es war, diese rasanten Veränderungen zu erleben.

Meine ersten kleinen Geschichtchen habe ich mit Bleistift geschrieben. Der Kugelschreiber war noch nicht erfunden worden, und Füllfederhalter waren etwas für Reiche, Kinder besaßen sie nicht. Ich kritzelte das, was mir so einfiel, auf einen Block mit Telegrammformularen der Western Union, den mein Vater in der Grand Central Station im Vorbeigehen hatte mitgehen lassen. Es war die Zeit der Weltwirtschaftskrise, und wir konnten uns kein Schreibpapier leisten. Auf den gelben Telegrammvordrucken gab es nur wenige freie Linien zum Ausfüllen, weshalb ich für eine Geschichte, so kurz sie auch sein mochte, viele Blätter verbrauchte. Ich schrieb auch Gedichte, die besser für den begrenzten Platz geeignet waren. Als ich sieben war, wurde eins meiner Gedichte in der Schulzeitung veröffentlicht. Es hatte das richtige Versmaß und ergab einen Sinn. Die Reime reimten sich. Es ist das Einzige meiner vielen Gedichte, von denen einige später sogar in renommierten Zeitschriften abgedruckt wurden, das ich heute noch auswendig kann. Vier oder fünf Jahre später, noch vor meiner Teenagerzeit, nahm ich an einem Gedichtwettbewerb teil, den eine New Yorker Tageszeitung als

Werbegag veranstaltete. Eine Briefmarke kostete wieviel, drei Cent? Ich schrieb also ein Gedicht und schickte es ab. Eines Tages entdeckte ich, als ich die Post hereinholte, einen Brief mit dem Absender der Zeitungsredaktion. Schickten sie mir mein Gedicht zurück? Sie hätten es einfach wegwerfen sollen. In dem Brief steckte ein Scheck über fünfundzwanzig Dollar, was mich zum reichsten Kind im ganzen Viertel machte.

Kinder sind manchmal unglaublich dreist, weil sie die Regeln der Erwachsenen nicht kennen. Als ich zwölf war, entdeckte ich meine Liebe zur Zauberkunst. Mit dreizehn brachte ich mein neues Hobby mit meiner alten Freude am Schreiben unter einen Hut, indem ich ein Buch über das Zaubern schrieb. Ich tippte den gesamten Text des Buchs auf einer mechanischen Schreibmaschine. An die Schreibmaschine erinnere ich mich nicht mehr, wohl aber daran, wie ich mich mit dem Kohlepapier herumgeärgert und mit aller Wucht auf die Tasten gehämmert habe, um einen einigermaßen leserlichen Durchschlag zu bekommen. Mir blutete bei jeder notwendigen Textänderung das Herz, denn es bedeutete, dass ich die ganze Seite neu tippen musste. Das Original schickte ich an einen New Yorker Verlag, der eine Reihe von Bücher über Zauberei in seinem Programm hatte. Ich wurde zu einem Gespräch eingeladen. Als ich vor dem Verleger stand, war seine erste Frage, warum mein Vater nicht selbst gekommen sei. Ich brachte schließlich jemanden mit einem bekannten Namen dazu, ein Vorwort zu schreiben, damit die Leute mir glaubten, dass ich der Verfasser des Buchs war. Es blieb länger lieferbar als die meisten Bücher heutzutage.

Ich wusste, dass es mit der Wirtschaft wieder bergauf ging, als ich eine richtige Schreibmaschine bekam, wie sie Erwachsene benutzten. Die Durchschläge waren leserlicher. Der Zweite Weltkrieg sorgte für eine vorübergehende Unterbrechung meiner schriftstellerischen Karriere, aber danach dauerte es nicht mehr lange, bis IBM eine schicke elektrische Schreibmaschine erfand. Das »schick« bezieht sich auf das Erscheinungsbild der beschriebenen Seiten. Wenn Sie die Segnungen des technischen Fortschritts nachempfinden wollen, schreiben Sie einmal eine Geschichte mit Bleistift, tippen sie auf einer mechanischen Reiseschreibmaschine ab, bei der jedes Mal, wenn die Walze zurückfährt, der ganze Tisch wackelt, und schreiben Sie das Ganze dann noch einmal auf einer IBM Selectric ab, speziell dem späteren Modell, das über ein Korrekturband verfügte, mit dem man die getippten Buchstaben wieder löschen konnte. Unglaublich! Je einfacher es wurde, Fehler zu korrigieren, um so weniger Nachsicht übte ich mit meinen Entwürfen.

Ich habe mir nie eine Textverarbeitungsmaschine angeschafft, obwohl ich meinem Freund Renni Browne manchmal staunend über die Schulter sah, wenn er Wörter in den Speicher seiner Maschine tippte, die diese später nach Bedarf ausdruckte. (Ich verstehe bis heute nicht, warum es »*aus*drucken« heißt. Wohin sonst sollte es denn gedruckt werden?) Meine persönliche technische Revolution erlebte ich jedoch 1987, als mich meine Tochter, damals Studentin am Columbia College, mittlerweile Lektorin vieler bekannter Bestseller, zu einem Laden irgendwo in New Jersey schleifte und mich zwang, mir einen Kaypro-Computer zu kaufen, der mit seiner Dreißig-Megabyte-Festplatte genug Speicherplatz für hundert Romane hatte. Mit diesem erstaunlichen Gerät war es ein Kinderspiel, Texte umzuschreiben und zu überarbeiten. Noch bis in die achtziger Jahre hinein musste man, wenn man einen Satz oder einen Absatz umstellen wollte, die ganze Seite neu tippen. Es war ungeheuer arbeitsintensiv, ein sauberes Exemplar eines Artikels, einer Kurzgeschichte oder gar eines ganzen Romans zu produzieren, und stahl dem Autor entweder seine Zeit oder – sofern er die Arbeit einem anderen übertrug, der schneller oder besser tippen konnte – sein Geld. Ein mindestens ebenso wichtiger Aspekt ist die Möglichkeit, einmal Geschriebenes auf Dauer im Computer zu speichern, was allerdings gewisse Leute nicht davon abgehalten hat, ein und denselben Roman immer wieder zu schreiben.

Ich persönlich habe dem rasanten technischen Fortschritt vieles zu verdanken. Ich habe vier Computerprogramme entwickelt, die von über hunderttausend Schriftstellern in achtunddreißig Ländern benutzt werden, und sie scheinen, den Dankesbriefen nach zu schließen, die mich regelmäßig erreichen, damit zufrieden zu sein. Mit diesen Programmen verdiene ich so viele Tantiemen, dass ich glatt einen Taubenschlag davon ernähren könnte, würde ich Tauben halten. Was mir nicht gefällt, ist die Zeit, die mir Bill Gates und andere Softwareentwickler stehlen, indem sie mich zwingen, Dinge zu lernen, die ich überhaupt nicht brauche. Für meine Zwecke reicht es, wenn ich ohne viel Aufwand meine Bücher schreiben und nach Belieben Änderungen in meinen Texten vornehmen kann.

Was mir auch ein klitzekleines bisschen Sorgen macht, sind die Gefahren, die manche technischen Errungenschaften des neuen Jahrtausends für den Schreibenden bergen. Ich klinge wahrscheinlich wie ein moderner Maschinenstürmer, wenn ich über WordStar ins Schwärmen gerate, ein DOS-Programm, für das bei seiner Einführung mit den Namen bekannter Autoren geworben wurde, die davon begeistert waren. Ich ignoriere den Spott meiner technologiegläubigen Freunde und benutze es heute noch für meine gesamte schriftstellerische Arbeit. Ein Schriftsteller braucht kein integriertes Flipperspiel in dem Betriebssystem, sondern etwas, das einem leeren Blatt Papier so nahe wie möglich kommt. Wir wollen unsere Zeit dem Schreiben widmen, nicht der Bedienung eines hoch komplizierten Computersystems. Mein Auto, ein technisches Wunderwerk, das die Welt verändert hat, funktioniert blendend, ohne dass ich eine Hotline anrufen und eine halbe Stunde warten muss, bis sich ein menschliches Wesen meiner erbarmt. Computer sollten uns nicht unsere Zeit stehlen, sie sollen uns die Arbeit erleichtern.

Viele Jahrhunderte lang pflegten Schriftsteller ihre Sorgen und Nöte, ihre Gedanken über das Leben und den Zustand der Welt in Briefen an ihre Freunde oder Liebsten festzuhalten.

Wenn diese Schriftsteller starben, dienten ihre Briefe den Biografen dazu, etwas von ihrem Leben an nachfolgende Generationen weiterzugeben. Es gehört zu den Tragödien unserer Zeit, dass kaum noch nachdenkliche, leidenschaftliche oder hoffnungsvolle Briefe geschrieben werden. Wir kommunizieren per E-Mail. Natürlich hat diese Form der Kommunikation ihre Vorteile, beispielsweise, wenn es darum geht, möglichst schnell aus einem fernen Teil der Welt eine Antwort auf eine Frage zu bekommen. Für den Schriftsteller als Hüter der Sprache birgt die neue Technik jedoch eine Gefahr: Eine E-Mail ist normalerweise ein erster Entwurf, und wir haben zur Genüge gesehen, dass der erste Entwurf voller Fallstricke für einen Schriftsteller ist. Die elektronische Kommunikation fördert den Austausch unausgegorener Gedanken, die nicht, behutsam und mit feinen Nuancen formuliert, die Stimme ihres Verfassers offenbaren. Ein gedruckter Text hat den Vorteil, dass er uns so etwas wie einen objektiven Blick auf das gewährt, was wir geschrieben haben, und uns so die Möglichkeit gibt, unbedachte oder ungeschickte Formulierungen zu korrigieren. Ich finde es Besorgnis erregend, wie sehr die Gewohnheit, einfach so dahin zu schreiben, um sich greift, eine Sorge, die von den Biografen künftiger Generationen sicher geteilt wird. Die Gewohnheit, nachlässig formulierte Texte unbesehen in den Cyberspace hinaus zu jagen, kann in hohem Maße auf die Arbeit eines Schriftstellers abfärben: Egal, ob ein Text gut oder schlecht ist, Hauptsache, er kommt möglichst schnell hinaus ans Licht der Welt.

Auch in der Verbreitung von Literatur im Internet sehe ich eine Gefahr. Die Veröffentlichung eines Textes in Zeitschriften und Büchern ist ein so aufwendiger und teurer Prozess, dass ein gewisser Qualitätsstandard vorausgesetzt wird. Ins Internet dagegen werden Texte gestellt, die, weil es so einfach ist, dass es jeder kann, oft den geringsten Qualitätsanforderungen nicht genügen. Du bist, was du liest. Lesen Sie einiges von dem, was im Internet als kreatives Schreiben kursiert, und Sie können alles vergessen, was Sie in diesem Buch vielleicht gelernt haben. Ich habe mit Bestürzung den Verfall der Bildung beobachtet, der während des letzten halben Jahrhunderts um sich gegriffen hat. Es gibt heute namhafte Autoren, die völlig unbelesen sind in der Literatur, die ihrem eigenen Schaffen vorausging.

Wir müssen wieder vertraut werden mit den Werken der Schriftsteller, die vor uns waren und ihre Kunst gemeistert haben. Ein Buch müssen Sie nicht in rasendem Tempo über einen Bildschirm laufen lassen, sie können es jederzeit, bedächtig oder schnell, ganz nach Ihrem Belieben lesen. Lassen Sie uns an dem festhalten, was wir gelernt haben und was uns in die Lage versetzt, unsere Kultur an die nächste Generation weiterzugeben. Lassen Sie uns jedes Quäntchen Wissen aufnehmen, das die Kraft unserer Worte stärkt, unsere Fähigkeit, Gefühle zu wecken, zu amüsieren und zu informieren. Ich wünsche mir, dass auch im neuen Jahrtausend Schriftsteller noch als Büchermenschen verstanden werden. Es ist das größte Kompliment, das ich kenne.

Ein Buch, das man in Händen halten und in seinem eigenen Rhythmus lesen kann, hat viele Vorzüge. Einen davon hat mir Elia Kazans Mutter einmal anschaulich vor Augen geführt. Kurze Zeit, nachdem Kazans erster Roman, *Amerika, Amerika!*, erschienen war, kam sie zu mir, schwenkte das Buch ihres Sohnes in der Hand und sagte, nun habe sie endlich etwas, das sie ihren Freundinnen zeigen könne. Diese Frauen, ältere Griechinnen wie sie selbst, gingen weder ins Kino noch sahen sie sich Aufführungen an und hatten noch nie eine Arbeit ihres Sohnes, auf den sie so stolz war, gesehen. Mit dem Buch änderte sich dies nun. Als Lektor dieses mittlerweile zum Klassiker gewordenen Buchs kann ich Ihnen versichern, dass genau die Mühe und Arbeit darin steckt, die bei den schnellen Veröffentlichungen im Internet umgangen wird. Bevor das Buch erschien, wurde das Manuskript viermal vollkommen neu überarbeitet. Es war ein anstrengender Prozess, der dem Autor viel Geduld

und Ausdauer abverlangte, aber die Mühe hat sich für ihn gelohnt: Der Roman begründete seine Karriere als Schriftsteller,
die ihm am Ende wichtiger war als das Metier des Theater- und
Filmregisseurs, in dem er sich einen solchen Ruhm erworben
hatte.

Beim Filmemachen und beim Inszenieren eines Bühnenstücks
arbeitet man im Team, der Schriftsteller aber ist, auch wenn er
den besten Lektor hat, erst einmal mit seinem Werk allein,
bevor der Verleger auf den Plan tritt und es in die Welt hinaus
entlässt.

Der Computer ist ein Werkzeug. Die elektronische Kommunikation ein Hilfsmittel. Schreiben kann eine Kunst sein.

Betrachten Sie es einmal aus einem größeren Blickwinkel. Vor
einigen Jahrhunderten waren von einem Buch vielleicht ein paar
Exemplare im Umlauf. Die Zahl der Menschen, die in der ersten
Hälfte des 20. Jahrhunderts Bücher lasen, ist gering im Vergleich
zu den Massen, die heute Bücher kaufen und lesen. Die Lese-
gewohnheiten der Menschen haben eine wahre Revolution erlebt. Verglichen mit früheren Zeiten, gehen die Verkaufszahlen
eines erfolgreichen Buchs heute ins Astronomische. Als Verleger
der alten Schule staune ich und bin hoch erfreut, wie viele
anspruchsvolle Werke heute als Taschenbuch erhältlich sind. Es
macht mich traurig zu sehen, wie die kleinen privaten Buchhandlungen zunehmend von großen Ketten verdrängt werden,
aber die Wahrheit ist, dass die besseren unter ihnen ein brei-
teres Sortiment an Büchern, auch aus Spezialgebieten, führen,
als es sich die meisten Buchhandlungen früher hätten leisten
können. Einige der Buchhändler habe ich geliebt, sie waren fast
wie eine Familie für mich. Genau wie Verleger meines Schlages
liebten sie nicht nur Bücher, sondern auch deren Aura. Mit
der Zeit wurde die Luft jedoch dünn für uns, und es fand sich
keine Lobby, die unsere vielleicht altmodische Welt verteidigt
hätte. Ich erinnere mich daran, wie meine Schwiegermutter,
eine begeisterte und anspruchsvolle Leserin, erst Hunderte von
Kilometern von ihrem Wohnort in Iowa nach Chicago zu einem

Familientreffen fahren musste, um einmal in einem wirklich guten Buchladen stöbern zu können, ein Vergnügen, das sich ihre Enkel heute mühelos gönnen können. Wenn die Enkelkinder faul sind oder an ihren Computern kleben, können sie sogar online in den neuen und alten Schätzen virtueller Bücherregale stöbern.

Ich weiß noch, wie schwierig es früher war, Bücher aufzutreiben, die nicht mehr im Druck waren, meine eigenen inbegriffen, bis ich im Internet *bibliofind.com* entdeckt habe und damit die Möglichkeit, unter zwanzig Millionen Titeln zu wählen und innerhalb von Minuten das zu finden, was ich suche, meist auch noch zu vernünftigen Preisen. Autoren aus aller Welt stehen über das Internet miteinander in Verbindung. In dieser erstaunlichen neuen Welt haben Wissenschaftler ein Schaf geklont, und ich habe mich selbst vervielfacht. Früher habe ich mit meinen Vorträgen und Seminaren so viele Autoren erreicht, wie ein zur Verfügung stehender Raum eben fassen konnte. Jetzt bin ich, dank meiner Computerprogramme, der kleine Mann im Ohr von Autoren in achtunddreißig Ländern und helfe ihnen, ihr Handwerk zu lernen und ihre Manuskripte zu verbessern.

Ein Brot mit einer festen Kruste ist etwas Wunderbares, ein verkrustetes Hirn nicht. Es werden immer mehr Bücher von immer mehr Menschen gelesen. Trotz der zunehmenden Konzernbildung im Verlagswesen steht heute mehr gute Literatur einer größeren Zahl von Menschen zur Verfügung als je zuvor. Wenn ich mir vor Augen halte, dass mehr als eine Million Menschen meinen Roman *Der junge Zauberer* gekauft haben, wird mir bewusst, dass dies in keinem vorangegangenen Jahrhundert möglich gewesen wäre. Das Schreiben ist besser als jede andere Art von Arbeit, weil man Sie nicht wegrationalisieren kann, weil man Ihnen nicht die Lizenz dazu entziehen kann und Sie sich keine der Krankheiten zuziehen, die als Folge der Langeweile auftreten. Das Schreiben ist eine aufregende Tätigkeit, die gleich nach dem Schönsten im Leben eines Menschen kommt. Und wenn Sie die Achtzig überschritten haben, gibt es überhaupt nichts Schöneres mehr. Das neue Jahrtausend, in dem wir mehr Leser erreichen können als je zuvor, ist eine aufregende Zeit für Schriftsteller, die ihren Charakteren Leben einhauchen und ihre Erkenntnisse mit der Welt teilen möchten.

20

Die kleinen Dinge, die dem Ansehen des Autors schaden

Diese kleinen Dinge sind wie Akne für einen Teenager, jeder Pickel nur ein kleiner Makel, aber, oh, wie verheerend kann schon auf den ersten Blick der Gesamteindruck sein. An anderer Stelle habe ich bereits auf die Störfaktoren hingewiesen, die das Lesevergnügen beeinträchtigen können. Es gehört zu unserem Handwerk, dass wir lernen, diese Mängel zu beheben.

Es gibt formale Mängel, die den Blick des Lesers von der Lektüre weg auf Äußerlichkeiten lenken. Das ist ärgerlich, auch wenn die Geschichte ansonsten noch so gut ist. Weil der Autor, der solche äußeren Dinge nicht beachtet, den Spaß seiner Leser am Inhalt der Geschichte sabotiert, gehe ich hier im Einzelnen auf diese formalen Mängel ein.

Wir lesen Worte schnell und als Ganzes, und darum empfinden wir alles, was unseren Blick auf die einzelnen Buchstaben lenkt, als störend. Es reißt uns für einen Augenblick aus unserem Lesevergnügen heraus. Überall, wo in einer Geschichte eine falsche oder verstümmelte Schreibweise auftaucht, die einen Dialekt, einen Slang oder eine regionale Besonderheit im Sprachgebrauch vermitteln soll, tritt ein solcher Störeffekt auf. Man kann das am Beispiel der unbeholfenen Art veranschaulichen, in der die Redeweise der Schwarzen in Romanen wiedergegeben wurde, bis James Baldwin uns vormachte, wie man dasselbe elegant durch Rhythmus und Satzstellung erreichen kann. Eine falsche Schreibweise wirkt immer irritierend, selbst für die Leute, die den Dialekt tatsächlich sprechen, der damit suggeriert werden soll. Sie lenkt die Aufmerksamkeit des Lesers auf einzelne Buchstaben, sodass er nicht im Fluss der Erzählung bleiben kann, was nicht im Interesse des Autors ist, der den Leser ja in seine Geschichte einbinden möchte. Die Verwendung von Dialekt sabotiert die Absichten des Autors und den Spaß des Lesers. Nicht offensichtlich. Nur ein wenig, so, dass der Leser vielleicht nicht einmal merkt, was passiert, aber wenn es sich wiederholt, schadet es dem Ansehen des Autors.

Es sind oft viele Kleinigkeiten, die zusammengenommen eine Beeinträchtigung des Lesevergnügens bewirken. Gedanken-striche oder drei Pünktchen beispielsweise, die ein Zögern oder einen Gedankensprung im Dialog andeuten, sind störend, wenn sie uns auf Schritt und Tritt begegnen. Man sollte sparsam damit umgehen und sie möglichst nur verwenden, wenn ein Sprecher durch einen anderen unterbrochen wird.

Vielleicht erscheinen Ihnen diese Dinge banal und nicht der Rede wert, weil sie nur den äußeren Eindruck des Manuskrip-tes betreffen. Aber das Erscheinungsbild eines Manuskripts ist schon deshalb wichtig, weil es den ersten Eindruck bestimmt, den ein Agent oder Verleger von Ihrem Manuskript hat. Das Ansehen eines Autors hängt nicht nur davon ab, *was* er schreibt, sondern auch davon, wie er es präsentiert. Das laienhafte Er-scheinungsbild eines Manuskripts, das den Autor als unerfahre-nen Amateur entlarvt, schafft Voreingenommenheiten bei Agen-ten und Verlegern.

Stellen Sie sich vor, Sie sind Verleger, und auf Ihrem Schreib-tisch landet ein Manuskript, das mit einem hübschen Schleif-chen zusammengebunden und auf dem Deckblatt mit einem selbstgemalten Bildchen verziert ist (ich habe das alles schon erlebt). Ihr erster Gedanke wird sein: »Das stammt von einem Amateur«, und Sie werden vielleicht eine höflich formulierte Ablehnung schreiben, ohne einen Blick in das Manuskript geworfen zu haben. Ein amateurhaft wirkendes Manuskript – das falsche Schriftbild, einfache Zeilenabstände, zu schmale Ränder – kann das Ansehen eines Autors auch beim geduldig-sten Lektor oder Verleger untergraben.

Ich frage mich immer wieder, was in Autoren vorgeht, die ihr Manuskript so verpacken, dass es vergleichbar ist mit einer Jobanwärterin, die im rüschenbesetzten Badeanzug zu ihrem Vorstellungsgespräch geht. Ziel dieses Buchs ist es, Schreibenden die Techniken zu vermitteln, die ihnen den steinigen Weg zur Veröffentlichung ebnen. Und dazu gehört auch, dass wir ein paar elementare Dinge erwähnen, die, wenn sie nicht beachtet werden, beim Agenten oder Verleger einen falschen Eindruck erwecken können.

Schriftart. Die Wahl der Schriftart ist wichtig für Ihr Manuskript. Bei den vielen Schriftarten, aus denen wir in den modernen Textverarbeitungsprogrammen wählen können, ist die Gefahr groß, dass man sich vergreift. Die meisten dieser Schriftarten sind vielleicht für andere gut geeignet, nicht aber für ein Manuskript, das einen professionellen Eindruck machen soll. Die Verwendung von Courier, einer nichtproportionalen Standardschrift, die in allen mir bekannten Textverarbeitungsprogrammen zur Verfügung steht, empfiehlt sich aus einem einfachen Grund. Es ist die Schrift, an die die Empfänger Ihres Manuskripts aus alten Schreibmaschinenzeiten gewöhnt sind. Sie wird von den meisten professionellen Autoren auch heute noch verwendet. Der Schriftgrad sollte zwölf Punkt (2,6 Millimeter) betragen, weil dies ein gut lesbares Schriftbild ergibt und weil es der Pica-Norm der Schreibmaschinentypen entspricht. Manche Autoren bevorzugen Times New Roman, die gängigste proportionale Schriftart, bei der die Buchstaben unterschiedlich breit sind. Times New Roman ist eine attraktive Schriftart, die in der Geschäftswelt viel Verwendung findet. Wenn Sie aber einen Erzähltext schreiben, lauert in der Times New Roman eine versteckte Gefahr. Sie ergibt wesentlich mehr Wörter pro Zeile und Seite als eine nichtproportionale Schrift, was den Eindruck erweckt, als würde der Lesefluss verlangsamt. Man blättert seltener um. Ein in Courier geschriebener Text wirkt temporeicher, ein psychologischer Aspekt, den man nicht unterschätzen sollte.

Verwenden Sie für längere Texte unter keinen Umständen eine Groteskschrift wie **Helvetica**. Das gilt sowohl für Zeitschriftenartikel als auch für Manuskripte in Buchlänge. Die Buchstaben einer serifenlosen Schriftart sind gerade Lettern ohne Schnörkel. Die Buchstaben einer Antiquaschrift hat Endstriche, sogenannte Serifen. Die Endstriche dienen dazu, die einzelnen Buchstaben eines Wortes optisch zu verbinden. Wir lesen Worte, nicht einzelne Buchstaben. Eine Antiquaschrift lässt sich aus diesem Grunde leichter lesen. In Überschriften oder Bildunterschriften ist gegen eine Groteskschrift nichts einzuwenden, aber alles, was länger ist als ein Absatz, sollte in einer Schriftart mit Endstrichen geschrieben sein. Designer bevorzugen im Allgemeinen serifenlose Schriften. (Mit den schmaleren Buchstaben der serifenlosen Schriften kann man mehr Text auf einer Seite unterbringen.) Bedenken Sie jedoch, dass es dem Designer nicht vorrangig auf die Lesbarkeit einer Seite ankommt, sondern auf deren optischen Eindruck. Für Sie als Autor hat allerdings die Lesbarkeit höchste Priorität.

Bis Anfang der neunziger Jahre war es üblich, Wörter oder Sätze, die im Buch kursiv erscheinen sollen, im Manuskript durch Unterstreichung zu markieren. Da heute die meisten Manuskripte am Computer geschrieben werden, können die entsprechenden Passagen auch im Manuskript *kursiv* geschrieben werden.

Vermeiden Sie es, in einem Roman einzelne Wörter **fett** hervorzuheben. Die Intensität des Gesagten sollte sich über die Worte selbst transportieren, nicht über das Schriftbild. Fettgedrucktes wird in diesem Kapitel verwendet, um das Nachschlagen der Stichworte zu erleichtern.

Zeilenabstand. Erst gestern habe ich das Manuskript eines Autors gesehen, der vor Jahren einmal ein Buch veröffentlicht hat. Es ist ein Klassiker geworden und erscheint in seiner vierten Auflage. Jetzt hat er einen neuen Roman vorgelegt, und das Manuskript ist mit einfachem Zeilenabstand geschrieben. Ich rief ihn sofort an, um ihn zu fragen, warum er das getan hatte. Er sagte: »Um Papier zu sparen.«

Der Agent oder Verleger wird nicht gerade dankbar sein, dass er sein Augenlicht aufs Spiel setzen soll, damit der Autor etwas Papier und Porto sparen kann. Alle Manuskripte sollten einen doppelten Zeilenabstand haben, selbst Erstfassungen, die nur von Ihnen selbst gelesen werden. So können Sie den Eindruck überprüfen, den das Manuskript später auf seine ersten Leser machen wird.

Wenn Sie in der Erzählung einen Ortswechsel oder einen Zeitsprung andeuten wollen, überspringen Sie vier Zeilen anstatt zwei. Man nennt das im Buchdruck »Zeilendurchschuss«. Sie müssen kein Ornament in den freien Raum zwischen den Zeilen setzen, es sei denn, es handelt sich um den Anfang oder das Ende einer Seite.

Seitenränder. Manche Autoren versuchen, den Empfänger ihres Manuskripts durch breitere oder schmalere Seitenränder über den wahren Umfang des Textes hinwegzutäuschen. Machen Sie sich keine Illusionen: Sie täuschen niemanden, sondern erzeugen nur Irritationen beim Empfänger. Soweit ich weiß, gibt es keinen Verleger, der seinen Autoren die Breite der Seitenränder vorschreibt. Etwa zweieinhalb Zentimeter auf jeder Seite sind in Ordnung. Die Seitenränder sollten gleich breit sein. Ein etwas größerer Rand am Kopfende ist auch in Ordnung.

Verwenden Sie niemals Blocksatz, um das Layout von Zeitschriften oder Büchern nachzuahmen. Daraus schreit förmlich der Amateur, und es entstehen zum Teil Zeilen, die viel zu große Abstände zwischen den einzelnen Wörtern haben.

Paginierung. Die Seiten eines Manuskripts müssen, beginnend mit der ersten Seite des eigentlichen Textes, nicht der Titelseite, immer nummeriert sein. Wo soll die Seitenzahl stehen, oben mittig, oben rechts oder unten rechts, wie die häufigsten Empfehlungen lauten? Ich habe einen klugen Vorschlag: Setzen Sie die Seitenzahl in die Mitte des unteren Seitenrandes, wie ich es zu tun pflege, weil sie dort am wenigsten beim Lesen stört. Eine Zahl am oberen Seitenrand springt dem Leser, wenn auch nur für den Bruchteil einer Sekunde, ins Auge. Unten rechts bemerkt man sie beim Umblättern mit Sicherheit. Ich möchte, dass dem Text ungeteilte Aufmerksamkeit zukommt, deshalb platziere ich die Seitenzahl an dem am wenigsten auffälligen Ort.

Kopfzeilen. So wird der Text am oberen Rand genannt, der sich auf jeder Seite wiederholt und der Auskunft über den Titel des Romans und/oder den Namen des Autors gibt. Ich lehne die Verwendung von Kopfzeilen ab, weil sie aus Worten bestehen, und der Leser kann nicht verhindern, dass er diese Worte jedes Mal sieht, wenn er eine Seite umblättert. Sie müssen weder den Agenten noch den Verleger permanent an Ihren Namen oder an den Titel Ihres Buches erinnern. Wenn Ihre Seiten so, wie ich es vorgeschlagen habe, nummeriert sind, reicht das aus und verhindert, dass die Seiten durcheinander geraten, ohne dass der Blick des Lesers an einer störenden Kopfzeile hängen bleibt.

Titelseite/Deckblatt. Verwenden Sie auf der Titelseite keine großgedruckte Schönschrift. Das bedeutet »Amateur«. Benutzen Sie die gleiche Schriftart wie im Textteil. Bei einem Manuskript in Buchlänge werden Sie vielleicht die ungefähre Zahl der Worte in der rechten oberen oder unteren Ecke angeben wollen. Schreiben Sie nicht 76 342 Wörter, selbst wenn Sie die Zahl per Computer ermittelt haben. Eine gerundete Zahl, 76 000, reicht völlig. Schreiben Sie Namen, Anschrift, Telefonnummer und E-mail-Adresse, falls Sie eine haben, in die untere linke Ecke der Titelseite. Ein Agent wird diese Stelle üblicherweise mit einem Aufkleber mit Namen und Anschrift der Agentur über-kleben, bevor er Ihr Manuskript an einen Verlag weiterreicht. Falls es sich bei Ihrem Manuskript um einen Sachtext handelt, erstellen Sie ein Inhaltsverzeichnis. Fertigen Sie kein Register an, sofern Sie nicht ausdrücklich vom Verlag darum gebeten werden. Die meisten Verlage arbeiten heute mit professionellen Registerprogrammen. Falls Sie selbst über ein solches Programm verfügen, können Sie Ihr Register selbst erstellen, was aber erst im korrekturgelesenen Umbruch geschehen sollte, da erst dann die Seitenzahlen feststehen.

Wenn Sie eine Widmung in das Buch aufnehmen möchten, setzen Sie diese, ebenso wie die Danksagung, auf eine separate Seite. Reichen Sie diese Seiten am besten nicht zusammen mit dem Manuskript ein, sondern warten Sie damit, bis ein Vertragsabschluss zustande gekommen ist. Vielleicht wollen Sie in Ihrer Danksagung ja den Lektor erwähnen, der Ihnen hilfreich zur Seite gestanden hat.

Der Einband. Reichen Sie niemals ein gebundenes Manuskript ein. Verleger und Lektoren lesen ein Manuskript Seite für Seite. Vielleicht nehmen sie ein paar Seiten mit, um sie in der Bahn oder zu Hause zu lesen. Vielleicht wollen sie auch Teile des Manuskripts weitergeben, um sich von einem zweiten Leser ihr eigenes Urteil, dass es sich um ein großartiges Buch handelt, bestätigen zu lassen. Schicken Sie Ihr Manuskript in Form loser Blätter ab, legen Sie es aber in einen Karton, in den es genau hineinpasst. Wenn der Karton zu groß ist, verwenden Sie Abstandhalter, damit die losen Blätter Ihres Manuskriptes nicht verrutschen können. Oder schneiden Sie ein Stück Schaumstoff, das Sie in Bastlergeschäften erhalten, auf die Größe Ihres Manuskriptes zurecht. Ein Stück zurechtgeschnittener Pappe erfüllt den selben Zweck. Verwenden Sie keine Styroporchips oder dergleichen zum Auffüllen des Kartons, das sorgt beim Empfänger für Unmut. Verwenden Sie Kissenfolie als Füllmaterial, wenn Sie keinen Schaumstoff oder keine saubere Pappe finden können. Wenn Sie Ihr Manuskript in einer dünnen Papphülle verpacken, wie diejenigen, in denen gutes Papier manchmal verkauft wird, dann legen Sie es für den Versand zusätzlich in einen stabileren Karton. Es gibt Aktenmappen, die auf drei

Seiten geschlossen sind, und die ich seit vielen Jahren für Manuskripte verwende. Ich versehe die Vorderseite mit einem Adressenaufkleber. Diese Faltmappe bietet zusätzlichen Schutz für Ihr Manuskript und ist bequem für den Empfänger, etwas, worauf ich aufgrund meiner Erfahrung immer Rücksicht nehme.

Filmdrehbücher und Theaterstücke. Wenn es sich bei Ihrem Manuskript um ein Theaterstück oder ein Drehbuch handelt, sollte es in einer einfachen, farbigen Pappmappe abgeheftet sein. Die allgemein gebräuchlichen Schnellhefter aus Pappe haben auf dem Deckel in der Regel ein Adressenfeld, das Platz für einen Aufkleber bietet.

Es gibt mittlerweile Computerprogramme, die das Formatieren eines Textes als Drehbuch oder Theaterstück erleichtern. So können Sie sich auf das Schreiben konzentrieren und müssen sich nicht mit formalen Dingen abquälen.

Länge. Wie lang sollte Ihr Buch sein? Lang genug, um seinen Zweck zu erfüllen, was wahrscheinlich kürzer ist als seine jetzige Länge, sofern Sie das Manuskript nicht unerbittlich überarbeitet haben. Es gab einmal eine Zeit, in der das Motto für ein Buch lautete: je länger, um so besser. Heute sind die Papierkosten ein so wichtiger Faktor geworden, dass auffällig viele dünne Bücher auf dem Markt sind. Für Sachliteratur sind die Beschränkungen nicht so strikt, da der Verkaufspreis flexibler gehandhabt werden kann. Für ein Sachbuch sind viele Leute bereit, mehr zu bezahlen als für einen Roman. Eine gute Länge für einen Roman sind 75 000 Wörter, wobei die Obergrenze bei etwa 100 000 Wörtern liegen sollte. An längere Texte sollten sich nur Bestsellerautoren heranwagen und auch das nur in bestimmten Genres. Wenn Sie sich meine bisherigen Ratschläge zu Herzen genommen haben und Ihr Manuskript etwa dreihundert Wörter pro Seite umfasst, ergeben 75 000 Wörter einen Umfang von etwa zweihundertfünfzig Seiten. Wenn Ihr Roman siebenhundert Seiten lang ist, wird der Agent oder der Verleger, dem Sie es schicken, einen lauten Seufzer ausstoßen, weil er weiß, dass Ihr Manuskript, selbst wenn es fantastisch geschrieben ist, entweder einer Menge Kürzungen oder harter Überzeugungsarbeit in der Marketingabteilung bedarf. Tom Wolfes Roman *Ein ganzer Kerl* ist sehr gewichtig, ich weiß. Aber das ist auch sein Renommee. Der Verleger hat als Ausgleich für die Länge des Buches eine Million Exemplare auf einmal gedruckt und so bei den Druckkosten gespart. Tom Wolfe und Norman Mailer haben das Recht, dicke Bücher zu schreiben, wenn sie das wünschen. Ich wende mich an Autoren, die jede Chance nutzen müssen, um am Vorzimmer des Verlegers vorbeizukommen, und zur Zeit ist ein kurzes Buch ein gutes Buch. Die Manuskripte, die ich in die Hände bekomme, sind fast ausnahmslos länger, als es die Geschichte, die sie erzählen, rechtfertigt. Ich habe einem Schüler einmal geraten, sein Computerprogramm zu Hilfe zu nehmen und alle Adjektive und Adverbien per System aus seinem Manuskript streichen zu lassen. Das Manuskript war danach zweiundsiebzig Seiten kürzer und, wie könnte es anders sein, um einiges besser.

Ein paar Orientierungshilfen
für den *deutschen* Autor, der auch
Leser ist

Sol Stein hat der amerikanischen Originalausgabe seines Buches einen Anhang »Where Writers Get Help« beigegeben, der den Informationsbedürfnissen seiner deutschen Leser nicht gerecht geworden wäre. Stattdessen warten wir hier mit einigen wenigen Hinweisen auf, die sich auf die Belange der Bundesrepublik beziehen. Ob es dabei eher um vertiefende Lektüre (also um Buchempfehlungen), um Institutionen und Organisationen (also um die Möglichkeiten des leibhaftigen Austauschs) oder um Knotenpunkte im Netz der Netze (also um Internetadressen, Websites, Homepages) geht: Das Terrain ist riesig, unübersehbar, ständig im Fluss. Wir wollen im Folgenden gar nicht erst versuchen, es systematisch abzuschreiten. Begnügen wir uns mit ein paar exemplarischen Zugängen – die weiterführenden Pfade müssen Sie sich dann selber schlagen.

Bei Zweitausendeins ist im Laufe der letzten Jahre eine Vielzahl von Büchern erschienen, die »jungen«, unerfahrenen, noch nicht etablierten Autoren bei den diversen Fährnissen beistehen wollen, die sich ihnen in der Einsamkeit des heimischen Arbeitszimmers auftun – allen voran Sol Steins *Über das Schreiben* (siehe dazu auch die ausführlichen Schlussanzeigen). Demnächst sind überdies seine beiden Computerprogramme WritePro® Fiction und WritePro® FictionMaster verfügbar, mit deren Hilfe Autoren von Romanen und Kurzgeschichten hinreißende Figuren »ins Leben« rufen, packende Plots entwickeln und spannende Dialoge schreiben können (auch WritePro® Business ist in Vorbereitung, aber dabei geht es eher um Geschäftsbriefe und -memos).

Irgendwann rührt sich unweigerlich das Bedürfnis, den Blick über den Rand der eigenen Schreibtischplatte heben und sehen zu wollen, in was für eine Szene man sich da hineingeschrieben hat, mit Gleichgesinnten in Kontakt treten, den eigenen Text zur Disposition stellen, sich ein Feedback organisieren zu wollen. Da empfehlen sich zunächst drei Bücher:

Imre Török (Hg.): *VS-Handbuch.*
Ein Ratgeber für Autorinnen und Autoren,
Übersetzerinnen und Übersetzer,
Steidl Verlag, Göttingen 1999
Dieses Buch, hinter dem der Verband deutscher Schriftsteller (VS) steht, ist nach Stichwörtern aufgebaut und informiert über die wichtigsten Fragen rings ums Schreiben und Übersetzen. Nachschlagewerk und Orientierungshilfe vor allem für jüngere Autoren und Autorinnen.

Gerhild Tieger, Manfred Plinke (Hg.):
Deutsches Jahrbuch für AutorInnen 2000/01,
Autoren-Verlag Plinke, Berlin 2000
Ein Ratgeber mit Texten von bekannten Literaten und Insidern zu den verschiedensten Themen, mit Sachinformationen unter anderem zu Autorenrechten, mit aktuellen Literatur- und Verlagsadressen.

Sandra Uschtrin, Michael Joe Küspert (Hg.):
Handbuch für Autorinnen und Autoren.
Adressen und Informationen aus dem deutschen
Literatur- und Medienbetrieb, Uschtrin Verlag,
5., aktualisierte und erweiterte Auflage, München 2001
Ziel dieses Handbuchs: den deutschsprachigen Literaturbetrieb für Autoren und Autorinnen transparenter zu machen. Fortlaufend aktualisierte Informationen über Verlage, Berufsverbände, Ausschreibungen usw. finden sich auf *www.uschtrin.de/ ai.html.*

Wer's nicht so genau wissen und sich stattdessen gleich ins volle Autorenleben stürzen will, dem bieten sich vor allem drei Möglichkeiten: Berufsverbände bzw. Autorenvereinigungen, Literaturbüros und/oder offene Autorenforen. Der bedeutendste Berufsverband hierzulande ist der Verband deutscher Schriftsteller in der IG Medien – die vor mehr als 30 Jahren von Heinrich Böll, Günter Grass und anderen gegründete Interessenvertretung für mittlerweile etwa 4000 Autoren und Übersetzer. Die zweite große Vereinigung ist der Freie Deutsche Autorenverband (FDA). Daneben gibt es etliche interessenspezifische Verbände und Vereine. Unter den Lesern dieses Buches könnten sich die Schreibanfänger vielleicht im Bundesverband junger Autoren, die Krimiautoren in Das Syndikat und die Liebhaber phantastischer Literatur im Ersten Deutschen Fantasy Club aufgehoben fühlen.

Verband deutscher Schriftsteller in der IG Medien
Bundesgeschäftsstelle, Sabine Herholz
Postfach 10 24 51
70020 Stuttgart
www.igmedien.de/fg/vs
07 11-2 01 82 37 Fon
07 11-2 01 83 00 Fax
vs@igmedien.de E-Mail
Der VS setzt sich für die kulturellen, rechtlichen, beruflichen und sozialen Interessen seiner Mitglieder ein und bietet unter anderem praktische Unterstützung bei urheber- und verlagsrechtlichen Fragen sowie bei berufsbedingten Steuer- und Versicherungsproblemen. Er ist in jedem Bundesland mit einer eigenen Geschäftsstelle vertreten.

Freier Deutscher Autorenverband
Bundesgeschäftsstelle, Heike Hoppe
Zum Prinzenwäldchen 18
58239 Schwerte

www.fda.de
0 23 04-8 29 74 Fon
0 23 04-83 01 05 Fax
hoppe.fda@t-online.de E-Mail
Versteht sich als Schutzverband zur Verteidigung der geistigen
Freiheit in der Tradition der 1920er Jahre. Auch hier diverse
regionale Geschäftsstellen.

Bundesverband junger Autoren e.V.
Postfach 20 03 03
53133 Bonn
www.bvja-online.de
0 22 25-78 89 Fax
bvja@t-online.de E-Mail
Interessenvertretung für 600 junge Schreibende oder Schreib-
interessierte mit dem Ziel, ihnen durch Kontakte und Informationen (darunter eigene Periodika und Seminare) den Weg ins
Literaturgeschäft erleichtern zu helfen.

Das Syndikat. Autorengruppe
deutschsprachiger Kriminalliteratur
c/o Horst Bosetzky, 1. Sprecher
Benediktiner Straße 54
13465 Berlin
www.das-syndikat.com
100740.3540@compuserve.com E-Mail
Eine Vereinigung von 250 Krimiautoren, die sich gegenseitig
über »ihre mörderischen Aktivitäten« informieren und sich einmal im Jahr zum Kongress »Criminale« treffen.

Erster Deutscher Fantasy Club e.V.
Postfach 1371
94003 Passau
www.edfc.de
edfc@edfc.de E-Mail

Ein Verein für Schriftsteller in Sachen Fantasy, klassische Phantastik, Horror, Science fiction, Abenteuer, Esoterik. Gibt unter anderem zwei eigene Zeitschriften heraus.

Literaturbüros sind Informationsbörsen, Veranstaltungsorte, Vermittlungs- und Förderinstitutionen ganz eigener Art. Oft auf Eigeninitiative entstanden, oft auch veranlasst durch das jeweilige Kulturamt, gibt es diese Büros bundesweit in vielen Groß- und Mittelstädten, so dass ein Rat suchender Autor in der Regel keine weiten Wege auf sich nehmen muss. Literaturbüros organisieren Lesungen und Diskussionen, beraten und betreuen Nachwuchsautoren, bieten Schreibseminare und Workshops an, vermitteln Kontakte. Nicht alle machen alles; man muss sich im Einzelfall erkundigen. Einige der Büros, so zum Beispiel das in Frankfurt am Main, fertigen gegen Honorar sogar Gutachten zu eingesandten Textproben an – für den einsamen Schreiber, der bislang nur mit sich selber gerungen hat, eine gute Möglichkeit, sich dem ebenso scharfen wie hilfreichen Wind eines ersten professionellen Urteils auszusetzen.

Stellvertretend für die vielen Literaturbüros hier die Angaben zu denen der größten Ballungsräume:

Literaturzentrum e.V. Hamburg
Schwanenwik 38
22087 Hamburg
040-2 20 00 07 Fon
040-2 20 66 12 Fax

Hessisches Literaturbüro im Mousonturm e.V.
Waldschmidtstraße 4
60316 Frankfurt am Main
www.mousonturm.de
069-40 58 95 23 Fon
069-40 58 95 62 Fax

Münchner Literaturbüro – Haidhauser Werkstatt e.V.
Milchstraße 4
81667 München
www.literaturbuero.org
089-48 84 19 Fon & Fax
post@literaturbuero.org E-Mail

Literaturhaus Berlin e.V.
Fasanenstraße 23
10719 Berlin
www.literaturhaus.de
030-88 72 86-0 Fon
030-88 72 86-13 Fax
info@literaturhaus.de E-Mail

Die offenen Autorenforen, sofern es sich dabei nicht um rein lokale Veranstaltungen handelt, spielen sich allesamt im Ortlosen, sprich: im Internet ab. Auch hier gibt es manchmal lektoralen Beistand, auf jeden Fall aber Austausch, Informationen, erste Veröffentlichungsmöglichkeiten, Klatsch aus dem Literaturleben – und natürlich immer neue Links, mit deren Hilfe man sich durch die ganze Szene hangeln kann. Hier eine kleine Auswahl:

Junges Lektorat
www.junges-lektorat.de
Ein Literaturprojekt, das Autoren die Möglichkeit bietet, ihre Texte von anderen Autoren kostenlos lektorieren zu lassen. Mit Forum, Rezensionen, Leseempfehlungen, Bücherecke, »News«-Rubrik, Chatroom.

Berliner Zimmer
www.berlinerzimmer.de
Ein virtueller Salon. Informationen über die deutschsprachige Literatur im Internet durch kommentierte Linklisten und theo-

retische Texte, Kontaktmöglichkeiten via Forum, Mailingliste und Chat. Mit einem eigenen Online-Magazin für erotische Literatur und einem monatlichen Newsletter.

Literature
www.literature.de
Literaturmagazin mit Veröffentlichungsmöglichkeiten für junge Autoren, Wettbewerben, Leser- und Buchtipps, Anthologie-projekten.

Leselupe
www.leselupe.de
Angeblich Deutschlands größte Literaturplattform. Mit monat-lichen Schreibaufgaben, einer »Storyolympiade«, diversen Foren (beispielsweise »Geschichten« oder »Fremdsprachiges«), einem Wettbewerb »Autor des Monats« und einer Literatursuch-maschine.

Federwelt
www.federwelt.de
Eigentlich eine »richtige«, also papierene Autorenzeitschrift, aber mit einem eigenständigen Internetauftritt, der unter ande-rem ein Autorennetzwerk, einen Newsletter und E-Books ver-heißt. Maxime: »Die Federwelt möchte für junge Autoren eine Brücke sein, die das Reich der ersten Wortbasteleien mit dem des professionellen Schreibens verbindet ... ein gemeinsamer Weg vom Laienautor zum jungen Schriftsteller.«

Webring
www.bla2.de
Ein Webring ist, eigener Definition zufolge, eine Mischung aus Suchmaschine, Linkliste und Forum: »Im günstigeren Fall bildet sich daraus eine Netzgemeinschaft, in der die Teilnehmer des Rings untereinander Kontakte knüpfen, einander zur Seite ste-hen und mit gemeinsamen Projekten auftreten.« Wenn's gelingt,

könnte klarer werden, was Internetliteratur eigentlich ist. Oder
mal wird. Oder sein sollte.

Wenn Sie sich in der Szene umgetan, Kontakte mit Gleichgesinnten geknüpft und Informationen gesammelt haben, steht
Ihnen eines noch bevor: Aus Ihrem fertigen Manuskript – geschrieben, umgeschrieben, redigiert, abgehangen, überarbeitet –
soll endlich ein Buch werden. Aber die Frucht Ihrer stillen Stunden auf dem lärmenden Buchmarkt unterzubringen, das gleicht
einer kompletten Transformation. Vielleicht hilft Ihnen da der
Griff zu einem Buch, das es schon gibt:

Sylvia Englert: *So finden Sie einen Verlag für Ihr Manuskript.*
Schritt für Schritt zur eigenen Veröffentlichung, Campus Verlag,
3. Aufl. 2000, Frankfurt
Dieser Ratgeber klärt unter anderem darüber auf, was hinter
den Kulissen eines Verlages so vor sich geht, wie man zu einem
Verlag Kontakt aufnimmt und auf sich aufmerksam macht,
wie man einen Autorenvertrag aushandelt und was Literarische
Agenturen alles für einen tun können. Die Autorin hat unter
members.aol.com/syl1603 eine eigene Homepage, auf der sich
fortlaufende Aktualisierungen und einige weitere Tipps finden
lassen.

So gut wie alle Ratgeber, die die Fragen und Probleme einer
Veröffentlichung diskutieren, warnen übrigens gleichermaßen
vor den so genannten »WDA-Verlagen«. »WDA« steht für »Wir
drucken alles« – sofern denn die Autoren sich mit einem Druck-
kostenzuschuss an der Publikation ihres Werkes beteiligen.
Diese Verlage, die auch in seriösen Zeitschriften unter der Überschrift »Verlag sucht Autoren« inserieren, leben im Prinzip nicht
von den Verkaufserlösen, sondern von eben den geleisteten Zu-
schüssen. Im regulären Buchhandel werden sie weiter nicht beachtet, weshalb die gröbsten WDA-Verlage auch überhaupt nicht
erst versuchen, ihre Titel im Sortiment unterzubringen. Deshalb

sind hier auch nur literarische Verlage gemeint – kleine wie große, Konzerntöchter wie unabhängige –, die den Sinn ihrer Geschäftstätigkeit darin sehen, die von ihnen ins Programm aufgenommenen Romane mit Gewinn zu verkaufen: mit Gewinn für die eigene Bilanz, für den Autor und für den Leser.

Sofern Sie nicht aufgrund glücklicher Fügungen über persönliche Kontakte verfügen oder sich durch aktives Networking einen direkten Draht zu einem Verlag verschafft haben, stehen Ihre Chancen ausgesprochen schlecht, durch bloße Zusendung Ihres Manuskripts zu einer Veröffentlichung zu kommen. Nichts ist unmöglich, aber Ausnahmen bestätigen bloß die Regel. Die berühmteste Ausnahme der letzten Jahre: *Schlafes Bruder*, der Erstling des bis dato völlig unbekannten Robert Schneider. Und die unrühmliche Regel: notorisch überlastete Lektoren sowie tonangebende Vertriebsleute, die am liebsten die Kracher von gestern in neue Umschläge stecken und morgen wieder verkaufen würden. Sol Stein hat diese Situation zur Genüge beschrieben.

In den letzten Jahren hat sich auch hierzulande eine Konstellation herausgebildet, die aus den USA schon seit langem bekannt ist: Zwischen die Autoren und die Verlage haben sich die Literarischen Agenturen geschoben, zu beider Nutz und Frommen. Für die Verlage, die ihre neuen Partner, vulgo: Gegenspieler, zu Anfang ziemlich beargwöhnten, weil sie um ihre überlegene Verhandlungsposition fürchteten, hat es sich als vorteilhaft erwiesen, über gleichsam vorverlagerte Filter- und Aufbereitungsinstanzen zu verfügen. Die Manuskripte kommen nicht mehr als bloßer Rohstoff daher, als Sand, aus dem das Gold aufwändig herausgesiebt werden muss, sondern als bereits qualifizierte und gewichtete Vorauswahl. Und für die Autoren sind Agenturen von Vorteil, da diese – bei einer erfolgreichen Vermittlung – optimale Vertragsbedingungen aushandeln und schon im Vorhinein mit begründeten Einschätzungen im Hinblick auf die Marktchancen des eigenen Werkes aufwarten können. Die Agenturen kennen die für ein gegebenes Manuskript in Frage kommenden Verlage und setzen sich, wenn sie selbst von der Qualität und Verkäuflichkeit dieses Textes überzeugt sind, bei den Lektoren oder Verlagsleitern dafür ein. Gemeinhin verdienen sie nur bei einem geglückten Vertragsabschluss selber: Von den vereinbarten Autorenhonoraren bekommen sie eine anteilige Provision von etwa zehn bis 15 Prozent.

Aus der Sicht eines noch namenlosen Erstschreibers sind Agenturen dennoch ein Nadelöhr. Sie nehmen nur etwa zehn Prozent aller angebotenen Manuskripte an, von denen sie wiederum nicht alle auch wirklich bei einem Verlag unterbringen. Seien Sie also gefasst, wenn Sie anfangen, sich mit Agenturen in Verbindung zu setzen. Weil jede Agentur ihre eigenen Schwerpunkte und auch ihre bevorzugten Verlagskunden hat, kann es aber immer sein, dass Sie ausgerechnet dann auf Interesse stoßen, wenn Sie eigentlich schon alle Zuversicht fahren lassen wollen. Schließlich gibt es im deutschsprachigen Raum etwa 35 bis 40 Agenturen – Tendenz steigend.

Grundsätzlich sollten Sie zunächst anrufen, Ihre Romanidee oder Ihr bereits abgeschlossenes Projekt kurz erläutern und daraufhin gegebenenfalls ein Exposé sowie eine Leseprobe einschicken. Alles Weitere muss sich dann finden. Wenn Sie gleich auf Desinteresse stoßen, sollten Sie zumindest die Gelegenheit beim Schopfe packen und sich nach anderen Agenturen erkundigen, bei denen Sie möglicherweise besser aufgehoben sind.

Abschließend ein exemplarischer Einstieg in die Welt der Agenturen (eine ausführliche Liste findet sich – zumindest zur Zeit, also im Februar 2001 – im Internet unter *www.coroner.frocc.de/verlage.htm*):

Sigrid Bubolz-Friesenhahn, Literatur-Agentur
Bahnhofstraße 33
82041 Deisenhofen
089-6 13 62 46 Fon
089-6 13 52 51 Fax
Belletristik und Sachbücher

copywrite Literaturagentur
Rückerstraße 6
60314 Frankfurt
www.copywrite.de
069-94 41 01 53 Fon
069-94 41 01 69 Fax
post@copywrite.de E-Mail
Belletristik, aber keine Trivialliteratur,
auf Wunsch honorarpflichtiges Intensivlektorat

Eggers & Landwehr KG, Literaturagentur
Lietzenseeufer 7
14057 Berlin
030-32 60 23 70 Fon
030-32 60 23 69 Fax
Belletristik und Sachbücher

Paul & Peter Fritz AG, Literary Agency
Jupiterstraße 1
CH-8032 Zürich
00 41-1-3 88 41 40 Fon
00 41-1-3 88 41 30 Fax
Literatur aller Art

Agence Hoffmann
Bechsteinstraße 2
80804 München
089-3 08 48 07 Fon
089-3 08 21 08 Fax
Literatur aller Art

Ruth Liepmann AG, Literarische Agentur
Maienburgweg 23
CH-8044 Zürich
0041-1-2 61 76 60 Fon

0041-1-2 61 01 24 Fax
Belletristik und Sachbücher

Michael Meller, Literary Agency
Osterwaldstraße 10 e
80805 München
089-36 63 71 Fon
089-36 63 72 Fax
meller@ibu.de E-Mail
Belletristik, Sachbücher, Drehbücher

Mohrbooks AG, Literary Agency
Klosbachstraße 110
CH-8032 Zürich
0041-1-2 51 16 10 Fon
0041-1-2 62 52 31 Fax
Belletristik und Sachbücher

Montasser Medienagentur
Klar-Weinstraße 16 a
81247 München
089-89 12 98 00 Fon
089-8 11 29 89 Fax
Belletristik, Ratgeber,
Sach- und Jugendbücher

Martina Öpping, Literarische Agentur
Wolfsgangstraße 34
60322 Frankfurt
069-59 79 00 11 Fon
069-59 79 00 12 Fax
Kinder- und Jugendbücher

Literarische Agentur Thomas Schlück GmbH
Hinter der Worth 12

30827 Garbsen
www.schlueckagent.de
0 51 31-49 75 60 Fon
0 51 31-49 75 89 Fax
mail@schlueckagent.de E-Mail
Belletristik, populäre Sachbücher, Kinder- und Jugendbücher

Silke Weniger, Literarische Agentur
Schmidstraße 2
80331 München
www.litag.de
089-26 01 89 26 Fon
089-26 01 89 30 Fax
weniger@litag.de E-Mail
Belletristik, Kinder- und Jugendbücher,
aber keine Fantasy, Science fiction oder Esoterik

Personen- und Titelregister

Bücher über das Schreiben von Büchern.
Nur bei Zweitausendeins.

SOL STEIN

Über das Schreiben

Gleichgültig, ob Sie Anfänger/in oder Profi sind, ob Sie Romane, Kurzgeschichten oder Sachbücher schreiben, Sie werden in diesem Ratgeber eine Fülle praxistauglicher Tipps finden, die Sie anderswo vergeblich suchen. Denn dieses Handbuch kommt aus der Praxis. Sol Stein kennt die geschriebenen und ungeschriebenen Regeln und Techniken des Schreibens. Und er weiß, wie man einen Text auch kommerziell erfolgreich macht. Anhand zahlreicher Beispiele zeigt er, wie Sie ein Buch wirkungsvoll beginnen, wie Sie faszinierende Charaktere entwickeln und einen tragfähigen Plot entwerfen. Er erklärt das für jede Handlung zentrale System des Konfliktaufbaus und zeigt die Techniken, mit denen sich ein verbaler Schlagabtausch oder einfühlsamer Dialog effektvoll gestalten lassen. Vor allem lehrt Stein, wie man Vorgänge zeigt, statt von ihnen zu erzählen. Sol Steins »wunderbares ›Über das Schreiben‹ gehört auf jedes Autorenregal« (Die Welt).
Deutsche Erstausgabe. Deutsch von Waltraud Götting.
Bereits in der 7. Auflage! 443 Seiten. Fadenheftung.
Fester Einband. 16,85 €. Nummer 18207.

OTTO KRUSE

Die Kunst und Technik des Erzählens

Allem Erzählen ist gemeinsam: Wer eine Geschichte erzählt, klärt mit sprachlichen Mitteln, was zuvor unklar war, organisiert das Chaos, das ihn umgibt, und entwickelt so eine viel versprechende Methode, das eigene Leben erfolgreich zu gestalten. Erzählen zu können ist für das Selbstverständnis jedes

Menschen und die Stabilität sozialer Gemeinschaften von enormer Bedeutung. Otto Kruses »Kunst und Technik des Erzählens« will das Erzählen als Möglichkeit, über das Leben nachzudenken, und als Weg, das Leben zur Sprache zu bringen, wieder zugänglich machen. Sein Buch ist unseres Wissens das erste Trainingsprogramm für literarisches Schreiben und anspruchsvolles Erzählen eines deutschen Autors. Es zeigt, wie man Aufmerksamkeit gewinnt, Spannung erzeugt, wie man Helden aufbaut und den Leser mit dem Helden identifiziert, wie man die tieferen Gefühle der Lesenden anspricht. Das Buch nennt die 9 stärksten Kreativitäts-Bremsen und zeigt, wie man die eigene Erzählkreativität entwickeln kann. Auf dem Weg dorthin müssen Schreibende aber auch solide Kenntnisse über Erzähltechnik und Komposition lernen und trainieren. Deswegen wird an praktischen Beispielen geübt, geübt und nochmals geübt. Denn: »Erzählen lernt man, indem man es tut« (Otto Kruse).
Originalausgabe. 325 Seiten. Fadenheftung. Fester Einband. 18 €. Nummer 18362.

ROBERTA ALLEN
Literatur in 5 Minuten

Mit Roberta Allens neuer Methode lernen Sie Schritt für Schritt, die einzelnen Bauelemente großer Romane und Erzählungen sicher zu beherrschen. In Einheiten von genau fünf Minuten trainieren Sie Ihre Fähigkeit, einzelne Ereignisse und Szenen treffend in Worte zu fassen. Die zeitliche Begrenzung macht Ihren Kopf frei, bündelt Ihre Energie und zwingt Sie, konzentriert und gleichzeitig spontan zu schreiben und ungewöhnliche Bilder und Assoziationen zuzulassen. »Eines der besten Bücher über das Schreiben fiktionaler Texte« (Robert Shapard).
Deutsche Erstausgabe. Deutsch von Xenia Osthelder. 269 Seiten. Fadenheftung. Fester Einband. 15 €. Nummer 18429.

REBECCA McCLANAHAN

Schreiben wie gemalt. Die Kunst der Beschreibung

Viele Autor/inn/en halten Beschreibungen für Beiwerk, schenken ihnen wenig Beachtung, scheuen sich davor. Das Ergebnis sind trockene, oft langweilige Texte. Beschreibende Passagen sind die geheimen Kraftzentren eines jeden Romans – und auch der meisten Gedichte und Sachtexte. Sie malen Bilder in den Köpfen der Leser. Sorgfältig platzierte deskriptive Details führen Charaktere und Schauplätze schnell und organisch in den Erzählfluss ein, setzen sie bildrichtig in Szene. Sie lenken den Fortgang der Handlung und treiben ihn voran. Wer die Kunst der Beschreibung beherrscht, kann sie wie eine Art Gangschaltung einsetzen, über sie das Tempo einer Geschichte beschleunigen oder verlangsamen und so Dynamik und Spannungsaufbau steuern. In ihrem außergewöhnlichen Handbuch erklärt Rebecca McClanahan, selbst preisgekrönte Autorin und Dozentin für Creative Writing, wie Schriftsteller/inn/en ihren Worten mehr Ausdruck und Wirkung verleihen und die Imagination ihrer Leser/innen unmittelbar ansprechen können. In durchdachten Anleitungen und anregenden Übungen zeigt sie, wie sich die eigenen Sinne nutzen, die Beobachtungsgabe schärfen und jene sinnlich ansprechenden Worte finden lassen, die die Bilder des inneren Auges treffend nachzeichnen. Anhand zahlreicher deskriptiver Passagen von klassischen und zeitgenössischen Schriftsteller/inne/n zeigt McClanahan, wie sich der eigene deskriptive Schreibstil weiterentwickeln lässt und wie der richtige Einsatz von Beschreibungen zur Geschlossenheit eines Werkes beitragen und seine Wirkung intensivieren kann.

Deutsche Erstausgabe. Deutsch von Ulrike Bischoff. 346 Seiten. Fadenheftung. Fester Einband. 17,80 €. Nummer 18408.

DAVID MICHAEL KAPLAN

Die Überarbeitung

David Michael Kaplan, selbst preisgekrönter Autor und Professor für Creative Writing, weiß, dass die richtige Technik zur Überarbeitung literarischer Texte entscheidend ist für den Erfolg eines Autors. Er ist überzeugt, dass die meisten Schriftsteller erst in der Phase der Überarbeitung das Wesentliche, den wahren Kern ihrer Geschichte erkennen. In seinem praxisorientierten Buch begleitet Kaplan Autoren in jedem Stadium des Schreibprozesses, erklärt ihnen, wie man die Probleme des ersten Entwurfs angeht, wie man mit den Möglichkeiten spielt, etwa Charaktere, Handlungsabläufe und Erzählperspektiven ändert oder Konflikte neu definiert, wie man vermeidet, Überflüssiges zu erzählen oder abzuschweifen, er sagt ihnen, wie sie erkennen, wo in ihrem Text ein Dialog fehlt oder ein vorhandener falsch angelegt ist u.v.m. Kaplan wird zu einem Privatlehrer, dessen Ratschläge Autoren vor den häufigsten Fehlern bewahren, der sie in allen Schaffensphasen unterstützt und sie dazu anregt, sich niemals mit weniger als dem Besten zufrieden zu geben. Kaplans kreative Technik zur Überarbeitung literarischer Texte zeigt ihnen, wie sie dieses Ziel erreichen. Professor Otto Kruse, Leiter der Schreibschule Erfurt, empfiehlt: »Ich halte es für eines der nützlichsten Bücher zum Schreiben.«
Deutsche Erstausgabe. Deutsch von Andreas Simon. 312 Seiten. Fadenheftung. Fester Einband. 15 €. Nummer 18424.

JACK M. BICKHAM

Short Story. Die amerikanische Kunst, Geschichten zu erzählen

Viele Autor/inn/en verlassen sich vor allem auf die Kraft ihrer inneren Eingebung. Völlig falsch, sagt Jack M. Bickham, erfolgreicher Autor von Kurzgeschichten und Romanen und Lehrer

für Creative-Writing: Die Basis literarischer Qualität ist die konsequente Arbeit am eigenen Text. Bickham hat ein System entwickelt, das die kreativen Kräfte von Autor/inn/en anregt und in geordnete Bahnen lenkt. Er erklärt, wie man richtig recherchiert, wie Figuren angelegt sein müssen, damit sie überzeugend wirken, u.v.m. Bickham warnt: »Kurzgeschichten sind nichts für emotionale Feiglinge. Die Darstellung intensiver Gefühle ist für eine Geschichte unvermeidlich.« Bickham begleitet Ihre literarische Entwicklung und gibt auch Hinweise für eine Erweiterung Ihrer Pläne in Richtung Roman.
Deutsche Erstausgabe. Deutsch von Petra Post und Andrea von Struve. 221 Seiten. Fadenheftung. Fester Einband. 12,75 €. Nummer 18448.

ROBERT J. RANDISI
Krimis schreiben

Krimis und Thriller gehören zu dem mit Abstand meist gelesenen und auch kommerziell erfolgreichsten Genre der Literatur. Verbrechen lohnt sich eben doch! Zumindest theoretisch. Alles über die unverzichtbaren Basics für einen soliden literarischen Mordplan. »Die hilfreichen Hinweise des Buches darf kein Krimi-Schreiber missachten« (Rheinische Post).
Deutsche Erstausgabe. 353 Seiten. Fadenheftung. Fester Einband. 12,75 €. Nummer 18290.

ROBERT BAHR
Spannender schreiben. Dramentechnik für Prosatexte.

Robert Bahr zeigt, wie wir alle gut und noch besser schreiben können. »Interessant wie eine Erzählung, lehrreich wie eine Vorlesung und praktisch wie eine Werkstatt« (Jahrbuch für Autoren).

Deutsche Erstausgabe. Deutsch von Hans J. Becker.
196 Seiten. Fadenheftung. Fester Einband. 12,75 €.
Nummer 18273.

ROGER A. HALL

Mein erstes Stück

Hier erfahren Sie, wie Sie zu einer guten Idee oder einem spannenden Stoff kommen. Wie Sie eine Handlung effektvoll einsetzen lassen und dann überzeugend entwickeln. Wie Sie Dialoge schreiben, die lebendig und glaubwürdig sind. Wie Sie durch Konflikte die Handlung vorantreiben und den handelnden Personen einen Charakter geben können. »Der praktische Starter, um Schreiben fürs Theater zu lernen, ein echtes Lehrbuch mit Übungsaufgaben« (Lehrbuch für Autoren).
Deutsche Erstausgabe. Deutsch von Andreas Betten. 283 Seiten. Fadenheftung. Fester Einband. 12,75 €. Nummer 18317.

JOHN VORHAUS

Handwerk Humor

John Vorhaus ist Comedy-Altmeister mit jahrelanger Hollywood-Erfahrung. Er weiß, worauf es auf der Bühne und vor der Kamera ankommt und hat die Grundbausteine und kleinen Geheimnisse der hohen Kunst des abgrundtiefen Unsinns zusammengestellt. Bei ihm lernt man, dass die augenscheinlich chaotische Welt des Witzes voller kleiner praktischer Regeln steckt. »Genau das, was jeder braucht, der Comedys schreibt« (Peter Bergman).
Deutsche Erstausgabe. Deutsch von Peter Robert. 302 Seiten. Fadenheftung. Fester Einband. 12,75 €. Nummer 18371.

Preise können sich ändern und einzelne Titel auch ausverkauft sein.